臨床行動分析のすすめ方

ふだんづかいの認知行動療法

芝田寿美男 著

岩崎学術出版社

序章　行動分析を始める前に

　認知行動療法をふくむ精神療法を始める前に，意識しておくべき事柄があります。あまり複雑なことではありませんが，意外と簡単でもありません。精神療法を始める前の準備運動のようなものでしょうか。

　以下に6項目ほど挙げてみました。各章のタイトルは，私が先輩医師から投げかけられた言葉を，記憶の中から再構成しています。

I　「まずはきれいな格好をしなさい」

　鏡の前で鼻毛が出ていないか確認することが，その日最初に私がする精神療法の準備です。別にふざけているわけではありません。ひげが剃れているか見て，白衣の汚れを確認し，襟元からのぞくシャツを意識し，靴下の柄を選ぶ，などが続きます。

　これは別に趣味のいい格好をして「まあ素敵なお医者様」と思われたいわけではありません。患者が臨床場面を訪れた時，目の前に登場する医療者が信頼できそうな落ち着いた雰囲気を持ちながらも，堅苦しくなければ嬉しいだろうな，と想像するからです。

　これはごく普通の感覚であり，当たり前の希望だと思います。例えば，自分が悩みに悩んで勇気をふりしぼり精神科を受診したら，よれよれの不潔な白衣に薄汚い格好で貧乏揺すりでもしながら不審な人物が出てきたらどうでしょう。私なら，少し警戒しながら話をします。それとも，茶髪でよく陽に灼けた爽やかな青年が白い歯をのぞかせ高級腕時計をちゃらちゃら鳴らして，私の話に熱心にうなずいてくれたらどうでしょう。清潔感があるから好印象を抱かれるとは限りません。「お前なんかに本当に人の悩みがわかるのか」と，これま

た警戒してしまいます。

　精神療法を始める第一歩として，安心して落ち着いた雰囲気で話をしてもらうためには，環境作りが必要です。そのために必要な準備のひとつが，あなたの身だしなみだと考えて下さい。

　それではどうして患者に安心してもらい，落ち着いて話をしてもらう必要があるのでしょう。それは，その方が治療を進めやすいからに尽きます。治療に必要な情報をより正確に得て，患者が治療に取り組みやすくするためです。

　身だしなみを整えることをはじめ，臨床場面での治療者行動について，何をどうするために自分がこの行動をしているのか，意識しておく必要があります。そのためには，患者という他人が「どう感じてどう思うのか」に対する配慮が欠かせません。

　私が研修医時代の思い出なのですが，ある日先輩医師とコンサルテーション・リエゾンの診療に向かいました。先輩は白衣の足下に当時流行のごてごてした派手なスニーカーを履いてました（ナイキのエアマックスがブームになった頃）。私はその先輩の少し自分勝手なやんちゃさや魅力を知っていましたが，おそらく初めて会う他科の患者は知らないはずです。私はそのスニーカーが醸し出す違和感が気になって仕方なく，さらに訪問先の病棟看護師さんがこれまたキャラクターものの可愛い腕時計を着けていて，「この時計で臨終の間際に脈を取られるのは少し嫌かも」と感じたのでした。スニーカーと腕時計が気になってしまい，肝心のコンサルテーション・リエゾンの中身はいっさい記憶に残っておりません。はたしてその時の患者はどう感じていたのでしょうか。

　それから20年以上経ちましたが，白衣を身に着けた医療者のスニーカーとか腕時計はどこまでが「普通」だと認められているのでしょう。

　昔は医者がジーパンを履くなどとんでもない，と言われた時代があったようです。今だとそこまではないでしょうが，ワークパンツならどうでしょうか。カーキや黒ならばかろうじて有りかもしれませんが，迷彩柄だとさすがになしでしょう。いくらなんでも男性のハーフパンツはなしですよね？　それともすね毛さえ剃れば夏場にはありでしょうか。男の医者のピアスは？　耳ピアスで目立たない色ならありかもしれませんが，鼻や唇だとさすがに難しいでしょう。女医さんの髪の長さや色は？　金髪に染め派手にカールしたロングヘアー

だと，さすがになしですよね？　あれ，似合えばそうでもない……？

　医師に比べると心理職はかなりカジュアルですが，その服装が気安さよりも頼りなさを醸し出す場合が多いように感じます。意外ときちんとした格好をしただけで，患者の治療効果に違いが生じるかもしれません。ぜひともこれは医療者としてありかなしか，同業者同士で雑談してみて下さい。雑談の中で年代による微妙な違いに驚くはずです。そしてその何倍も多彩な年齢や文化背景の違いが患者にはあります。「あり」の範囲は，時代背景に沿って変化することも意識しておきましょう。

II　「この人と一緒に暮らしたらどうかなと考えるんですよ」

　私たち医療者は白衣を着るだけで，愚かになることが多々あります。もしくは医療者という役割を通じて患者に相対した場面で，鈍感になります。

　例えば飲み屋で隣り合った他人になら自然に働く警戒感や観察力が，目の前にいる「患者」という対象には働かなくなります。白衣を着て自分が「医療者」であるという意識が，人間と人間が相対する気まずさや戸惑いを遠ざけてしまうのです。白衣を身につけると，個人として人間に相対することが免除され，医療者という仮面をかぶり役割として関われるからです。感染予防という理由づけでマスクを着用すれば，この傾向がさらに強まります。そのお陰で気持ちを楽にして働けるのだとも言えましょう。そうでなければ，人間に対して平気で針を刺したり刃物で切り裂いたり，日常的にできるものではありません。

　白衣を着るだけではなく，患者を表現するのに精神医学用語や硬い言葉を用いても，同様の愚かさが生じます。

　患者の主訴を「なるべくその人が用いた表現通り記述しなさい」と指導されました。それと同じで，治療者が感じたことも一度なるべく感じたままに表現してみることをお勧めします。精神医学用語という硬い表現に翻訳する過程で抜け落ちてしまう豊かな情報が，日常で用いる表現に含まれるからです。

　研修医が終わったばかりの頃ですが，当時の私は1日も早くキチンとした精神科医になりたいと焦っていました。でも勉強すればするほど落ち着かなくイライラするのです。それは臨床場面で感じた多くの情報，場の雰囲気やら自分

の皮膚のざわめきやら，それらを無視して医学用語で考えるのがキチンとした精神科医だと誤解していたからでした。幸いよい指導者に出会うことができ，臨床場面で感じる全てのことに意味はあり，それをどう整理して活用するかが問題だと教わり，すうっと楽になりました。

　過去の私と同様の苦しさを感じている人がいれば，どうか遠慮なく，知人や隣人を表現するように患者を表現することから始めて下さい。「ウザイ」でも「キモイ」でもかまわないのです。そこがすべての始まりです。そこから表現を洗練させて細やかにしていけばよいだけです。

　私たちが患者を知ることは，「自分はウザイと感じた」という地点からしか始まりません。さすがにこのご時世「ウザイ」とカルテには書けませんが「ウザイ」という言葉を用いてはいけない，というのは日常で感じる「ウザイ」という感覚を感じるな，という強制につながる恐れがあります。せっかく感じたはずの「ウザイ」という感覚が，考察もされずになかったことにされます。その体験を繰り返すと，「ウザイ」と感じる感覚自体が臨床場面から失われていきます。

　診断病名を用いるより先に，日常用語でその患者のあり方をふわりと掴むのが上手な先生がいて，舌を巻いたものです。「やり出すと止まらない人」とか「生死の境がない人」とか「○○な人」とまとめられた表現は豊かにその患者を記述し，もちろん日常用語ですから患者にも理解しやすく，治療をスムーズに導くことができていました。複雑な病名を羅列するよりも「おっちょこちょいよねえ」と呼んでみた一言が，はるかに豊かにその人となりを表現することを実感しました。

　日常感覚の延長線上に臨床を置くよう意識すると，人間としての患者がよく見えてきて洞察力も上がり，臨床が楽しくなると思います。

Ⅲ　「まずは一例，治してごらん」

　私は入院病床のない総合病院外来で働いています。するとよく他施設の先生から「1日に患者を何人診ているか」と聞かれます。患者の数を数える習慣がなかったので慌てて平均数を数えましたが，精神科外来では1日何人の患者を

診るのが適当なのでしょうか。

　主治医によって，また施設によっても異なり，目的によっても異なるでしょう。収益を目的にすれば一人でも多い方がよいでしょうし，赤字を気にしないお役所みたいな病院があれば一人でも少ない方が楽でしょう。おおむね都心部の駅前にあるクリニックでの外来患者は多く，人口密度が低い僻地では少ない傾向がありそうです。診療報酬は全国均一でも地価は異なるので，当然かもしれません。

　お金のことはひとまず横に置きます。臨床の主目的である，治療を最優先に考えればどうなるかです。患者一人ひとりをキチンと治すためには，1日何人ぐらいが適当でしょう。案外このスタンダードは聞きませんし，1日何人以上の外来患者は診るべきでないとは言われません。

　それ以前に，精神科では不思議と「治す」とか「治った」が堂々と臨床の目標に掲げられません。普通の医療というのは患者を治すためにおこなわれるのが当然なのにです。

　主訴として臨床に持ち込まれた問題が解決することが「治る」ということで，解決しなければまだ治っていません。解決できない問題であれば，解決できないなりの落着点をさまざまに探るしかありません。いずれにせよ，「治る」という過程で患者は力強く軽やかに変化していきます。「治るとは何か」とか「治ったという定義は何か」という屁理屈に逃げ込み，治療結果をあいまいにする傾向が精神科にはあり「いったん治ってもまた悪くなるんだから治ったとは言えない」という物言いまで聞きます。もしもそれで「治す」という介入がおろそかになるとすれば変な話です。例えば，肺炎だって治っても再発することはよくありますが，内科医は目の前の肺炎患者を治そうとします。「また肺炎になるから」と治療をあいまいにする内科医など聞いたことがありません。

　私は認知行動療法による精神療法を学びました。習得過程で上級の医師から「ちゃんと治しなさい」と言われて入院患者を渡されたものです。それは強迫性障害の患者であることが多いのですが，まずは認知行動療法を用いてキチンと一例治すことが課せられます。その「治した」という経験が認知行動療法を技術として身につけさせてくれ，「患者さんは治るんだ」「治って当然なんだ」という意識を持たせてくれます。これは精神科臨床医として得難い経験でした。

例えば強迫症状のために畳一畳から身動きできない人がお店を自営できるレベルに回復したり，摂食障害で重度の身体管理が必要であった子が高校に普通に通えて外来にボーイフレンドを連れてきたり，誰が見ても明確な結果を経験できました。患者やその家族から感謝されれば嬉しいものですし，なにより患者が治ることを疑わなくなります。

　今では患者が治らない時には「まだ何か治療が足りてないのだ」という考え方をするようになりました。当たり前ですが，患者が治るまでその人の治療は続きます。1例1例を，治すまで丁寧に治療し続ける前提で，はたして1日何人診られるか，と考えるのが臨床上の基準たるべきだと思います。個々の技術水準によって異なるであろうことは予測できますが，ある程度の限界は必ずあるはずです。

　近年精神科臨床は多忙になっています。下手をすると「忙しくて患者の話を聴く暇もない」という状況すら生じています。これも妙な話で，例えば外科医が「忙しくて手術する暇もない」とは聞いたことがありません。「忙しくて毎日9時10時になる」とぼやく精神科医もいましたが，そんなペースで精神科臨床をしていて患者のことが嫌にならないかと老婆心ながら気になります。「治す」ために1例1例じっくり取り組む対象ではなく，面倒ごとを運んでくるベルトコンベアーのように患者が見えてこないでしょうか。

　1例ごとキチンと治すための臨床を持続するには，患者を嫌にならない程度の患者数が，適切な患者数であり適切な仕事量の上限だと思います。これまた個々の技術水準により異なるのは当然でしょう。

　それに私が患者なら忙しくバタバタしている人に自分の悩みを相談したりしません。ある程度ゆとりがあって，多少暇そうな人に話そうと思うはずです。忙しい精神科医には，適切に診療情報を聴取することも，良好な治療関係を築くことも難しい，ということになってしまいます。

　精神科医は暇そうにするのも仕事のうちなのです。

IV　「あんたたちようそんなに話すことがあるねぇ」

　患者が精神科を訪れても「何をどう話していいのかわからなくて困るだろう

なあ」と心配になります。

　病院ですから当然困ったことがあり来ているのですが，骨が折れている訳でも高熱が出ている訳でもないから，患者自身も自分の困っていることがよくわからないことが多いはずです。初めから訴えたい内容が明確で話す気満々で流暢に訴える患者がいたとしたら，訴えている内容以外がむしろ問題だと思います。

　私が学んだ認知行動療法という精神療法は，治療の対象と目標を具体的にしながら進めるやり方が特徴です。患者の訴えを聞く時は，どんな場面でどう感じてどう振る舞ってどうなるのか，何がどうなることを心配していて，できればどうなりたいと考えているのか，日常に即して具体的に訊いていきます。こういう訊き方をされると，患者も自分が何をどう困っているのか，どこが病気でどうなることが治療なのか，次第に理解しはじめます。逆に私はこうした流れの面接以外が思い浮かびません。

　他の医療機関で治療を受けた患者が，自分の病気について理解してなさすぎて驚くことがあります。そういった患者の話を訊くと「治ったかどうかは先生だけが知って」いて「なぜ処方が変わるのかは先生しか知らない」という治療が当然なのです。

　それはつまり，病気を自己コントロールできるため必要な行動が，患者に学習されていないと意味します。これでは治療は終結に向かいませんし，いつまでも治療者との関係が切れません。何がどうなるのが自分の病気かを知り，病気の状態をモニタリングでき，状態に応じて病気への対処がおこなえることが必要です。これらが何ひとつ学習されていないのです。

　慢性の統合失調症や重度の精神遅滞の患者が発言するのならば，理解できなくもありません。しかしうつ病のように比較的健康水準の高い疾患で，そんな発言が多いのです。とくにうつ病というのは，どこまでが病的な症状か線引きを作る必要のある疾患だと考えます。健康な水準の落ち込みや悲しさと病的な体験とが異なることを，治療経過を通じて学習しなければいけません。そうしないと，うつ病の患者が「母親が死んで悲しくって仕方がないのは，うつ病が悪くなったからですか」と真剣に訴えたりします。自己コントロール力を育てないと，いつまでも医療機関に頼り切りの患者が増えるばかりです。

私が個々の患者で，最終的な目標とする面接はこんな感じです。
「〇〇はどう？」
「〇〇？　大丈夫みたいです」
だいたいこれで終わりです。治療の対象も目標も明確になり，患者にもそれが把握でき上手くコントロールできていれば，こうなるはずだからです。

V 「簡単すぎても患者さんに笑われるだけだから心配ない」

みなさんは病院で医療者に面と向かって「先生の言ってることはわからない」と言えるでしょうか。普通はまず無理です。

私たち医療者側は患者に向かって結構複雑なことを知らず知らずのうちに喋っています。患者は理解していなくても，たいてい返事をしてくれます。話の内容よりも「こう答えれば先生の表情が和らいだ」とか，その場の雰囲気で会話が成立していることも多いのではないでしょうか。

注意しておきますが，精神科を専攻したり心理に興味を持つような面倒臭さを内部に抱え，精神療法や心理に関するややこしい本を読んでる人間が難しく考えたことなど，症状で困り一生懸命に精神科を受診した患者にはどうでもいい話です。

患者が知りたいのは，今現在の苦痛をどうすればよいのかです。例えば，晩ご飯のおかずが何で，洗濯物をどこに干して，生活費がいくらあって，そういう日常生活レベルでの，具体的な情報が欲しいのです。私たちが患者の症状を知ることも，そんな具体的な情報からしか把握できないはずです。

治療者が頭の中でどんな複雑なことを考えていてもかまいませんが，患者との情報のやり取りは現実的具体的で日常的なものであるべきです。例えば「不安」などのように，意味内容がどうとでも解釈できる言葉だけで会話してしまうと，お互いにわかったような気になり危険です。できるだけ具体的な言葉，誰が用いても同じ意味しか持たないような言葉を意識して会話します。そうしないと，いつの間にか食い違いは生じます。患者が「不安」だと訴えても，それが起こる場面や状況を詳しく訊いていくと，ただの「心配」であることが多いものです。預金残高が少ないことの心配であったり，仕事内容の難しさの心

配であったりです。こうして「心配」のレベルまで具体化すれば対策や解決方法も考えられますが、「不安」のままだと立ちつくすしかありません。

　精神科臨床において，難治と呼ばれる症例には精神遅滞の問題がよく合併しています。とくに境界域知能程度の患者が多いと感じます。彼らはそれまでの人生で知っているふり，わかったふりをして相手に合わせることは得意技です。それは精神遅滞のある人にとって貴重な処世術ですから，臨床場面でも発揮されます。「不安」かと尋ねれば「不安」だと答えますし，「両親との複雑な葛藤があるのか」と尋ねれば「そうだ」と答えます。

　「もしかして患者さんはわかっていないのではないか」「自分の言っていることは難しすぎるのではないか」と考えながら臨床をすると，治療が丁寧に細やかになります。今一度，自分が面接で用いている言葉を考え直し，患者が理解しているはずだと思いこんだ内容を，逆に患者の言葉で説明し直させてみてください。あまりにも自分の予測とかけ離れていて驚くかもしれません。

Ⅵ　「ねぇねぇ，今日の患者さんサァ……」

　本書を読み始めていただいたばかりでこんなことを言うのも申し訳ないのですが，本を読む暇があるのなら，どうか同じ医療機関内のスタッフと患者や臨床の話をどんどんして下さい。

　私が研修医の頃に指導医をされていた先生は「精神科医は本を読むことが仕事です」とおっしゃいました。知識を得て思索を深めるために書籍を読むことは重要です。しかし本を読むことを繰り返して上手になるのは，単に「本を読むこと」にすぎないと今では思います。例えば，野球の歴史や技術書を読み込んで博識であっても，練習もしないし試合にも出ない野球選手がいたとしたら，その人がよい選手だとは思えません。精神療法というのは認知行動療法を含めて実学です。臨床場面で患者の治療をするなかに実学としての本質は潜んでいます。実臨床でどう技術を生かせばよいのかまだ慣れていないから，書籍に聞かざるを得ないのは当然だと思います。でも書籍に当たる前に，同じ医療機関で働くスタッフというチームメイトに，自分のプレイの是非や問題点を聞いてみるのが先ではないでしょうか。

結局，精神療法の大部分の過程は対話に頼らざるを得ません。対話に関する技術や慣れはどうしても必要です。もちろん人と話せば話すほど，技術としての対話能力が向上する機会は増えます。医療スタッフ同士で臨床や患者の話を日常的にするのは，この対話能力の点からも役に立つのです。

　私がかつて認知行動療法の研修をした旧肥前療養所では，研修システムとして週1回の行動療法カンファレンスを中心に，外来の休憩所や病棟でその時々の自然発生的な小カンファレンスを大事にしていました。小カンファレンスなどと呼ぶのもおこがましい，実像は雑談に近いものです。もしかすると周囲からは，仕事もせずにお茶を飲んでお喋りしているように見えたかもしれません。その日その時の思いつきで，患者について相談したり世間話をするのが日常でした。その雑談から臨床に関する生きた知恵をずいぶん学べましたが，時間と場所を決めて義務化したカンファレンスでは不思議とそうはいきません。患者の治療でも，その時その場所でなければいけない，というタイミングがあります。人間に関わること，臨床については，すべからくそういう性質なのかもしれません。

　精神科臨床がどんどん世知辛くなり「キチンとしなければいけませんよ」とカンファレンスや申し送りが増えるほど，雑談やお喋りをする時間は失われていきます。精神科臨床の豊かさは逆に失われているような気がします。なんだか研修医時代の私が，キチンとしなくてはいけないと息苦しくなっていた個人的過去と重なるようで心配なのです。

　さて，少し準備ができたでしょうか。
　みなさんが呆れ返っていなければ幸いです。
　それでは認知行動療法における臨床行動分析について，お話ししていこうと思います。

目　次

序　章　行動分析を始める前に ……………………………………… 3
Ⅰ　「まずはきれいな格好をしなさい」　3
Ⅱ　「この人と一緒に暮らしたらどうかなと考えるんですよ」　5
Ⅲ　「まずは一例，治してごらん」　6
Ⅳ　「あんたたちようそんなに話すことがあるねぇ」　8
Ⅴ　「簡単すぎても患者さんに笑われるだけだから心配ない」　10
Ⅵ　「ねぇねぇ，今日の患者さんサァ……」　11

第1章　臨床行動分析とは何か ……………………………………… 19
Ⅰ　行動分析とはどのようなものか　19
Ⅱ　それでは行動とは何か　20
Ⅲ　刺激－反応という関連性は何か　24
Ⅳ　行動分析をどう始めるか　25
　　1．行動分析の基準点を絞り込む　25／2．治療介入先を探す　27／3．ターゲット行動が絞り込めないときに　29／4．既存の行動分析を活用する　29
Ⅴ　行動分析でどう変わるか　30
　　1．症状を評価して吟味する　30／2．行動分析のために体験を訊く　31／3．行動分析は治療のための設計図　34
Ⅵ　行動分析はくり返す　34
　　1．症例呈示　34／2．症例の解説　37
Ⅶ　行動分析の位置づけ　39

第2章　精神科診断と行動分析の違い ……………………………… 40
Ⅰ　精神科診断と行動分析　40
Ⅱ　一般的な精神科診断はどうなされてきたか　42
Ⅲ　精神症状を同定する難しさ　44
　　1．患者の体験を聞く必要　44／2．「共感」という手段　45／3．体験の仕方も評価する　46
Ⅳ　行動分析の訊き方　48
　　1．刺激－反応を把握する訊き方　48／2．体験の訊き方，訊かれ方　50
Ⅴ　行動分析でできること　52

Ⅵ　操作的診断　54

第3章　行動分析で生じる精神療法としての効果 …………… 56

　　Ⅰ　認知行動療法による治療のすすめ方　56
　　Ⅱ　認知行動療法に対する精神療法としての誤解　57
　　Ⅲ　症例呈示　59
　　　　　1．症例のプロフィール　60／2．治療経過　60
　　Ⅳ　症例の考察　64
　　Ⅴ　行動分析にある精神療法としての作用　66
　　　　　1．患者の主体性を高める　66／2．情動認知と対処　67
　　Ⅵ　精神療法の手段としての行動分析　68

第4章　体験をうながす行動分析 ………………………………… 70

　　Ⅰ　行動分析をめぐる体験　70
　　Ⅱ　体験をうながす　70
　　Ⅲ　症例呈示および行動分析のための対話　72
　　　　　1．症例のプロフィール　72／2．行動分析のための対話　75
　　Ⅳ　体験をうながさない対話　78
　　Ⅴ　行動分析における想像力の役割　80
　　　　　1．どこに想像力を発揮するのか　80／2．行動分析のパターンを知る　81
　　Ⅵ　思考体験としての不合理感　83
　　Ⅶ　主訴を丁寧に訊くという精神療法の基本　84
　　Ⅷ　行動分析のための対話に熟練するには　85

第5章　一般的精神療法と認知行動療法をともに生かす ……… 87

　　Ⅰ　さまざまな治療技法　87
　　Ⅱ　マクロの行動分析　89
　　Ⅲ　一般的な精神療法のイメージ　90
　　Ⅳ　症例呈示　92
　　　　　1．症例のプロフィール　92／2．当科での治療経過　94
　　Ⅴ　呈示症例に関する考察　98
　　　　　1．当科に来るまでの治療　98／2．当科での治療　101
　　Ⅵ　精神療法的介入の必要性　102

Ⅶ　すべては認知行動療法になる　104

第6章　行動分析による薬物治療の位置づけ　106

　　Ⅰ　向精神薬はなにをするか　106
　　　　1．薬物治療の扱い　106 ／ 2．薬物治療での体験の共有　107
　　Ⅱ　認知行動療法に含まれる技術　109
　　Ⅲ　症例呈示　111
　　　　1．症例のプロフィール　111 ／ 2．治療経過　111 ／ 3．本症例での薬物治療に関する考察　116
　　Ⅳ　認知行動療法での薬物治療の意味，位置づけ　119
　　Ⅴ　精神療法と薬物療法　121

第7章　薬物治療を認知行動療法として用いる　123

　　Ⅰ　薬物治療のための「心理教育」　123
　　Ⅱ　症例呈示　125
　　　　1．症例のプロフィール　125 ／ 2．本症例の特徴　127 ／ 3．医療機関における診断評価　128
　　Ⅲ　行動分析を始める　130
　　　　1．行動分析のための病歴補足　131 ／ 2．病歴から行動分析を考える　133
　　Ⅳ　症例を行動分析する　137
　　Ⅴ　行動分析に沿って薬物治療をおこなう　140
　　　　1．薬物治療の対象と目標を定める　140 ／ 2．薬物治療の開始　142 ／ 3．行動分析の修正　144 ／ 4．薬物治療の継続　145
　　Ⅵ　薬物治療の意味　148

第8章　行動分析による治療手段の選択　152

　　Ⅰ　治療技法と薬物治療　152
　　Ⅱ　薬物治療が治療技法を助ける症例　153
　　　　1．症例呈示　153 ／ 2．症例Aの行動分析　156 ／ 3．症例Aの治療　161
　　Ⅲ　治療技法が薬物治療を補足した症例　164
　　　　1．症例呈示　164 ／ 2．症例Bの行動分析　166 ／ 3．症例Bの治療　167
　　Ⅳ　すべては必要な学習のための手段　168

第9章　併存疾患がある場合の行動分析による考え方 ……………… 171

- Ⅰ　併存疾患があるという考え方　171
- Ⅱ　併存疾患という考えを行動分析する　173
- Ⅲ　症例呈示　175
   - 1．症例A　175 ／ 2．症例B　179
- Ⅴ　症例の考察　182
   - 1．行動分析に関する考察　182 ／ 2．薬物療法に関する考察　185
- Ⅵ　強迫症状群と抑うつ症状群の行動分析　186

第10章　診断がつきにくい患者を行動分析で支える ……………… 189

- Ⅰ　行動分析の材料　189
- Ⅱ　症例呈示　190
   - 1．行動分析が始まるまで　190 ／ 2．最初の行動分析　192 ／ 3．行動分析しきれてない問題を行動観察する　195 ／ 4．行動分析の修正　196 ／ 5．行動分析を通じた行動観察　198 ／ 6．さらなる行動分析の修正と考察　200 ／ 7．観察できた行動の増加　201 ／ 8．仮説としての行動分析　203 ／ 9．仮説を検証するための行動分析　203 ／ 10．行動分析の修正でも把握しきれないもの　205 ／ 11．転機となる行動観察の出現　205 ／ 12．ついにまとまった行動分析　206 ／ 13．行動分析になじんだ行動観察　207 ／ 14．行動分析からさまざま考える　208 ／ 15．安定してきた治療経過　210 ／ 16．付属して考えた行動分析　211 ／ 17．治療の終わりまで　212
- Ⅲ　呈示した症例を通じて　213
- Ⅳ　認知行動療法の役割　215
   - 1．患者の体験，治療者の体験　215 ／ 2．患者も治療者も支える治療法　217

第11章　行動分析が持つ先見性と将来性 ……………… 219

- Ⅰ　精神科診断が進む方向　219
- Ⅱ　精神症状はどのように把握されたか　221
- Ⅲ　行動分析の自由さ　223
- Ⅳ　行動分析の可能性　224
- Ⅴ　行動分析のこれから　226

あとがき　230
参考文献　232
索　引　234

臨床行動分析のすすめ方

――ふだんづかいの認知行動療法――

第1章　臨床行動分析とは何か

Ⅰ　行動分析とはどのようなものか

　認知行動療法において行動分析というのは，治療介入する対象を認識把握する技術であり，精神療法としての「ものの見方」です。
　そう断言されても，ある程度認知行動療法について知識や経験があれば理解できるかもしれませんが，大部分のみなさんはピンと来ないでしょう。「対象を認識把握する」とはどういうことで，何がどう「技術」であり，そもそも「ものの見方」がどう違うのかと疑問が湧くはずです。もやもやした気持ちで読み進めなくてもすむように頑張って説明いたします。
　おそらくみなさんが一番目にすることが多い行動分析は，この図版ではないでしょうか（図1）。強迫性障害の強迫症状である，不潔恐怖の洗浄強迫という症状を行動分析しています。単純に言いますと，この図の中で丸く囲まれた単位が「行動」です。その「行動」同士を結ぶ矢印が，刺激－反応の連鎖を表現しています。矢印の手前にあるのが「刺激」で後にあるのが「反応」に当たります。矢印のようにこれら「行動」が次々に連鎖することで，この強迫症状が構成されているという図版です。この図みたいに「行動」が相互にどういった刺激－反応の連鎖で構成されているかを表現したのが，行動分析になります。
　ある症状を目の前にして「強迫症状だ」「洗浄強迫だ」という認識把握にとどまっていては，まだ認知行動療法の立場に立てていません。この図1を外から眺めているだけで，まだ行動分析をおこなえていないからです。強迫症状が，どういった「行動」が刺激－反応で連鎖して成立するのか，詳しく知り行動分析できて初めて認知行動療法になります。精神症状という対象がどのような「行

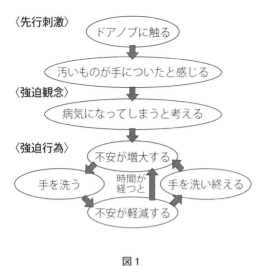

図1

「動」から構成されているかを知る手段が行動分析で，行動分析の結果がこの図1です。精神症状に限らず，臨床場面にあるさまざまな現象を「行動」という単位でくくり，刺激－反応で連鎖させて把握できます。

行動分析には類似の用語として，本書タイトルに掲げた「臨床行動分析」や「応用行動分析」「機能分析」などがあります。もともと基礎的な実験心理の考え方では，例えばAという行動の後に必ずBという行動が後続する1対1対応の相関を認める場合に刺激統制下にあると表現され，刺激－反応の相関にあるとされます。しかし日常臨床を含む現実の社会は複雑すぎて，必ずしもAという行動にBという行動が後続するとは限らず，せいぜいAの後に高頻度にBが出現するという程度の刺激統制下にとどまります。厳密に刺激－反応の相関とは呼べない要素が含まれてしまうのです。ですからあくまでも行動分析の考え方を日常生活や臨床に応用したという意味で「応用行動分析」だとか，対象とする場面を冠して「臨床行動分析」などと呼称したり，行動分析という用語を避け「機能分析」とするのだと私は理解しています。

ちなみに行動分析するのに，必ずしも図版を作る必要はありません。頭の中で構成したり，箇条書きのように表記したので充分な場合もあります。行動分析の見落としを防いだり分析し直したりが容易になるのと，他人に伝達するのに便利なので個人的に図版をよく活用します。

II　それでは行動とは何か

もう一度図1をよく見て下さい。先ほど丸で囲まれた単位を「行動」だと述べました。図版の中の丸で囲まれた部分を，順に見ていきましょう。

「ドアノブに触る」なるほど，これは行動だろうなとわかります。次に「汚いものが手についたと感じる」「病気になってしまうと考える」ときて，みなさん戸惑うのではないでしょうか。「これは行動ではなくて，気持ちではないですか？」「考えじゃないですか？」「信念？」などと思うはずです。さらに「不安が増大する」ときてしまっては「少なくとも僕の知っている行動じゃありません」とわけがわからなくなるでしょう。もしも「ドアノブを触る」だとか「ドアを開ける」「部屋に入る」などの内容だけが丸で囲まれていたならば，それらを「行動」と呼ぶのに抵抗はないはずです。

この戸惑いに認知行動療法，とくに行動分析が誤解されやすい要素があります。認知行動療法での「行動」という概念が，一般日常用語における「行動」とずいぶん異なるからです。

注意していただきたいのは，行動療法における「行動」というのがテクニカルタームだという点です。音の響きも文字も日常用語の「行動」と同じものを用いますが，意味はまったくの別ものです。精神活動としての思考や感情，思考とも情動とも弁別困難な状態像に至るまで，ありとあらゆる人間の活動を認識把握する単位のようなものです。気持ちであっても考えであっても信念であっても，「行動」という単位でまとめあげて刺激－反応の連鎖で関連づけていくことを可能にする思考の枠組みです。目に見えるものでも見えないものでも，さらには触れることすらできない雰囲気のような対象ですら，「行動」という単位にまとめてしまえます。なんでも包み込める魔法の風呂敷みたいなものでしょうか。「行動」というフレームだと言われれば，理解しやすい人もいるかもしれません。

ですから「認知行動療法は心の問題は取り扱わないのか」という古典的な誤解は，単に「行動」という概念の取り違いから生じているように見えます。認知行動療法では「心の問題」を必要に応じて，どの場面でどのように考え，思い，感じるのかという，思考行動の連鎖として位置づけ取り扱います。行動分析の対象には思考行動や情動行動という「心の問題」を構成する行動群が含まれています。「心の問題」と呼ばれる「行動」はどのような行動群の刺激－反応の連鎖で構成維持されているのか認識把握する，という立場をとるのです。「心の問題」を行動分析することなしに精神科臨床が成立するはずがありません。

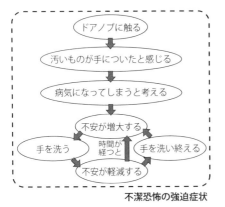

不潔恐怖の強迫症状

図2

図3

　ここで私が新しい言葉遣いをしていることに気づかれたでしょうか。「行動」ではなくわざわざ「思考行動」「情動行動」と言い直しています。「行動」という用語で押し通してもかまわないのですが、理解しやすくするために「運動行動」や「思考行動」「情動行動」のように、要素特性を「行動」の前につけて呼ぶことも多いからです。確かにこの方が慣れていない人にも馴染みやすい表現になります。

　いま一度図1に戻ってみましょう。「ドアノブに触る」のは「運動行動」です。「汚いものが手についたと感じる」「病気になってしまうと考える」のは「思考行動」であり、「不安が増大する」のは「情動行動」になるでしょう。それでもこれらはすべて「行動」です。例えば「考えているばかりじゃダメだよ、行動に移さないと」と日常で用いる「行動」の意味は、行動療法でいう「運動行動」の一部を指しているにすぎません。認知行動療法で言うところの「行動」という概念が少し掴めてきたでしょうか。

　「行動」という捉え方と単位の面白い点は、そのサイズにおける自由度にあります。例えば図1の行動分析全体を「不潔恐怖の強迫症状」という「行動」として大きく把握することが可能です（図2）。その上で強迫症状を取り巻く他の状態像や症状との関わりを刺激－反応で行動分析することも可能なのです（図3）。図3の行動分析に基づき、不安緊張を高めない生活環境調整や、不眠の軽減による疲弊状態の回避など、強迫症状そのものが出現しにくい環境調整を工夫することも可能になります。

　逆にもっと細かく図1における強迫症状の一部分に着目してみます（図4）。「ドアノブに触る」という先行刺激によって「汚いものが手についたと感じる」

第1章 臨床行動分析とは何か 23

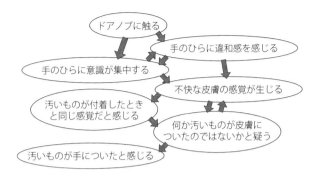

図5

思考が生じる過程を，さらに細かく行動分析してみます。例えばこんな感じになります（図5）。すると実際の治療上有効かどうかは別にしても，例えば手のひらに意識を集中させないとか，現実に付着した感覚との弁別や合理的説明により，手に汚いものが付着していないと教示する介入が考えられます。

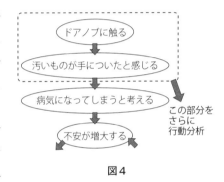

図4

このように，どこか一部分の「行動」に着目して細かく行動分析することも可能ですし，おおまとめに状況や環境相互を行動分析することも可能です。詳しく知りたい部分に顕微鏡のようにぐっと近づいて行動分析する一方で，遠景を俯瞰するように行動分析することもあるのです。それに合わせて「行動」という単位はいかようにでも大きさを変えます。細部の行動分析を「ミクロの行動分析」，大きな枠組みでの行動分析を「マクロの行動分析」と呼ぶこともあります。

行動分析とは，まるで身体が臓器で構成され，臓器は細胞から構成され，細胞はまた分子から構成されという解剖学的な視点や，逆に集団となった人間の動きや活動を俯瞰する統計学的な視点など，自然科学とも重なる対象把握法なのです。

Ⅲ　刺激－反応という関連性は何か

　また図1に戻りましょうか。矢印で結ばれて矢印の手前に位置する「行動」が「刺激」として機能して，矢印の先に位置する「行動」がその「刺激」に対する「反応」として生じています。

　まず「汚いものが手についたと感じる」という行動に着目してみましょう。この行動は「ドアノブを触る」という行動が刺激となり，反応として生じます。ですから「反応」です。「汚いものが手についたと感じる」の上にある矢印を見れば一目瞭然でしょう。でも「汚いものが手についたと感じる」の下にも矢印があります。この矢印から見れば「汚いものが手についたと感じる」行動は「病気になってしまうと考える」行動を引き起こす刺激として機能しています。するとこの行動は「刺激」でもあります。特定の行動は，行動分析された刺激－反応の連鎖の中で「刺激」でも「反応」でもある立場として存在します。このように行動分析では，すべての行動は刺激かつ反応として機能します。「刺激」でしかない行動や「反応」でしかない行動などは皆無です。

　さらに図1で行動分析されている強迫症状の行動群ですが，この中の行動はここで示される刺激－反応の連鎖の中だけに完結しません。「汚いものが手についたと感じる」行動は，「ドアノブを触る」行動が先行刺激の場合だけではなく，例えば「冷蔵庫の扉を開ける」とか「電気のスイッチを入れる」などの行動でも同様に生じるかもしれません。さらに「汚いものが手についたと感じる」行動は「手を洗う」という行動に至る刺激として作用するのみならず，例えば「手を顔から遠ざける」とか「大事なものに触らないようにする」などの回避行動を招く刺激としても作用するでしょう。この図1の中にある行動群は，図版の中に示された行動以外とも刺激－反応で連鎖するのです。

　またしても図1を見ると，一番上に「ドアノブに触る」という行動が刺激として，まるで事の起こりのように挙げられます。これは便宜上この行動分析では始まりに位置しているにすぎません。私たちは通常，原因－結果で理解する思考法に馴染んでいます。ですからつい刺激－反応の相関も，原因－結果のようなものだと誤解しがちです。原因－結果で考えると，どこかに必ず根源とし

ての原因が存在するはずという錯覚が生じます。刺激－反応を，原因－結果になぞらえてしまうと，図1で強迫行為を生じさせないために，原因たる刺激を撲滅しようと発想してしまいます。強迫症状を生じさせないために「ドアノブに触る」行動をなくせばよい，という思考法に陥りがちです。強迫症状をなくすために，この世からドアノブをなくしてしまえばよい，ドアをすべて自動ドアにしてセンサーを完備させましょう，となるかもしれません。さすがにこれはバカらしいと思われるでしょうが，原因－結果という思考法にはこんな危険性が潜むのです。

　お気づきだと思いますが，「ドアノブに触る」行動は強迫症状を誘発する先行刺激としては刺激ですが，例えば「部屋から出ようとする」「部屋に入ろうとする」行動に対する反応です。図1の下の方には「手を洗う」行動が強迫行為として悪循環サイクルに陥っていますが，この部分の行動も「疲れ果ててしまう」とか「母親が心配して声をかける」などの行動を誘発する刺激として作用します。洗浄強迫という強迫行為に着目して一部分を拡大しているのが図1にすぎず，この図の上にも下にも膨大な刺激－反応の連鎖が存在します。原因－結果のように限局して閉じられた系の中ではなく，連続した膨大で複雑な系の中で物事を捉えようとした思考法が刺激－反応です。個人的解釈ですが，複雑すぎない程度に論理的思考を展開するための仮定の場が，原因－結果論ではないかと考えます。

　強迫性障害という疾患を取り上げて「行動」や「行動分析」の例として説明してきました。行動が刺激－反応の連鎖で存在しているというのは，病気の症状にとどまりません。日常生活のすべては刺激－反応の連鎖で連なる行動で構成されています。「歯を磨く」とか「本を読む」，「退屈する」「寂しくなる」などありとあらゆる行動は，その前後に膨大な行動が刺激－反応の相関を持つことで維持存在しているのです。

Ⅳ　行動分析をどう始めるか

1．行動分析の基準点を絞り込む

　「行動」という捉え方に少しは馴染め，刺激－反応という相関がどういうも

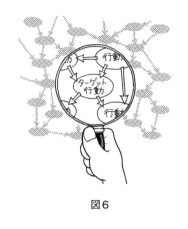

図6

のかなんとなく理解できたと思います。しかしいざ行動を取り上げて、刺激－反応で関連づけてみなさいと言われると戸惑います。行動分析の対象が膨大かつ複雑に過ぎて、正直どこから始めればよいかわからないはずです。

例えば私たちが朝起きて仕事に出かけようとするまででも、目覚まし時計が鳴る→ベッドから起きる→時計を見る→遅刻しかけていることに気づく→あわてて洗面する、など次々と行動が連鎖して複雑に相関し続けます。どこかに基準点を設けて観察しなければ、行動分析は膨大な作業となってしまいます（図6）。

そこで基準点となるターゲット行動を選び出します。臨床でそれは「主訴」と呼ばれる、患者がもっとも困っている体験の中に定められます。何らかの病気や疾患に患者が罹患していれば、症状にそのターゲット行動が含まれます。強迫性障害であれば、まず間違いなく強迫症状の中にターゲット行動があります。ターゲット行動を中心に、その先行刺激状況や後続刺激状況を観察して、どのように刺激－反応で構成されているのか、行動分析を始めるのです（図7）。

認知行動療法での治療の考え方は、ターゲット行動の出現頻度や強度を変化させることで、臨床における問題を軽減させようというものです。まずはターゲット行動を定めて、その出現頻度や強度を測る指標を作らねばなりません。ターゲット行動が決まらないと、どこを観察すればよいかわかりませんし、評価する指標がなければ変化が掴めません。

例えばまた図1に戻ります。ここでターゲット行動となるのは「汚いものが手についたと感じる」ので「病気になってしまうと考える」強迫観念と、それに伴う病的な不安です。この強迫観念と病的不安の出現頻度と強度を変化させていくのですが、変化が生じたことがわかる指標が必要です。そこで例えば具体的な評価指数として1日の手洗い回数を採用するのです。出現頻度と強度が軽減すれば手洗いの回数が減少しますし、増悪すれば回数は増加します。評価指数とした手洗い回数が減少すれば、「手を洗いたい」という強迫行為への衝

動が減弱したことも意味します。具体的に観察できる変数をなるべく用いて測定評価するのが重要です。

強迫症状において強迫観念とそれに伴う不安というターゲット行動は、強迫症状全体を維持増悪させています。で

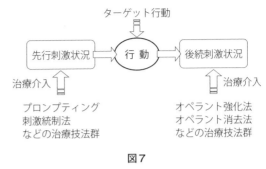

図7

すからターゲット行動を減弱させるのが治療目標です。逆にターゲット行動を増強させるのが問題の軽減になる場合もあります。例えば学級崩壊しているクラスで「授業の間離席せずに過ごすこと」をターゲット行動とした場合、学級崩壊を防ぐという問題解決には席についているというターゲット行動の出現頻度と強度を増すことが目標になります。

2．治療介入先を探す

ターゲット行動の出現頻度や強度を直接に操作できればよいのですが、実際にはおおむね困難です。しかし行動分析を見てみれば、ターゲット行動に直接手が出せなくても、刺激－反応で相関したどこかの行動には介入できる部分が見つかります（図7）。ターゲット行動の先行刺激状況や後続刺激状況に介入しやすい点を探して、できるとこから介入してやれば働きかけは可能です。例えば図1の強迫症状を治療するのに、図3のように強迫症状を取り巻く状況を行動分析します。そこから、不安緊張が高まりにくい生活環境を整えて睡眠を確保させるという、先行刺激状況に対する介入が試みられます。すると強迫症状自体の出現頻度がいくらか減少して、さらなる治療に導入しやすくなります。行動分析があれば多彩な治療介入手段が見つけられます。刺激－反応の連鎖のどこかに介入しやすい部分を探してやればよいのですから、どんな問題でもたいていは何とかなります。このように気楽な気持ちを誘い出してくれるのも行動分析の利点だと思います。認知行動療法による治療は「患者さんの困っているところから、変わりやすいところ取り組みやすいところから」始めるのだと聞かされました。つまり患者が最も困っている「主訴」の中にターゲット行動

を決め，行動分析の結果から先行刺激状況でも後続刺激状況でもかまわない，どこでも介入しやすいところから治療を始めればいいのだ，ということを意味します。

　図1の強迫症状で，ターゲット行動を「汚いものが手についたと感じる」ので「病気になってしまうと考える」強迫観念とそれに伴う病的な不安だとして，出現頻度と強度を軽減させるにはどうするのでしょう。ここで曝露反応妨害法という治療技法が登場します。まずターゲット行動の先行刺激状況に介入します。「ドアノブに触る」などの先行刺激に曝露し続けることで，徐々に馴れが生じて，不安の強度も強迫観念の出現頻度も減少していきます。これが系統的脱感作法から発展した曝露法と呼ばれる治療技法です。しかし強迫性障害の場合は，強迫観念とそれに伴う不安が生じれば一時的にでも速やかに不安を軽減させようと強迫行為をおこなうために，曝露法だけでは不十分です。不安が増強しても強迫行為をおこなわせない治療介入が必要であり，反応妨害法という治療技法で後続刺激状況に介入します。強迫行為を反応妨害することで曝露が適切かつ充分におこなわれ，曝露法による馴れの効果が生じ始めます。この先行刺激状況と後続刺激状況への介入を組み合わせたのが，曝露反応妨害法という治療技法です。図1のような強迫症状では，このように先行刺激状況と後続刺激状況に同時に介入する挟み撃ちでターゲット行動を減弱させます。ターゲット行動が減弱したかどうかは自覚的不安もそうですが，結果としての手洗い回数や水道代金などが具体的な指標となり客観的観察が可能です。

　もしも直接にターゲット行動が改変できたとしても，先行刺激状況や後続刺激状況に対する認識が不足していれば問題が生じます。ターゲット行動は刺激－反応の連鎖から影響を受けて変動するからです。例えば強迫症状に対するSSRIを中心とした薬物治療の効果は，ターゲット行動に対する直接作用に似ています。とくに強迫観念に伴う病的な不安を軽減する作用を認めます。しかしたいていの強迫性障害では，後続刺激状況にある強迫行為の反復と，先行刺激状況にある先行刺激の回避により，強迫観念と病的不安が学習され維持増悪されています。たとえ薬物治療で強迫観念に伴う不安が一時的に軽減しても，強迫行為に対する反応妨害や先行刺激に対する曝露をおこなわれなければ，症状改善は中途半端なままで，あとからまた増悪してくる恐れが高いのです。

3．ターゲット行動が絞り込めないときに

　ターゲット行動は主訴となる症状から絞り込むと述べました。しかし強迫性障害でも重症で長期にわたる病歴だと，日常すべてが強迫症状に圧倒されていてターゲット行動を取り上げようにも捕まえづらい場合があります。それ以外の疾患でも主訴が上手くまとまらず，とにかく生活には困っているがターゲット行動が定まらない患者がいます。そのような場合にどう対応するのかの一例ですが，まず朝起きてからの行動を順に詳しく訊いてみます。朝起きてどのように考えてどう思い振る舞うのかと訊き始めれば，取りかかりが探し出せるからです。例えば強迫性障害だと，朝起きてまず布団の外に足や手が出ていなかったか確認して，枕元のファブリーズを手にして，起き上がり布団にスプレーして，などなど行動が連鎖する状況が訊けて，ターゲット行動に近づけます。朝起きた時点に仮決めの基準点を設定して，ターゲット行動を絞り込み，行動分析を始めるというやりかたです。生活上のどこかに具体的に着目してターゲット行動を決めていくのはひとつのやり方です。

4．既存の行動分析を活用する

　まずはターゲット行動を設定します。次にターゲット行動の先行刺激状況と後続刺激状況を見渡して，刺激－反応の連鎖でターゲット行動と周辺の行動群を相関させていきます。これが行動分析の手順ですが，一から行動分析を組み上げるのは難しいかもしれません。そこでいったん定式化している行動分析を借りてくるのが，比較的取りかかりやすい方法だと思います。既存のテンプレートに自分の患者情報をペーストしてみるのです。強迫性障害の治療ですと図8のような行動分析のお手本がよく成書にありますから，テンプレートとして活用しやすいでしょう。この場合の注意としては，ターゲット行動をきちんと定めることと，その出現頻度と強度の指標となる具体的な変数を決めることです。治療介入してみてもターゲット行動に変化がない場合は，治療技法の選択ミスもですが，たいていの場合は行動分析がテンプレートと異なるとか不十分なことが多いのです。まずはテンプレートの型を利用して，修正を加えていくと考えて下さい。治療結果はターゲット行動の出現頻度と強度で表されますから迷いにくいはずです。具体的に把握されたターゲット行動の変化から行動分析を

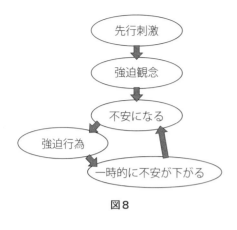

図8

修正し,希望通りの治療結果が得られるまでくり返します。行動分析を何度も修正する過程で,行動分析のやり方と考え方が身についてくると思います。

私は強迫性障害が行動分析の練習に最適な疾患だと思います。なぜならテンプレート化された行動分析が利用しやすく,治療結果を明確に具体的指標で把握しやすいからです。そもそも認知行動療法の有効性が,最初にかつ明白に示された疾患が強迫性障害ですから,相性がよろしいはずです。

本書ではこの後,強迫性障害以外のさまざまな疾患で行動分析を試みていきます。そこで示された行動分析を,みなさんが経験する類似の疾患に活用していただいてかまいません。ただし強迫性障害の場合ほどには行動分析がテンプレート化されにくく,あとの修正がより必要だと注意しておいて下さい。借り物である行動分析は過信せず,前章で述べた通り,自身の臨床での感覚を優先することになるでしょうか。テンプレートの上にどんどん自分の行動分析を書き加えていくことです。

V 行動分析でどう変わるか

1.症状を評価して吟味する

患者がくり返し手を洗っています。患者はやめたくてもやめることができません。手洗いが頻回で生活が困難になっています。この状態を周囲から観察して「不潔恐怖の強迫症状」だと類推しますが,はたしてそうでしょうか。

〈本当は洗いたくないのに洗ってしまうのですか〉「はい」

〈本当はばかばかしいとか不合理だと感じていますか〉「はい,その通りです」

このような面接のやり取りで,患者の症状は強迫性障害であるから認知行動療法が有効だろうと判断されてしまいがちです。曝露反応妨害法が効果がある

ので試してみる,と治療方針が取られます。もしくは近年ではフルボキサミンを中心としたSSRIでの薬物治療が有効なので充分量投薬してみよう,となるのです。なぜ曝露反応妨害法を選択したのかは文献に有効だと記載されていたからであり,SSRIが有効だというのも同様の理由から判断されました。眼前の患者の症状を吟味した結果ではないところで,治療方針が決まります。本当にその患者に曝露反応妨害法が有効なのか,SSRIが効果があるのか,患者の症状を評価するプロセスに欠けています。これでは少し頼りないですし,強迫症状とされる症状を直接評価して吟味する必要があると思います。

　一般的な精神科臨床では,強迫症状や強迫性障害という病気をどう捉えているのでしょうか。自身の考えや心配ではあるけれども振りほどき難く反復して頭に浮かび,不合理だとは感じつつもくり返しおこなってしまう行動が観察されれば,強迫症状だと判断されます。強迫症状としての評価や吟味はここまでです。前記のように単純なイエスノーのやり取りを根拠として確定されることも少なくありません。しかしこの評価ではまだ強迫症状らしき症状を外側から眺めているにすぎません。先に述べたように,図2の外枠を捉えたにすぎないのです。次にどのような行動が刺激−反応で連鎖して強迫症状を構成しているのかを調べなければいけません。図2の中身,図1に当たる行動分析を把握するのです。図1のように行動分析がなされて初めて治療方針が定まります。SSRIが有効だとか曝露反応妨害法が有効といった判断は,強迫症状の中身が行動分析されてからでなければできません。

2．行動分析のために体験を訊く

　行動分析するためには患者の体験を訊いていきます。どんな場面でどう考えてどう感じてどう振る舞いと,順を追って事細かに訊きます。行動分析の材料は行動ですが,先述のように行動とは身体行動にとどまらず,考えや感情,気持ちや雰囲気といった患者の体験すべてですから,実際の場面に沿ってひとつひとつを拾い上げ,刺激反応の連鎖で結びつけていきます。ついでに言うと面接場面で行動観察されるすべての情報,患者が語った言葉も,言葉が発せられるまでのゼロコンマのタイムラグも,言葉を発した時の表情の歪みも,語尾の微妙なふるえも,落ち着かなげな様子も,すべてが行動分析を補足する材料で

す。行動分析のために患者の体験を訊くことは，とても細やかで繊細な作業です。

〈不合理感を感じますか〉「はい」

そんな単純なやり取りでは不合理感の有無は評価できませんし，行動分析にもなりません。ちなみに強迫観念に対する不合理感は，その有無を患者に問いただすものではなく，患者に気づかせるようにするものです。患者の体験を訊き，質問を挟み，患者にくり返し考えさせたとしても不合理感が生じない場合に，「不合理感がない」と判断せざるを得ないものです。このあたりは後の章で詳述します。

また図1の強迫症状に戻りましょう。ここで行動分析されている症例と同じく，何度もくり返し手を洗っている症例がいたとします。強迫性障害だと診断されました。しかしその症例の体験を訊きながら行動分析したところ，図9のような行動分析が得られたとします。この行動分析で特徴的なのは強迫観念や恐れている状況が不明瞭なこともですが，「手に尿便がついたのではないか」という思考行動を誘発する先行刺激が存在しない場面が多いことです。それに「手を洗う」という行動により不安が軽減せず，むしろ手を洗っているかどうかに確信が持てなくなり「よくわからなくなる」状態に陥ることです。必ずしも排便後に「手に尿便がついたのではないか」という思考が浮かぶのではなく，別の場面で突然に浮かぶことも多く観察されます。「ズボンの中に手を入れたのではないかという考えが浮かぶ」→「手に尿便がついたのではないか」という刺激-反応の連鎖はわかりますが，「ズボンの中に手を入れたのではないかという考えが浮かぶ」行動も排便後や更衣時だけではなく，先行刺激状況がなく突然に生じていました。「手を洗う」行動をくり返しているうちに自分の行動として本当に手を洗っているのかわからなくなるために，手を洗い続けています。

図1と同じく図9もくり返し強迫的な手洗いが観察された症例です。しかし行動分析するとこんなにも違うのです。強迫性障害かもしれませんが，この症例でも曝露反応妨害法が有効でSSRIを投与すべきだとは考えられません。

図1のような行動分析が得られれば曝露反応妨害法は有効です。ここでは，強迫観念に伴って上昇した不安が，強迫行為によって一時的に下がる体験が強

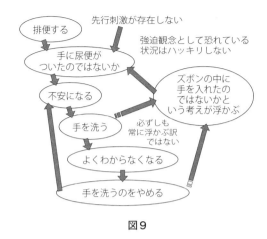

図9

迫行為を学習させているからです。そして先行刺激に曝露されて不安が生じるのを回避することで、よけいに強迫観念と不安が生じやすくなるからです。図1の行動分析を見れば、不安の推移により強迫行為が学習され増悪維持されていると理解できます。それならば病的不安を軽減させるSSRIは有効で、曝露反応妨害法により不安反応を軽減させる介入が有効だと、治療方針が決まるのです。

　ふりかえって図9を見てみましょう。ここでは不安の推移により強迫症状が維持増悪されているのではなく、特定の思考行動が先行刺激なく突然に生じることが症状を維持増悪させています。強迫行為は不安を軽減させるのではなく思考の混乱を招き、行為を反復させているようです。SSRIで病的不安を軽減したところで突然の思考行動の出現が軽減するとは考えにくいですし、強迫行為を反復して思考が混乱することが軽減することもなさそうです。先行刺激なく突然に生じる思考行動は自生思考ではないかと考えられますし、思考の混乱しやすさには思路の障害を疑います。行動分析の結果から統合失調症圏内の問題ではないかと評価できるのです。すると薬物治療の選択もSSRIではなく抗精神病薬を考えます。先行刺激が特定できないのでは、特定の先行刺激に曝露することで用いられる曝露反応妨害法は使えません。強迫行為を反復することでさらに思考が混乱する部分には、教示やモデリングを用いて手洗いの回数を決めたり儀式化するなどの枠決めを試みるかもしれません。

3．行動分析は治療のための設計図

このように，行動分析によって治療技法から薬物治療の選択までがらりと変化します。行動分析とは認知行動療法で治療をするための設計図のようなもので，行動分析ひとつで治療介入の戦略が全然違ってきます。

「それでは設計図が少しでも間違っていたら大変なことになるのではないか」「責任重大だ，おそろしくて行動分析など，うかつには取り組めないぞ」そんなみなさんの声が聞こえてくるようです。いえいえ安心して下さい，行動分析などその都度修正すればよいのです。認知行動療法による治療は，ターゲット行動の出現頻度と強度により効果判定ができると述べたはずです。例えば10年後20年後に，患者の生き方によって初めて治療効果が判明するような治療法ではありません。治療介入の結果は具体的指標を用いてすぐに評価できますから，治療方針の変更もすぐできます。図1の症例でも図9の症例でも，手洗いの回数や洗い方の推移から治療結果は明らかで，それにより何度でも行動分析を修正していけばよいだけです。

認知行動療法では行動分析を「対象を認識把握する技術」と位置づけます。「対象を認識把握する技術」である行動分析に沿って「対象を変容する技術」である曝露反応妨害法やオペラント技法やモデリングなどを活用していくのが，認知行動療法という技術体系です。認知行動療法において「むしろ行動分析が重要で中心にある考え方であり技術だ」という理由がご理解いただけたでしょうか。

Ⅵ　行動分析はくり返す

行動分析の事始めとして，既存のテンプレートから行動分析を試み，実際の治療結果に沿って修正していくことを提案しました。

実際の症例を例に挙げながら，どんな風にするのか説明してみようと思います。本書で呈示する症例はすべてプライバシー保護のため詳細の変更を加えています。

1．症例呈示
【症例】30歳代前半，男性。

【主訴】「吐物，便が汚い，イライラする」

【生活歴・現病歴】

大学卒業後，就職するも上司と合わずに数カ月で自分から辞職しています。

その後，微熱と全身倦怠感が続いたため近医内科を受診し，念のため結核専門病院を紹介されました。そこで看護師が結核用マスクをしているのを見て，急に病院全体に対する不潔感を持つようになりました。

次第に手洗いが頻回となり，入浴は2時間にもおよびました。徐々に抑うつ的となったため精神科クリニックに通院するようになりました。当時は病院に着て行く服は区別して帰宅すると着替え，衣服以外の身につけていた物は除菌クリーナーで拭いていました。

うつ状態が増悪したために入院治療をおこない，薬物治療によってうつ状態は軽減しました。しかし強迫症状に関しては増悪し，母親を巻き込み洗濯物の洗い直しや手洗いを強制して，イライラすると平手打ちする家庭内暴力が出現してきました。その後，入院森田療法を受けたところ終日の作業により強迫行為をおこなえず，結果として強迫症状の反応妨害法と同じ効果が生じました。そのためか強迫症状はやや改善し，退院後にはアルバイトを始めることができました。たまたま怪我のためにアルバイトをやめて自宅にいることが多くなると，再び母親への巻き込みも含め強迫症状が増悪していきました。

精神科クリニックに通院継続していましたが改善せず，紹介にて入院となった症例です。

【治療経過】

外出時に道ばたで吐物や犬の便を目にすると，自分が汚染されたような気がして，以後は同じルートを回避したり，自宅に帰るとすべて着替えて清潔にしたりしていました。家の中でも不潔なものが自分や清潔にしておきたいタオルなどにつくと，手洗いや洗濯をくり返していました。

回避は目立つものの，不潔なものに触れたり見たりすることで汚染されたと感じて洗浄強迫につながる，一般的な不潔恐怖と考えて治療を開始しました。そして病棟内のハイラキー（不安階層表）を作成し，段階的に曝露をおこなう治療方針としたのです。

この時点で患者の強迫症状をほぼテンプレート通り図10のように行動分析

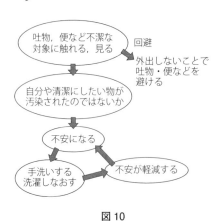

図10

しています。

ところが曝露反応妨害法を用いた治療を開始すると、奇妙な現象が観察されました。曝露直後よりも、その10分後に急にSUD（自覚的不安尺度）が上昇したり、じっと臥床しているなど先行刺激が存在せず曝露は生じていないはずの場面で突然にSUDが上昇して手洗いをしたりしていました。

この点について患者に詳しく訊いていきました。不安が上昇する場面で、何を感じてどう考えてどうなったのか、患者の思考体験を中心に質問しました。すると患者は「残像」が頭の中に浮かぶと説明したのです。「残像」というのは、便や吐物など不潔に感じる対象の視覚イメージでした。「残像」が浮かぶと自分が汚染された気がして、手洗いなど保清行為をおこないます。浮かんだ「残像」が頭の中で清潔にしておきたい物のイメージと重なると、それが汚染された気がして洗浄してしまうということでした。頭の中に「残像」が浮かんだ時は、それが清潔にしておきたい物と重ならないように、特定の物に意図的にイメージを「飛ばす」ことで回避する思考行動をおこなうこともわかりました。これらの体験から、「イメージ強迫」と呼ばれる強迫症状の症例ではないかと考察しました。

つまり患者が「残像」と呼ぶ、視覚イメージに限りなく近い思考行動が生じるのが直接の先行刺激であり、不潔な視覚イメージが清潔なイメージと重なることが直接の曝露になっていたのです。このようにイメージを中心とした思考行動が強迫症状の大部分を構成していました。実際に不潔と感じるものを見たり触ったりすることは、視覚イメージを喚起する刺激ではありましたが、必ずしも曝露刺激として作用していませんでした。

行動分析は図11のように修正が加えられました。

行動分析を進めていく過程で、「残像」と認識していた体験が不潔な視覚イメージであることや、それが単にイメージで現実の体験とは異なることに患者自身が気づくようになりました。それだけで患者にずいぶん余裕が出てきたよ

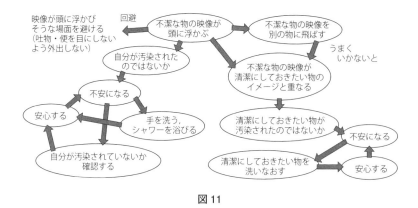

図 11

うに思います。治療者から症状を訊かれ行動分析を再構築していく過程で、患者は初めて自身の症状を把握し理解できたようでした。あとはイメージという思考行動にターゲットを絞った曝露反応妨害法をどう進めていくかの問題です。

確実に曝露を生じさせるために、「残像」を確実に誘発させる視覚体験を一緒に探しました。より強固に「残像」を誘発する対象として、オムツ内に排泄された大便の写真を集め、どの写真がより強烈に「残像」を誘発させるのか、患者と一緒になって引き延ばした写真をカードゲームのように日替わりで呈示して曝露をくり返しました。「残像」が出現しても不安があまり上昇しなくなり、次第に「残像」が生じることもなくなりました。

行動分析の修正後1～2カ月で治療はスムースに進み、約3カ月で退院して強迫症状が再燃することもなく経過良好です。

2. 症例の解説

この症例も初めは一般的な不潔恐怖の強迫性障害として治療開始しています。行動分析もほぼテンプレート（図8）に患者の情報をペーストした感じです（図10）。

治療効果の判定と治療課題の設定にSUDを用いました。SUDとして自覚する不安強度をモニタリングさせて、病的不安の変動を観察しました。病的不安の増強時には、強迫観念の出現増強も伴うはずです。ところが治療課題で曝露

後に不安が上昇するのとは別に，先行刺激が存在しない場面で不安が急に上昇したり，曝露直後から10分以上経過してから不安が上昇する行動が観察されたのです。

図10の行動分析だと，強迫観念に伴う病的不安は「吐物，便など不潔な対象に触れる，見る」先行刺激への曝露時か曝露直後にもっとも上昇するはずです。先行刺激への曝露状況なく強迫観念や病的不安が誘発されることは起こり得ません。少なくとも図10の行動分析だとそうなります。つまりテンプレートの行動分析では説明できない行動でした。

曝露反応妨害法を試みると，避けている対象に触れると強迫観念と病的不安が増強し，手洗いなど強迫行為をしないことで時間経過で不安が軽減するなど，部分的には図10の行動分析にも沿っていました。

テンプレートの行動分析で把握しきれない行動に対しては，行動分析の追加が必要になります。図10の行動分析だと先行刺激がわからない場面で，出現増悪する病的不安をターゲット行動とします。突然の病的不安の出現増悪を中心にして行動分析を展開するのです。そこで患者の不安を上昇させた刺激対象は何か，その時何を感じてどう考えているのか，実際の場面に沿って具体的に訊いています。

患者は治療課題として曝露後30分以上にわたり自床で安静にしていました。周囲の刺激も少ない静かな環境で，何もせずに閉眼して臥床していたのです。外部から観察される身体行動はなにも変化しないのに，突然に病的不安が上昇しています。行動分析の対象は，患者の思考行動が中心となりました。すると「残像」という言葉で表現される体験が語られ始めたのです。行動分析のために「残像」の行動としての特性を訊くうちに，それが視覚イメージであり，強い不安を惹起するものの単なるイメージにすぎず，現実の体験とは異なるのだと患者が気づき始めます。自分の頭の中で生じている体験を訊かれること自体が患者にとって初めてでしたが，その上さらに思考体験の特性や経過を刺激－反応の連鎖で結びつけて詳細に訊かれるとなると，それ自体未知の体験だったことでしょう。

行動分析は図11のように修正がなされました。

図11の行動分析に沿って，曝露反応妨害法で曝露する対象を「不潔な物の映像が頭に浮かぶ」視覚イメージだと明確にすると，曝露反応妨害法の治療効

果が順調に得られ始めます。SUD で評価される病的不安の強度が軽減していきました。ターゲット行動は強迫観念とそれに伴う病的不安で，SUD の変化を指標に治療効果を評価しています。曝露時を含め日常生活全般で SUD が下降するという結果が得られたので，図 11 の行動分析は適切な治療設計図足り得たと考えられるのです。

　こんな風にしてテンプレートの行動分析を借りた行動分析は進められます。行動分析を修正するかどうかはターゲット行動の出現頻度と強度の具体的指標を丁寧に観察することです。指標の変動がテンプレートの行動分析だけで説明困難であれば，変動を左右する別の行動との刺激－反応の相関が隠れているはずです。見逃さないこと，あきらめないこと，後はそれに尽きます。治療者はごまかしたり言い訳しがちですが，一度設定された指標の変動は嘘をつきません。ターゲット行動の出現頻度や強度が予測通りに変動しなければ，どこかに行動分析しきれていない刺激－反応が存在するはずです。

Ⅶ　行動分析の位置づけ

　行動分析は「行動」という概念で把握した対象を刺激－反応の連鎖で関連づけて理解する手段であると説明しました。「行動」という概念は一般における身体行動にとどまらず，思考行動や情動行動のような目に見えない対象まで含みます。「認知」も思考行動の一部です。

　行動分析を始めるにはターゲット行動を設定して，その先行刺激状況と後続刺激状況にある行動を刺激－反応の連鎖で結びつけていきます。ターゲット行動の出現頻度と強度を変化させることが認知行動療法の治療目標であり，具体的な指標を設定することで評価が明確になります。

　先行刺激状況や後続刺激状況に介入することでターゲット行動を変容させますが，どのような治療手段を用いるかは行動分析次第です。設定された具体的指標の変化から行動分析をくり返し修正し，治療手段を見直します。

　認知行動療法における治療の設計図に当たるのが行動分析であり，「対象を認識把握する技術」として中核に位置する技術だということです。

第2章　精神科診断と行動分析の違い

I　精神科診断と行動分析

　前章で行動分析が認知行動療法での治療の設計図だと述べました。行動分析の結果により治療方針が異なるからです。

　ここでふと疑問を抱かれるかもしれません。臨床では精神科診断というものがあるからです。うつ病や統合失調症だとかパニック障害などの診断が患者につけられ，診断に沿って治療を進めます。もちろん薬物治療の選択や精神療法の用い方や今後の見通しが精神科診断で異なります。

　こう見ると，行動分析と精神科診断の役割はとても似ています。

　みなさんはこう考えておられるのではないでしょうか。「行動分析というのはあくまでも認知行動療法という精神療法での評価基準であって，まず精神科診断がなされた後に，うつ病や強迫性障害などに対して認知行動療法を用いる時にだけ使う道具みたいなものでしょう」と。はたしてそうでしょうか。

　第1章で行動分析について，対象を行動という枠組みで捉えて刺激－反応の連鎖で相関させ理解する方法だと解説しました。行動分析というのはものの見方であり，対象を捉える手段なのです。例えるならば，患者の症状なり問題なりを，行動分析という「眼鏡」をかけて見ていく感じです。どの精神科診断なのかまだわからなくとも，その症状を行動分析して把握することはできます。例えば食欲低下という症状があるとします。その食欲低下が「うつ病」という精神科診断の一症状であることが把握されれば，抗うつ薬投薬が有効だと治療方針が立ちます。精神科診断まで決まり，はじめて症状に対する治療ができるのです（図1）。ところが行動分析だと，食欲低下がどの精神科診断によるか

はともかくとして，症状がどのような行動の連鎖で維持されているのか把握すれば，治療方針を立てられます。どの場面でどう考えてどう思いどう振る舞うことが，食欲低下という状態像を構成しているのか行動分析するのです（図2）。例えば食事を準備して食べることがおっくうに感じて，食べることをあきらめて，その結果空腹感も苦痛も感じないのかもしれません。例えば食事を目の前にすると太るのではないかという恐怖感が生じ，食べないことで達成感や満足を感じるのかもしれません。前者だとおっくうさを軽減するのに抗うつ薬が有効ではないかと考えますが，後者ではむしろ摂食障害を疑います。行動

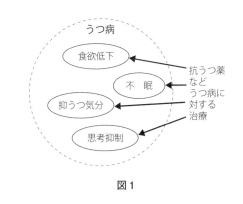

図1

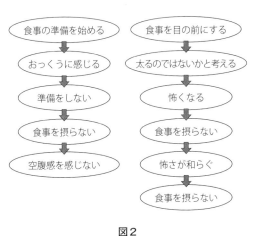

図2

分析された症状のパターンから精神科診断が類推されていきます。症状を行動分析という「眼鏡」で見ることから精神科診断が浮かび上がるのです。精神科診断よりも行動分析の方が対象把握の目が細かいのです。「うつ病」という診断がなされた対象を行動分析という「眼鏡」をかけて見るのではなく，行動分析という「眼鏡」をかけて観察した結果「うつ病」という精神科診断に至るのがその流れです。

では行動分析を用いない精神科診断は，どうなされているのでしょう。この機会に，一般的な診断のすすめ方についても私なりにまとめてみたいと思います。

II　一般的な精神科診断はどうなされてきたか

　私が学んだ経験からは，一般に精神科診断をおこなう過程は次の3段階から構成されていると考えます。
　①精神症状を同定する
　②精神症状の性質を評価する
　③病歴など経時的な変化を把握する
　精神科診断のほとんどは症候群であり，特定の症状と特徴を有すれば共通の疾患であるとみなされ，「～病」や「～障害」という診断名でまとめられます。てんかんや進行麻痺，一部の脳器質性精神障害のような例外も含みますが，ほとんどの精神科診断は共通の精神症状を同定することから始まります。
　例えば意欲自発性の低下に抑うつ気分，不安焦燥感や思考抑制などの精神症状群に不眠や食欲低下といった身体変調が存在すれば「うつ病」ではないかと疑うのです。症状群は患者の訴えと同時に，「表出」と呼ばれる外部から観察可能な情報で補足されます。さまざまな視点から，家族や上司からの情報や，学校とか職場や入院環境での観察などによる評価を取り込みます。ここでもし，連合弛緩のような思考障害や幻聴など異常体験や妄想が加われば「うつ病」ではなく「統合失調症」ではないかと疑うわけです。特定の疾患に共通する精神症状群を同定することが精神科診断には欠かせません。
　同定された精神症状の性質も重要です。例えば意欲自発性の低下といっても，うつ病で認められる場合と統合失調症や認知症で認められる場合とでは，それぞれに印象が異なります。自責感の有無や緊張感など意欲自発性の低下に伴うさまざまな違いが感じ取られます。「この意欲自発性の低下は，あの疾患での印象に類似しているな」と共通の特徴が認識されます。認識されたパターンから，類似性が高い精神疾患の可能性が高まるというわけです。例えば統合失調症の診断で用いられる「プレコックス感」という感覚もひとつのパターン認識だと思います。臨床経験の中からパターンを抽出していく方法が標準的です。まず先輩治療者と一緒に臨床をくり返して「この精神症状はこの精神疾患で認められる特性を有している」と感覚の擦り合わせのような経験を積み重ねます。

加えて自身での経験症例から各自のパターン認識を編み出します。精神症状の性質を評価するのに，今のところそれしか有効な方法はなさそうです。精神症状が持つ印象の異なりをこと細かく記述して，記述内容をすりあわせる作業も試みられますが，煩雑な割に確実性が低いように見えます。

　精神症状群が時系列でどう変化しているかも重要です。例えば先の「うつ病」を構成する精神症状群が，いつから生じてどのように推移しているのか把握します。例えば2〜3カ月前から生じていて，その前は多弁で過活動で借金をくり返す状態が1〜2カ月ほど続いたとわかれば，「うつ病」ではなく「躁うつ病」ではないかと疑い始めます。もしも物心ついた時からずっと続いているとわかれば，病気ではなく性格の問題ではないかとか「発達障害」の範疇ではないかと考えるかもしれません。大きなライフイベント，例えば解雇され同時に離婚してから「うつ病」の精神症状群が出現したのか，何もなく出現したのかでは，治療の可能性や予後は異なります。何月何日から突然に出現していれば，脳腫瘍や内分泌障害がないかなど，脳器質性障害や症状精神病を疑います。毎日大量に飲酒しているうちに「うつ病」症状が出現したとか，覚醒剤連用を中断したら「うつ病」症状が出現したとあれば，薬剤関連性精神障害を考えるでしょう。ある時点で精神症状群が存在しているだけでは不充分で，経時的にどのように推移しているかの把握が精神科診断には必要です。その中で精神症状群と特定の状況や状態との関連性を見出すことが診断を大きく左右します。この経時的変化に関する情報も，誰からどのように聴取したかで大きく意味が異なるので，慎重であらねばなりません。

　だいたい私はこのようにして精神科診断を決めていたと思います。診断する上で，どんな疾患が存在してどんな特性を持つかという知識は必要です。知らなければ診断しようがありませんし，知識が体験を通じて身体化されていることがさらに望まれます。

　精神科診断をおこなう上での注意点もいくつかあります。ひとつは精神症状を聴取するに当たり，患者の訴えに沿い患者の気持ちになり体験するように訊いていくことです。もうひとつは診断を無理に断定するのではなく，留保したままで診るのも必要なこと，そして治療の結果により必ず診断を見直し修正するべきだということでした。実際の日常臨床でこれらの注意点を守るのは結構

難しいものです。

　精神科診断を始めるのに，精神症状を同定することが必要なのはわかります。しかし特定の疾患で見られる精神症状群がその患者にも存在すると，どうやって判断しているのでしょうか。精神科診断の難しさを考えてみます。

Ⅲ　精神症状を同定する難しさ

1．患者の体験を聞く必要

　精神症状の同定は，体温や血圧を測定するようにはいきません。

　例えば先の「うつ病」を構成する精神症状群が，どうしてその患者にあるとわかるのでしょう。なんとか体温のようには測定できないものでしょうか。

　不眠や食思低下の身体変調は比較的容易です。体重の減少とか食事量の低下，眠れずに夜中に起きている姿を家族が目撃するなどから観察できます。意欲自発性の低下も，仕事に行かないとか好きなことに興味を示さないなどからわかり得ます。これが抑うつ気分となると少し難しくなります。気分が絶えず憂うつでものごとを悪い方に考えがちで気分が晴れないというのは，口調やつらそうな表情とか涙ぐむ姿から観察できなくもありません。しかし実際は当人でなければわからない体験です。落ち着かなげな体動や表情から不安焦燥感があるのかもと想像はできます。しかし，思考抑制の観察は難しそうです。思路の流れや遂行能力に障害を認めると，面接時の話し振りから観察できるかもしれませんが，病前との比較も必要ですから難しいのです。

　あらためて考えてみますと，体温や血圧のように外部からの観察だけで精神症状を同定するには限界があります。ですから当然，他に手段が必要です。患者本人に体験を聞くことで同定をします。要するに，「うつ病」が疑わしい患者に対して「やる気が起きないですか」「気分が落ち込みますか」などと聞くのです。「はい」と答えればそこに精神症状が存在し「いいえ」と答えれば存在しないという次第です。簡単すぎる方法ですが，日常的にごく当たり前に用いられます。精神症状を同定するには観察だけではだめで，患者の体験を聞く必要があるのです。

　例えば，目の前の患者に意欲自発性の低下という，うつ病に特徴的な精神症

状が存在するか知りたくて質問します。気の利いた患者なら「休日も趣味がしたいと思えずすべてが面倒臭い」などと自分から語るでしょう。ところが後日患者の妻から話を聞くと，先週末にも趣味のサーフィンに出かけて夕方に帰ってきたと判明する

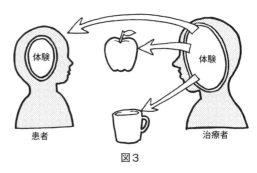

図3

のです。ここが，体験を聞くことは簡単ではありますが頼りにならないと，みなさん痛感される問題点です。患者が言葉で表出した体験が，はたしてその通りであるのか確信が持てません。さらに後日，妻とは離婚調停中でトラブルを抱えていると判明したりもします。周囲からの情報もまた，真実であるとは限りません。

　精神症状を同定する作業がなぜ難しいのかと言えば，精神症状の大部分が患者個人の体験だからです。人間には自分以外の人間の体験はできません（図3）。精神症状は，そこに存在する対象として治療者が体験できないのです。目の前にリンゴがあるとかマグカップがあるとか「さっき飲んだ珈琲は美味しかった」などのように，治療者の体験として同定することができません。ここにどうしても越えられない壁が存在します。患者が体験して訴える精神症状が本当にそこに存在するのか，という命題がつきまといます。このあたり精神医学が哲学的に難しくなる素地なのですが，あまりくどくどとは述べません。精神病理学の書籍などご参照下さい。

2．「共感」という手段

　どうにかして適切に患者の体験を聞いて，精神症状を同定しなくてはなりません。そこで体験の聞き方を工夫する必要があります。精神医学では伝統的に「共感」という手段を用いてきました。想像力を働かせて患者に情動的な共鳴をすることで，あたかも治療者自身の体験であるかのように患者の追体験を試みるのです。患者の訴えを聞く時には患者の立場に立ち自分が体験するような気持ちで訊きなさい，と指導された通りです（図4）。患者の体験が共感可能

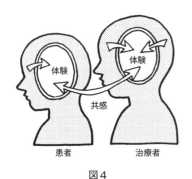

図4

であるかどうかで精神症状の質も評価できます。共感性が高く了解可能であれば正常心理に近い症状で，共感性が低いほど病的な症状というわけです。共感は患者に情動的な安心感を与え自己修復をうながすために，治療手段としての役割も果たします。治療者には共感能力と想像力が求められてきました。

　例えば目の前にいる患者がニコニコ笑いながら元気いっぱいに「死にたくて死にたくてたまりません！」と訴えたとします。この患者に「希死念慮」という精神症状を同定する治療者は少数派でしょう。ふつうは自殺を考えて自ら命を絶ちたいという気持ちを持つ人間は，明るく嬉しそうにそれを訴えないという認識が治療者側にあり，患者の訴える内容と語り口との違和感に共感ができないからです。この認識は知識というよりも，治療者が自身の体験として積み重ねてきた感覚に基づきます。同じ人間として，患者の体験に共感できるかどうかを判断軸にしています。このあたりの感覚は序章のⅡ「この人と一緒に暮らしたらどうかなと考えるんですよ」で紹介した，飲み屋で隣り合った他人に感じる警戒心，のエピソードにも通じる内容です。共感困難な患者だと，訴える体験そのものよりも体験の仕方の方が問題だと考えられます。体験の捉え方や考え方，体験に伴う情動が評価の対象となるのです。

3．体験の仕方も評価する

　体験を訊く過程では，体験の内容だけではなくその仕方を同時に吟味しています。体験内容と同時に，体験の仕方に含まれる精神症状を評価しているのです。患者の訴えは主観的体験にすぎませんが，主観的だから精神症状たり得ないと切り捨てるのではありません。例えば「死にたい」という体験をニコニコと元気いっぱいに訴えた患者には，「死にたい」以外のさまざまな体験を表出させてみます。患者の好きなことや家族との関係といった体験を訊いてみて，体験の仕方に共通の特性が認められないかを探ります。どの体験もニコニコ笑いながら元気いっぱいに語れば，もしかするとこの患者は理解力や思考力に

難があるだけかもしれないと疑います。緊張を伴う体験内容だけ元気いっぱいに語れば虚勢を張っているのではないかと疑い，笑っている自覚もなく緊張により表情筋が単に笑顔の形に歪んでいるのではと推測したりもできます。そんな時は自分が笑顔であることを指摘してみて患者がどう反応するか，気づいているのか試してみたりもします。目の前で今この時の体験を語

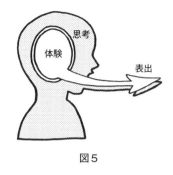

図5

らせるのも有効です。今日の天気や診察室の居心地やそこでの出来事を語らせてみます。治療者も目の前でほぼ同じ体験をしていますから，患者の体験とのずれを同時進行で評価できます。入院治療だとさらに観察機会は増えます。こんなふうにして私たちは患者の体験の仕方も評価していると忘れてはいけません。

　言語的な表出だけではなく，体験はすべて表出された段階で体験の内容と仕方から構成されます（図5）。外側からの観察でも同じです。不安焦燥が高まるとあわてて動き回る人もいれば，固まって動きが鈍くなる人もいます。患者固有の体験の仕方を把握しなければ，外見的に落ち着いているから不安焦燥感は認めないとは言えません。

　限りなく詳細に多岐にわたる情報を収集することで精神科診断はなされます。しかし結局は患者の主観的な体験を訊き出さねば診断ができません。体験を訊く方法として想像力と共感能力に頼らざるを得ないのです。精神科研修でそれらを育てる教育を受けたのだと思います。初期研修でおこなう，患者の訴えを遮ることなくひたすら受容的に聞き続ける訓練は，共感能力育成のためだと思います。そこでは，患者がどんな気持ちで語りどう感じているかに思いを馳せるように指示されたはずです。序章で述べたように，日常で機能している共感能力に変に抑制をかけない注意も必要でしょう。症例呈示やスーパーバイズをくり返すのは，欠けていた想像力を働かせるためが大きいと思います。こうして想像力と共感能力を駆使した体験の訊き方を学んでいるのです。

　想像力と共感応力を用いるというのは，まったく古びておらず有効な手法だと思いますが，そこに頼っている自覚と限界は意識しておく必要はあります。

例えば自閉症スペクトラム障害の患者に対して共感能力の働きをあまりあてにしてはいけないとか，事実や客観情報を無視して想像力を巡らせすぎてはいけないなどです。

共感を重視した体験の訊き方は精神科臨床の基本ですし，私もそうしてきました。しかし行動分析のために患者の体験を訊くやり方には，少し違いがあると思うのです。

Ⅳ　行動分析の訊き方

1．刺激－反応を把握する訊き方

例えば中学生の患者が外来に来たとします。男子で2年生の2学期です。会話疎通性や知的な理解は良好ですが少ししんどそうで，学校を休みがちで成績も下がっています。母親に聞くと夏休み明けから，とくに登校日には自室からなかなか出てこないと心配します。患者に主訴を尋ねると「イリイリする」と答えました。

精神科面接の基本に沿って患者の体験を訊いていきます。なるべく患者の訴えを遮らないようにして受容的な雰囲気を心がけ，共感を示しつつ患者の訴えに想像をめぐらせます。

〈イライラするの？〉「ううん，イリイリする」〈イリイリ？〉「なんか，落ち着かないっていうか，とくにお母さんから言われた時」〈なにをかな？〉「早くしろとか，いつまでしているのとか，別にお母さんのことがうっとおしいわけじゃないんだけど，なんか……」〈つらくなる？〉「ふつうに話しててもイリイリする時もあるし，放っといてほしいな，ってなる」〈放っといてもらうと楽？〉「少しマシ，でも一人でいてもイリイリしてくるし……なにもできなくなる」

患者独自の表現を生かしてあまり治療者は口を挟まずに，丁寧に訊いています。傾聴しつつ患者の立場や気持ちになろうと治療者自身の思春期を思い出します。精神症状としての同定を試みようと，治療者の内部では以下のような思考が流れているでしょうか。

〈イリイリってどんな感覚なんだろう，急がされた時か，気持ちが焦った状態かな，するとやはり自分がイライラした時に近いのかな，わかっているのに注意されたりとか，母親に対する怒り，焦りだろうな，焦燥感，焦燥状態ということかな……自分もちょうどこの頃に母親がうっとうしい時期があったな，第二次性徴期か，母親に対する aggression ということかも……〉

　患者の体験を自分に引き寄せて，患者が語る時の落ち着かなげな様子や険しい表情から，患者の主訴に対して「不安焦燥状態」ではないかと評価します。主訴は「不安焦燥感」で不登校の患者であり，「うつ病」などを疑い始めます。患者の体験はまとまりに欠け断続的ですが，治療者が無理にまとまりを与えようとせず訊いています。その方が受容的で共感的だと考えるからです。共感を用いて自身の体験に置き換えて想像し，精神症状というまとまりを与えます。治療者の頭の中で患者の体験を「不安焦燥状態」と評価したことやその根拠は，あらためて心理教育を始めるまでは患者に伝えることはめったにありません。

　行動分析のためには，どのような場面で患者がどう思いどう考えてどう振る舞うのかを具体的に訊きます。主訴が生じる生活場面をひとつ実際に取り上げて質問していくことが多いです。

〈イライラするの？〉「ううん，イリイリする」〈イリイリするのってどんな場面で？〉「なんか，落ち着かないっていうか……そう，とくにお母さんから言われたときイリイリする」〈言われるのはどんな時？〉「朝，学校に行く前」〈あなたはなにをしているの？〉「鞄に教科書を入れ直している」〈教科書を入れているとお母さんは声をかけてくるの？〉「初めからじゃない……しばらくしてから」〈どれくらい？〉「30分？……1時間くらいしてから」〈30分以上教科書を入れているの？〉「そう，入れ忘れたんじゃないかって気になって」〈長いね〉「うん，前はそんな長くなかった」〈どこでそれをしているの？〉「自分の部屋」〈お母さんはあなたの部屋まで来て声かけるの？〉「違う，玄関先で言ってくる」〈あれ？　玄関先で鞄に教科書を入れ直してたの？〉「自分の部屋で30分くらいして，えいやっていったん玄関まで行って」〈そこで声をかけてくるの？〉「学校行こうと靴はいたら，また心配になりだして」〈なにを心配するの？〉「教科書を忘れたんじゃないかなって」〈それまで何回も確かめてるんでしょ〉「うん」〈それでも心配になるの？〉「もう大丈夫って鞄を閉めたらまたすぐ心配になって」〈教

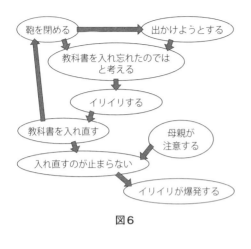

図6

科書忘れても大丈夫じゃない〉「大丈夫とは思うんだけどイリイリしてくる」〈イリイリするのはお母さんに言われた時だけじゃないの？〉「確かめてるときにお母さんが早くしなさいと声をかけてくるからイリイリする」〈でも鞄に出し入れする時に、もうイリイリしているんでしょ？〉「あ、そうか、でもそんなイリイリしてない、お母さんがうるさいからイリイリが爆発する」

　おそらくもっと細々とやり取りは続きます。患者が主訴に挙げた「イリイリする」という感覚を中心として、具体的な生活場面を取り上げて体験を訊いています。どの場面でどう考えてどう振る舞うのかと訊きながら、体験をいくつかの行動単位にまとめていき、行動相互に刺激－反応の連鎖で把握します。例えばここでの行動単位と行動分析の結果は図のように示されます（図6）。行動分析の結果、「イリイリする」というのは強迫観念に伴う不安感に近い感覚ではないかと推測できるわけです。

　わざわざ行動分析を持ち出さずとも、一般的な精神科臨床でも詳しく聴取すれば上記程度の情報は得られます。しかし行動分析という手順があることで、効率的に詳しい情報が訊けるのです。行動という単位でまとめて刺激－反応の連鎖で結びつける手順です。

2．体験の訊き方，訊かれ方

　一般的な面接では患者の受容と共感が重要視されるあまりに、患者の語りをなるべく邪魔せずに聴取する方法が選択されます。患者の体験はまとまりに欠けたまま、患者の語りに従って聴取されます。聴取できる情報量を増やすにはどうしても面接時間が長くなります。行動分析では主訴としてのターゲット行動を中心にして、どの場面でどう振る舞いどう考えてどう感じるのかという流

れに沿いながら訊きます。患者の体験は刺激−反応の連鎖としてのまとまりを持つ情報として詳細に聴取されていきます。

　患者の語り方でそのまま聴取される過程では，訊かれたとしても患者の体験そのものは基本的に変化しません。先の症例でも「イリイリする」感覚は常にどこかで出現する不快感でしかありません。行動分析を目的に訊かれると，それまでまとまりを持たなかった患者の体験が，刺激−反応の相関を持ち始めます。先の症例で「イリイリする」感覚が母親に注意された時にだけ生じるのではなく，強迫観念とともに生じる感覚であり，注意されたり強迫行為を中断されるなどで緊張が高まれば増悪すると，訊かれながら患者が気づきます。どの体験が刺激となりどの体験が反応として生じるのか，結びつきを理解し始めます。まとまりを持たなかった体験は，刺激−反応の連鎖を持つひとつの流れとして体験し直されるのです。体験に対してのコントロール感を持ち始めるということです。

　行動分析のためには，患者の体験をひたすら聞くのではなく必要に応じて遮り，話の方向を修正することもあります。刺激−反応の連鎖が把握しにくければ，患者の話を訊き直して確認したりするためです。それでも患者は話を聞いてもらえないとか邪魔されたとは感じません。行動分析がまとまるにつれて「これほどよく話を聞いてもらえたのは初めてだ」とむしろ感謝される場合が多いくらいです。行動分析のために体験を訊かれることで，患者の体験は刺激−反応の連鎖で結びついた，コントロールや介入が可能な対象へと変化していくのだと思います。困難でまとまりを持たない体験が，行動分析という流れの中に位置づけられ，克服可能な体験へと変化していくのです。これが行動分析という体験の訊き方であり，体験の訊かれ方なのです。

　患者の体験を訊く過程がそのまま，行動として刺激−反応で関連づける過程になります。訊かれているうちに患者にも行動分析が理解できてきます。その上でさらに行動分析の結果を伝えて，治療介入の手段を相談していくのが一般的な認知行動療法です。治療者だけが行動分析の結果や精神症状の評価を知っている状況はまれだということです。

V　行動分析でできること

　先にIで述べたように，精神科診断に基づいて治療を進めるには診断が確定されなければいけません。しかし診断病名が確定できないまま治療を始める状況など，臨床にはざらにあります。むしろその方が多いくらいではないでしょうか。そんなとき行動分析は症状単位や問題単位でも評価して治療方針を立てられるので便利です。

　しかし一般的な臨床でも，診断を留保しながら治療を開始する場面はあります。例えば「うつ病」のような症状を呈しながらも，診断基準を満たすほどは精神症状群が揃わないとか症状の印象が異なる時です。よく用いられるのが，ひとまず「抑うつ状態」という仮の診断をつけて，状態観察を続けながら治療介入を試みる方法です。精神科臨床の基礎として，診断を留保することも必要だという原則に則ります。しかし治療方針となると，似ている疾患の治療方針を拝借してくるしかありません。「抑うつ状態」としても「うつ病」の治療方針をまねて抗うつ薬を投与するはめに陥ります。もしくは，手をこまねいたまま積極的な治療はおこなわないかです。「うつ病」ではないけど似ていなくもないから「抑うつ状態」としたのに，いつの間にか「うつ病」であるかのように患者を扱い始めるのもよくあることです。診断を留保した状態を表現するために，既存の疾患に類似した言葉を用いた弊害が生じるのです。認知行動療法だと状態像を行動分析の結果で評価したまま，治療介入の仕方を考えられます。「うつ病」とは異なる気分の落ち込みと活動性の低下が生じていたとして，その状態がどのような場面でどのような刺激－反応の連鎖で生じ，維持されているのかを把握しておきます。行動分析の結果がひとつの診断評価像です。症状や問題の行動分析はなされても，精神科診断には至らない状態です。それでも行動分析に基づき，どの行動に介入するとターゲット行動が変えられるだろうかと治療戦略が立てられます。精神科診断が確定しない時に，類似の疾患病名や治療方針を流用するのではなく，行動分析の結果から独自の治療方針を探ることができるのが実際的です。

　IVで述べたように，行動分析は患者の体験に大きく作用します。行動分析の

ために患者の体験を訊くと，患者の体験は行動分析されて対象化されていきます。症状に振り回され圧倒されていた体験が，他の体験と刺激－反応の連鎖を持つコントロール可能な対象へと変貌していくのです。この体験の質の変化は，行動分析自体が持つ，とても治療的な効果だと感じます。精神症状の同定も診断も治療者の体験としてだけ生じる精神科診断ではありえない変化です。心理教育に類似した治療作用ですが，認知行動療法だとすでに行動分析の段階で心理教育まですんでいるとも言えそうです。

　精神科診断で症状を聴取するにあたり，患者の訴えに沿い患者の気持ちになり体験するように訊きなさいと注意はされます。しかし具体的にどうするのか，手段があまり呈示されないので，共感を頼りに想像をしていたのです。行動分析の訊き方はそのひとつの回答ではないかと思います。どの場面でどう振る舞いどう考えてと，患者の具体的な生活場面に沿って行動という単位で刺激－反応の相関を探りながら訊くと，おのずから患者の体験をその内部から訊きだすようになります。認知行動療法では，患者の生活にカメラを持ち込んで撮影してきたかのように，生き生きと想像できるように症状を把握しなさいと教わりました。精神科治療として普遍的に有効な介入だと思います。

　一般的な精神科診断でも，治療の結果から診断を見直すように注意はされますが，そもそも結果を評価する指標が曖昧になりがちです。結局は診断を見直すタイミングや決断が先伸ばしにされます。認知行動療法を用いた治療では，行動分析に基づきターゲット行動の出現頻度と強度をモニタリングできる具体的指標が設定されます。指標の変動により治療介入の結果が評価され，何度でも行動分析を見直すのが普通です。これはつまり，精神科診断で本来必要とされている診断の見直しがおこないやすいとも言えるでしょう。

　以上のように，行動分析の特色を精神科診断との比較を中心に述べました。行動分析は決して一般的な精神科診断と対立するわけではなく，むしろよりきめの細かい対象把握法として精神科臨床を助けるのではないでしょうか。その上行動分析を用いると，一般的な精神科臨床で重視される患者の気持ちになり体験するように訊くことか，診断を留保したままで診ることも必要なこと，治療の結果で診断を見直し修正すること，などの注意点をより具体的に守りやすくなると思います。

次章からは具体的な症例を援用しながら，行動分析が持つ特色や有効性を紹介していこうと思います。

VI　操作的診断

よく悪者にされる操作的診断について少しだけ触れておこうと思います。ICDやDSMに代表される操作的診断は，伝統的な精神科診断から派生しています。ですから基本的にはIIに挙げた，①精神症状を同定する，②精神症状の性質を評価する，③病歴など経時的な変化を把握する，という手段から成り立ちます。

操作的診断の主目的は，診断結果の標準化とそれによる統計処理です。そのために伝統的な方法から，統計的な整合性を乱す要素が限りなく除外されました。①の精神症状群の同定においては，体験の仕方に分類される精神症状は診断的意味が弱くなり，代わりに症状群が複数同定できなければ診断が成立しないようにしてバランスを取りました。②の性質の評価は，治療者の経験則による差異が大きいため，ほぼ除外されています。「プレコックス感」のような状態像は無視せざるをえませんでした。③の経時的な変化については，時間軸に沿った情報まで加えると煩雑となりすぎて統計処理が追いつきませんから，ある時点での評価に絞りました。経時変化については症状の持続期間に規定が残る程度です。例えば汎神経症的な症状を経時的に転々とする統合失調症圏内の症例などは，その時々の診断をつけるという立場だと思います。想像力や共感能力が介入した精神科診断の方法は有効だとしても，統計的なばらつきを生じるのであきらめざるをえませんでした。代わりに診断精度を高めるため，複数の精神症状群の同定が必要として，診断亜分類が増えることで対応しています。統計的整合性の観点からは妥当な判断だと思います。

操作的診断を用いない論文は見向きもされませんし，統計的妥当性が得られにくいのですから当然です。しかしそもそも操作的診断基準そのものが統計的な整合性のために作られたのですから，操作的診断を用いれば統計的妥当性が保たれるのは当然のように思えます。

統計処理のための道具だと考えれば，操作的診断基準は悪いものではありま

せん。想像力や共感能力に欠けているのは当然です。もともと治療を目的とした道具でないのですから、使い方を違えて乱用する方が悪いのです。私たちが表面的な簡便さに惑わされているのではないでしょうか。

　DSM-5あたりになると操作的診断基準にもディメンショナルな視点のような新しい要素が加わり、精神科診断の考え方そのものが変化していく予感をはらんできました。行動分析の考え方との親和性も感じられ、今後の行く末を興味深く見つめていきたいところです。詳しくは最終章で論考します。

第3章 行動分析で生じる精神療法としての効果

I　認知行動療法による治療のすすめ方

　認知行動療法にはいくつかの特徴が挙げられます。問題を具体的に捉える，問題解決的な指向がある，学習による変化を期待する，実証的である，プログラム化しやすい，などの点です。それら一般的な特徴を踏まえて，臨床においては患者の治療が以下のようにおこなわれます。精神科治療における認知行動療法の特徴です。
　①行動分析することで症状を把握する。
　②治療の対象と目標を具体的にしながら治療を進める。
　③治療の結果を明確にして共有できる。
　おもに第1章で説明したように，ターゲット行動を中心に行動分析をおこなうことで症状や問題を把握し，どの行動に介入することでターゲット行動の出現頻度と強度を変化させ，その変化をどういう指標を用いて評価するのか，という方法になります。行動分析を中心とした認知行動療法による治療のすすめ方です。
　さて，一般に考えられている精神療法とは何でしょうか。定義は難しいのですが，治療者と患者という人間が関わることで生じる治療的なプロセスで，心理的な側面が重視され，対話による介入が中心になる技術体系だと呼べばよいのでしょうか。もちろん認知行動療法もその精神療法のひとつです。しかし言葉のやり取りでの心理的な介入という，一般的な精神療法のイメージが薄いように感じます。精神分析療法や支持的精神療法，森田療法などのように，始祖となる人間が組み上げた理論や技術体系とは少し異なるようです。学習に関する実験心理から始まり多数の研究者たちが複数の理論で組み上げた，いわば集

合知によって作り上げられた精神療法です。国籍や時代も異なる人間が提唱した理論や治療技法が共存しており，共通の約束事とは刺激−反応の連鎖によって物事を把握し学習による変化を期待する，という点だけです。一般的に「こころ」に関する領域とされる精神活動についても，把握の仕方が自然科学に近い印象であるのは，この出自によるのかもしれません。

Ⅱ 認知行動療法に対する精神療法としての誤解

　一般的に認知行動療法を用いるという場合，強迫性障害の治療に暴露反応妨害法を用いるとか，摂食障害の患者にオペラント技法を用いるなどのように，治療技法のことを指していることがまだまだ多いようです。ここまでもくり返し強調したように，認知行動療法を用いる上で最も重要なのは行動分析です。その強迫性障害で暴露反応妨害法をなぜ用いるのか，その摂食障害にオペラント技法をなぜ用いるのかを決定する基準は行動分析なのです。さまざまな治療技法よりも，行動分析が認知行動療法の中心だと考えられます。きめ細やかに行動分析をおこない，治療の対象と目標を具体的にしながら治療が進む過程に，認知行動療法のもつ精神療法としての特性がよく現れます。

　認知行動療法は，患者の意志や気持ちを無視して，外部から行動変容を強いる非人間的な治療法だという誤解がまだ存在します。そこまでではなくても，患者に寄り添い包み込むような精神療法というイメージは抱かれていません。ちなみに私は，患者への侵襲性が低くて優しい精神療法だと実感しています。認知行動療法の有効性が確立している精神疾患が，強迫性障害であり摂食障害（とくに拒食症）である点に異論はありません。しかし，そこに認知行動療法が誤解されやすい部分も潜んでいます。強迫的な手洗いや著明な低体重のように，第三者から観察可能な形で精神症状の一部が表出されているのが問題です。これは血圧や体温などのように単純な客観的対象とは異なります。第2章で述べたように，精神症状の大部分は患者の主観的体験ですから，手洗いや低体重はその体験の一部にすぎません。そこを忘れて介入すると「患者の気持ちは無視して，ただ手洗いをやめさせればよいのか」とか「ただ体重を増やせばいいと思っているのか」という，よくある批判を招く結果に陥ります。認

知行動療法は精神症状に対して外部から一方的に介入できると誤解されるのです。強迫的な手洗いも拒食による低体重も、精神症状ですから患者の体験です。患者がどう思いどう感じてどうしようとした結果なのか把握しなければ、どう介入するのが治療なのかわからないはずです。血圧や体温の上昇のように、ただ下げればよいというものではありません。精神症状の治療は、なにが問題で、どうしていけばどうなるのか、関わる人すべてが話し合って共有しなければ始まりません。お互いの主観や考えをすりあわせる作業が必要なのです。例えば強迫的な手洗いに関して、患者がどう思いどう考えどう振る舞い、その結果どうなるのか丁寧に訊き行動分析します（第1章図1参照）。その結果、強迫行為としての手洗いをやめさせて曝露治療をおこなうことで強迫観念とそれに伴う病的な不安が軽減できると把握できたから、手洗いをやめさせようとするのです。ただ強迫的な手洗いがあるだけでは、やめさせてよいのかどうかもわかりません。もしも強制的に患者を治療していると感じたのならば、きちんと行動分析をおこなえていない未熟な認知行動療法の結果を見ているだけだと思います。行動分析を丁寧におこなえば、患者がどう思いどう考えているか、「認知」と呼ばれる思考行動も含めて治療者は把握できており、無理矢理の治療になどなりようがありません。

　患者に対して、精神療法の基本が認知行動療法でも守られます。一人の人間として大切に扱い、「受容・共感・支持」と呼ばれる基本的な関わり方です。一方的に患者を操作したり強制したりはできません。当たり前すぎて、この基本的関わり方が認知行動療法の学習からは省略されることが多いかもしれません。行動分析の過程がおのずから「受容・共感・支持」となるからです。そしてもうひとつ、「受容・共感・支持」という関わり方が必ずしも常に正しいとは限らないためです。

　認知行動療法では治療者の関わり方も振る舞いも、行動分析の対象だと考えます。例えば面接場面での治療者行動はこのように行動分析され（図1）、必要な患者行動を引き出すためのひとつとして対象化されます。「受容・共感・支持」という態度が治療者への信頼を引き出し緊張を和らげ治療意欲を引き出して、良好な治療結果を導くと行動分析されて選択されるのです。もしも「受容・共感・支持」的ではない治療者行動の方が上手くいくならば、患者を大切

に扱わない行動も選ばれます。まずそんなことは現実にありませんが，そんな患者もいないとは限りません。ここで強調したいのは，いついかなる場合でも「受容・共感・支持」的に振る舞わねばならないとか，こうしなくてはいけない，という関わり方の約束事は認知行動療法に少な

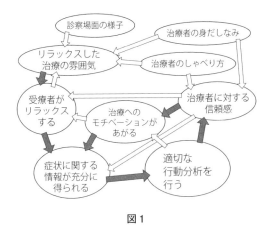

図1

い点です。行動分析いかんにより，必要となる治療者行動も変化しうると考えておいて下さい。

　ちなみに認知行動療法では数値化した指標をよく用います。治療の結果を明確にして治療者患者間で共有するためです。例えばSUD（自覚的不安尺度）では，患者が感じる不安を0〜100で点数をつけて評価します。これなどは数値化した客観的指標のように見えますが，血圧や体温などとはまったく異なります。対象とする患者が変われば，その数値に意味がないからです。SUDなど別に0〜100ではなくても「松，竹，梅」でもかまわないのです。一人の患者と治療者との間で，お互いに治療に関する意見をすりあわせた結果，このように数値化しようと意見の一致がみられたにすぎません。誤解を恐れずに言うと，認知行動療法で用いる数値化した指標はほぼフィクションです。

　認知行動療法というのは行動分析が中心だと捉え直すと，精神療法としての有効性をより実感できます。どう精神療法的なのか，症例を呈示しつつ私の考えを述べてみます。

Ⅲ　症例呈示

　ここであえて，典型的な強迫性障害でも摂食障害でもない症例を呈示してみようと思います。その方が認知行動療法の精神療法としての効果が伝わりやすいと考えたからです。

1. 症例のプロフィール

【症例】 初診時，中学生女性。

【主訴】 予診表には「いろいろです。リスカしようとしてしまう，不登校など」と記入し，面接では「わたし的に限界がきてて」と話しました。

【家族歴】 母親方の親族がすべて双極性障害ぽい人たちですが，明らかな精神科治療歴はありません。母親も10代の頃，あきらかにうつ病と思われる病歴があるのですが，医療化されることなく克服していました。

【現病歴】

一人っ子として出生生育。

発育発達歴上異常ありませんが，幼少時より強迫傾向を認めました。

小学校高学年時にあるきっかけで自傷行為をしてしまい，それから以後は時たまストレス状況で「おちつかなさ」が生じると自傷する嗜癖行動化しています。自傷は落ち込んだ時期のみに出現し多くて3～4日に1回で，持続する期間も長くて1ヵ月程度と，自分でコントロールできていました。何か出来事があってひとりで考え込み始め，「おちつかない」状態になると自傷をおこない落ちつく，という対処行動として機能していました。小学校6年生時から抜毛癖がそれに加わり，同様に「おちつかない」状態で抜毛すると落ちつくという対処行動となっていました。

中学校1年生時にクラスメートとのトラブルで落ち込み，「おちつかない」時期が出現しましたが抜毛癖で対処し，いつものように1ヵ月程度で自然軽快しています。中学校2年生時に別のクラスメートとのトラブルから「おちつかない」状態がまた出現します。そのトラブル自体は解決したのですが「おちつかない」状態が2ヵ月以上も持続し，夜間不眠が目立ち不登校となり始めました。患者自身もこれまでになく「おちつかない」状態がひどく長期にわたるために，自傷もやめられなくなり違和感を感じていました。

心配する両親同伴で，小児科経由して当科初診となりました。

2. 治療経過

1）ターゲット行動からの行動分析

以上のような患者でしたが，思考のまとまりもよく賢い印象を受けました。

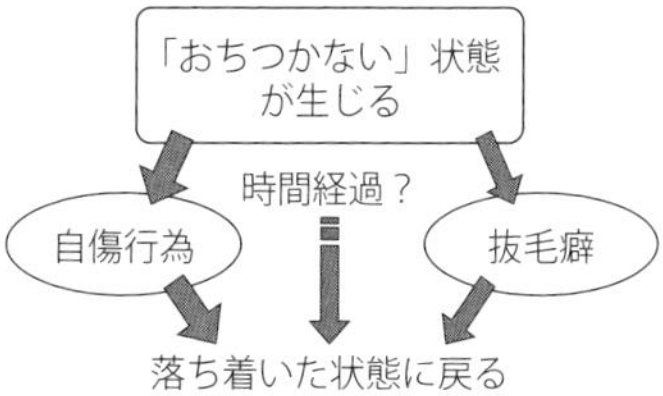

第3章　行動分析で生じる精神療法としての効果　61

図2

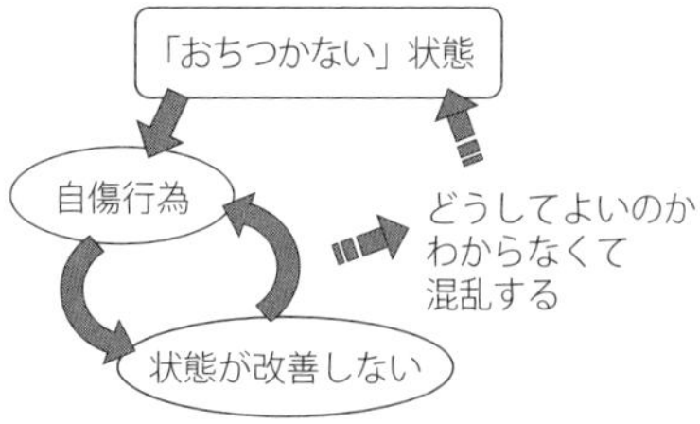

図3

　当然ですが両親ともとても心配しています。中学生の一人娘が不登校で自傷したり泣き叫んだりで，なにがどうなっているのかわからず，うろたえるのは当然に思えました。

　主訴にあるように，患者も多くのことで困惑し混乱していました。患者自身に確かめると，中学2年になってからの状態にあくまでも困っており，それまでは困っていなかったと自覚していました。たしかにそれまでも自傷行為はあるのですが，自傷自体は抜毛と同じく嗜癖化した行動であり，自分でコントロールできる範囲にとどまる限りは困らないのです。むしろ患者なりの対処行動として有効に機能していたくらいです。この部分を患者に訊きながら行動分析すると図のようになりました（図2）。「おちつかない」状態は不快で，それを軽減する対処行動として自傷や抜毛が機能する刺激-反応のつながりが存在します。「おちつかない」状態が自傷などの対処行動で軽快したのか，自然経過で軽快するのを対処行動により待つことができたのかは不明でしたが，後者に近い印象は持ちました。患者にとって自傷行為や抜毛癖それ自体が困るのではありません。ですから自傷行為をやめさせるとか抜毛をさせないとかが治療目標にはなりえませんでした。患者が困るのは，あくまでも「おちつかない」状態がこれまでになく激しくかつ長期にわたっていたからです（図3）。自傷行為をしても「おちつかない」状態が続くので自傷行為がやめられず，どうしていいかわからなくなり混乱していると行動分析は教えてくれます。これまでどうにか有効であった対処行動が無効になり，患者は自己のコントロール感を失ったのです。

　行動分析の図2，3をもう一度見直してみましょう。「おちつかない」状態が少しでも軽減すれば全体が落ちつくのではないかと，刺激-反応の流れからは考えられます。患者の体験する「おちつかない」状態がターゲット行動になり

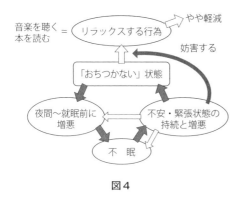

図4

ます。ターゲット行動を中心にして、それを取り巻く行動との刺激－反応の連鎖を探ります。日常生活の中で、どのような時間や状況で「おちつかない」状態が出現し増悪や軽減しているのか、具体的に訊きます。それは「おちつかない」状態を軽減できる介入を探るため、行動分析をさらに詳しくおこなうためです。患者には充分言語化する能力があり、自分でも「おちつかない」状態を把握できてモニタリングできました（図4）。

　患者によれば「おちつかない」状態は本来ないのが当たり前で、あっても一瞬や一時的なものでした。とくに1カ月以上持続するのは異常だと認識していました。体験の質としては異常なのですが、日常にまったく存在しない類いの体験ではありません。「おちつかない」状態は、音楽を聴いたり本を読んでいる時には少し軽減します。それらリラックスできる行動も「おちつかない」状態が増悪した時にはできなくなります。現在は1日の中で「おちつかない」状態が完全になくなる時間帯は少なく、とくに夕食後から寝る前に増悪していました。そのために眠れなくなることが多いようです。どうにか眠れれば翌朝はいくらかましなのですが、寝不足になると朝でも「おちつかない」状態が、寝る前と同じレベルに増悪していました。寝る前を中心に自傷行為は頻発しています。「おちつかない」状態が増悪するためにどうにかして軽減させようと患者なりに対処する結果です（図3）。

　しかし自傷行為で楽にもならず眠れもしていないと、治療者から訊かれるうちに患者自身も気づき始めました（図4）。患者の自覚する「おちつかない」状態とは、不安緊張で増悪し、睡眠不足で増悪維持され、緊張が低下する状況で軽減する特徴を持つのだと、行動分析の結果として示されています。病歴上では対人関係のストレス状況から症状が生じており、感情障害の家族負因を持つ患者です。もしかすると「おちつかない」状態とは、うつ病における不安焦燥感や抑うつ気分に類似したものではないかと評価しました。「おちつかない」状態を中心に患者の

問題は増悪維持されていると行動分析でき，行動分析の特徴と類似性から，うつ病症状ではないかと考えたのです。そして不眠により症状が増悪しているのであれば，逆に睡眠確保が治療的に働きそうだと考えられました。

2）行動分析からの治療方針

ここで患者と家族に対して「子どものうつ病」として治療を試みる方針を伝えました。行動分析の結果も呈示します。とくに患者には，「おちつかない」状態が軽減することが治療の目標であり，その結果として自傷行為も減るはずだという予測を説明しました（図3）。「おちつかない」状態の増悪をモニタリングできる指標として，自傷回数と場面を記録させました。

実際の治療としては，抗うつ薬を用いて「おちつかない」状態の変化を見ていき，抗精神病薬少量を睡眠薬として用いて睡眠確保をはかりました。抗うつ薬の選択はやや困難でした。抜毛癖や強迫傾向などの臨床特徴から考えるとセロトニン選択性の高い抗うつ薬が適合する印象を持ちましたが，クロミプラミンを用いてみると薬剤誘発性の健忘と解離状態が出現しました。仮説の範囲内ですが脳機能が未成熟な児童において，セロトニン系の脆弱性が推察される症例ではこのような問題も起こりうるのかもしれません。結局はイミプラミン少量を用いることで「おちつかない」状態は軽減していきました。レボメプロマジン少量を睡眠薬として用いることで睡眠確保が安定していきました。症状は軽快に向かい，自傷回数は軽減し消失しました。自傷行為という観察可能な指標で状態改善が把握できて，両親はとくに安心できた様子でした。

その後も「おちつかない」状態が病的な抑うつ状態の指標になると，患者とともに認識してイミプラミン少量で維持治療を続けました。「おちつかない」状態をモニタリングさせて経過を追ううちに，患者から「あまり眠れなくて早朝覚醒気味だと朝にもやもやしやすい，そういう時は『おちつかない』状態までは至っていないが無理をしているということ」などと，さらに細かく自分の状態を観察して対処するようになっていきました。次第になるべく「おちつかない」状態が出現しにくいように，患者が自ら日常生活で積極的に注意するようになります。生活リズムを整えることや，疲れを早めに感知して無理をしないなどの工夫です。注意していてもどうしても不眠が生じそうなら，早めに自分から不眠時薬を希望しました。徐々に不眠時薬まで必要になることは減って

いき,「おちつかない」状態が出現することもなくなりました。「おちつかない」状態に対して自傷行為が必要になることもなくなりましたので,自傷行為も抜毛癖もほとんど目立たなくなりました。

その後抗うつ薬を中止すると一時的に確認強迫症状が出現して,抗うつ薬再開とともに反応妨害法を中心とした治療介入をおこない,軽快するという経過がありました。すでに一緒に行動分析しながら対処を探る経験がありましたから,この時に強迫行為の行動分析を示して反応妨害法をおこなう対処もスムースでした。この時には「おちつかない」状態の増悪は示さず,強迫症状軽快後しばらくしてまた抗うつ薬は漸減中止できました。抑うつ症状も強迫症状も出現しなくなり,高校進学後の進路について患者なりに悩み,現実的な模索を始めています。自分の気持ちや考えに沿って,両親に相談したり,現実的な問題対処につなげていくという力強さが増した印象でした。結局高校は中退して大学検定の準備などにいそしむようになり,全経過約3年にていったん治療終結となりました。さらに終結後5年近くになると思いますが,海外留学して元気にやっているという年賀状を数年前にいただきました。経過は良好のようです。

IV 症例の考察

主訴としてまとまりがない患者の訴えを,実際の生活に沿って体験を訊くことで行動分析を進めます。行動分析から,ターゲット行動を患者が自覚する「おちつかない」状態だと絞り込みます。「おちつかない」状態が軽減することを治療の対象と目標にします。ここでおこなったのは,行動分析することで症状を把握して,治療の対象と目標を具体的にしながら治療を進めるという,認知行動療法のやり方です。

行動分析のために詳しく体験を訊かれることで,患者は自分の症状がどのようになっているのか,とくにどういう流れで生じ維持されているのか知ることができました。行動分析を通じて「おちつかない」状態が病的な状態で,自分にとって日常とは異なる状態だという認識が生じます。「おちつかない」状態がとくに長く持続することに対しては違和感を強めています。お互いに行動分析の結果から,「おちつかない」状態を軽減するのが治療の対象と目標である

と理解できました。「おちつかない」状態の頻度や強度を測るために，自傷や不眠といった指標を用います。何がどうなることが治療で，何を基準に治療がうまくいっていると評価できるのか，関わるすべての人で共有できました。患者自身も他人任せにすることなく，積極的に治療に役立つための工夫を始めていきます。行動分析を通じて自身の症状を把握できているから，患者も積極的になれたのだと思いま

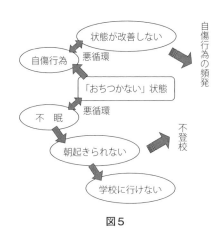

図5

す。行動分析すること自体が精神症状および精神疾患に関する心理教育として機能しているのです。

　認知行動療法による治療の対象は，患者の主訴に沿って決められます。患者自身がどうなりたいという意志なくしては，治療の対象も目標も決められません。ここが高血圧や発熱と精神症状との大きな違いだと思います。この患者だと，周囲から見れば自傷行為をやめさせたいとか学校に行かせたいとかいろいろあるでしょう。しかし患者が困っている体験を中心に行動分析をおこない，ターゲット行動を絞り込めば，患者にとり「おちつかない」状態が軽減することが目標となるのです。さまざまに問題となる行動群を，刺激－反応の連鎖の中で左右していたのが「おちつかない」状態だと把握できたからです。行動分析を見ると「おちつかない」状態の出現増悪が自傷行為や不登校などの行動を維持増悪させています（図5）。血圧を下げるべき高熱を下げるべきというのと同様には，自傷行為をやめさせるべき学校に行かせるべきという風にはいきません。あくまでも患者の体験に沿い行動分析を進めた結果で，治療がおこなわれます。薬物治療だけではなく，睡眠不足に気をつけるなど「おちつかない」状態がなるべく増悪しないように患者自身が気をつけたことで，問題が軽減して生活しやすくなっていきます。「病気」と捉えられるさまざまな問題を自分自身の体験として，主体的にコントロールできる対象として再体験できたのだと考えます。

V 行動分析にある精神療法としての作用

1. 患者の主体性を高める

　精神症状を行動分析し治療の対象と目標を具体的にする過程に，どのような作用があるのでしょう。そこでは患者の中から精神症状が取り出され，観察し関与できる，より具体的な対象に変化しています。患者から精神症状によって構成される「病気」を異物として取り出すことに貢献しているのです（図6）。しかも単に異物として取り出すのではなく，対象化された患者の「病気」が，どういう行動により刺激-反応の連鎖で維持増悪されているのかが把握されます。「病気」という体験は，さまざまな行動が刺激-反応で連鎖していると知り，行動分析というまとまりを持つ対象として再体験されるのです。断片的でまとまりに欠けた「病気」の体験に，行動分析という「物語」を与えるのだと表現すれば理解しやすい方もいるでしょう。

　行動分析の対象となる「病気」におけるターゲット行動が具体的に決められ，その先行刺激状況や後続刺激状況に介入すれば「病気」をコントロールできる可能性が広がります。すると「病気」という体験の意味が大きく変換します。患者がどうすればよいのかわからず圧倒されていた存在から，対象化され異物化され，しかも介入やコントロールが可能な存在へと変化していくのです。行動分析を中心としたこの流れ，すなわち病的体験を対象化して行動分析という流れの中に位置づけ，コントロール可能に変化させる過程が，精神療法としてとても有効だと考えます。

　主訴に沿って行動分析をおこなう流れも，とても精神療法的です。治療の対象と目標を一緒に具体的に決めていくやり方は患者に保護的で，とても「受容・共感・支持」的な治療構造を保つためです。「あなたはどうなりたいの」「どうしたいの」と患者に理解できる言葉で問いかけ決めさせることをくり返し，体験としての主訴を具体的に絞り込むことで行動分析はなされます。同じ問いかけは，治療がすすみ行動分析を修正したり加えたりするごとにくり返されます。患者の気持ちや意志に沿い体験が訊かれ，行動分析としてまとまり，治療を通じてコントロール可能な要素が増えていくのです。やがて治療者から離れても，

自分の気持ちや意志を手がかりに，周囲やさまざまな問題と関われるようになります。呈示症例でも治療後半の流れで，不登校から自分のやりたいことを見つけ周囲と交渉していく部分に，それが強くうかがわれました。極端な表現かもしれませんが，周囲や世界に対して自分がちっぽけな存在ではなく，主体的に関わることができ，決して無力ではないと示

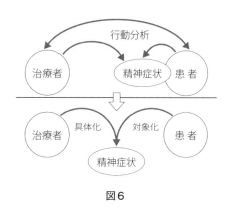

図6

せたように見えます。そのための手段を，行動分析を用いた認知行動療法が与えたのではないでしょうか。最初はさまざまな問題や症状に圧倒されていた患者が，少しずつコントロールを取り戻し，やがて自分の夢や希望に向かい主体的に生きられるようになります。治療者とともに行動分析をおこない，問題に取り組み改善させていく経験を通じて，自信を取り戻したのだと思います。認知行動療法は体験を通じて学習をうながす精神療法であり，患者の自発性や積極性を育てる構造を持つようです。認知行動療法を通じて治療すると，患者の印象が力強く自由なものへと変化するように感じるのはそのためでしょう。

2．情動認知と対処

　先の第2章でも患者の体験に沿い訊いていく例として中学生男子を取り上げました。本章で呈示した症例も，中学生から高校生にかけての治療経過です。行動分析が持つ特徴を強調するために意図してみました。とくに思春期前期から青年期にかけての若年者の場合では，自身の情動認知や処理にまだ慣れていません。成人であればたやすく「絶望」だとか「悲しみ」「不安焦燥」などのように名づけて対処できている情動体験でも，若年者にとってはその対象化も対処の学習も未熟なのです。ですから彼らなりに一生懸命対象化した，「イリイリする」や「『おちつかない』状態」という名づけを大事にしながら，体験を訊くのです。

　刺激－反応の連鎖で代表される論理的な思考，ものごとの順序により先や後を

推測する思考法にもまだ慣れていません。体験の仕方がその場限りで再現性が低い傾向を認めます。それが子どもというものですから仕方ありません。昔から「子どものうつ病」は典型的な症状を呈さないので注意が必要とされましたが，それはつまりこういうことだと思います。子どもが認知行動療法による治療を通じて，情動体験を含めた自分の体験について学習します。情動認知自体が整理されておらず感情としての対象化も対処法も未熟な状態から，それが病的な情動なのか健康な情動なのかという弁別や対象化が始まります。不快な情動への対処行動を学び，実生活での感情処理として洗練されていきます。このような点も，認知行動療法が示す精神療法としての大事な側面だと思います。

VI 精神療法の手段としての行動分析

　認知行動療法による治療を通じて精神症状は異物化され，患者の自主性は高まり，精神療法として望ましい効果が生み出されます。ただしこれはあくまでも丁寧な行動分析をおこない，治療の対象と目標を具体的にする過程での副産物だと思います。最初から精神症状を異物化させてやろうとか，患者の自主性を高めてやろうとか考えておこなうのではありません。

　患者のために治療をおこなうとか患者の立場に立ち考えるという態度は，理想としては望ましいでしょう。しかし理想を達成するための実務的手続きはまた別だと思うのです。第2章の4で，患者の訴えに沿い患者の気持ちになり体験するように訊くための手順として，行動分析のための訊き方を提案しました。精神療法の研修では，理想としての態度は呈示されますが，そのための具体的な手段への技術論的な視点が不足していたような気がします。「受容・共感・支持」のためには，ひたすら患者に合わせて振り回されることこそが精神療法的な態度だと誤解してしまうのです。若くて体力があるうちは無理ができますが，技術が不足したまま年をとると，逆に冷淡で事務的な治療態度に陥りがちです。

　認知行動療法は，治療者自身の主体的な治療行為としておこなうべきものです。まず意識すべきは，行動分析をおこない患者の症状や問題をきちんと把握することです。ここで強調したいのは，精神療法としての効果を生じさせよう

と考えて治療介入をおこなうのではなく，とにかくきちんとした行動分析が重要ということです。患者は行動分析を介した治療体験により，自ずと自分の症状や問題を対象化できてコントロールでき，自主性が増して自信が持てるようになるのです。治療者が自分の治療行為に主体的に取り組み行動分析するのが，精神療法として回り道に見えて近道です。人間の能力というのは，他人事ではなく自分の問題として取り組んだ時だけ十二分に発揮される特性を持つからかもしれません。患者は主体として自身の「病気」に取り組み，治療者は主体として自身の「治療」に取り組み，行動分析を通じてお互いが接近していきます。その結果，治療の対象と目標が具体的になった時点で患者と治療者が一緒になり，治療が始まるイメージです。

　認知行動療法において，行動分析の過程で生じる精神療法としての効果は，どの精神療法でも生じているはずです。患者が抱える症状や問題を異物化して対象化させ，さらにコントロール可能な状態にし，治療を通じて患者の自主性や自発性を高め自信を持たせていくという過程です。けっして認知行動療法に独自のものではありません。治療の結果を明確にして患者の反応を丁寧に拾いながら診療すれば，同様の効果は得られます。どの精神療法を用いるかよりも，どのような診療をおこなうかに左右されやすいと思います。しかし認知行動療法には以下の具体的な特徴と手順があります。

　①行動分析することで症状を把握する。
　②治療の対象と目標を具体的にしながら治療を進める。
　③治療の結果を明確にして共有できる。

　精神療法としての達成目標は同じでも，そこに至るための手順が比較的明確なのが利点ではないでしょうか。精神療法としての目標は普遍的だとしても，そこに達するための実務的な手順がよりわかりやすく示されているのです。認知行動療法は初学者からベテランに至るまで，熟練度により用いやすい治療道具ですから，身につけて損はないと思います。

第4章　体験をうながす行動分析

Ⅰ　行動分析をめぐる体験

　行動分析のために治療者が患者の体験を訊きます。これは同時に，患者にとっては行動分析のために自分の体験を訊かれるという，さらにまた体験であるわけです。主訴を中心とした患者の症状や問題が行動分析されて，刺激－反応の連鎖でまとまる関与可能な対象へ変質するのだと，第3章を中心に述べました。その過程で新しく患者が体験しているのは治療者との対話であり，疾患や症状に関して現実的な体験はまだなされていません。それでも，それまでの体験の意味が大きく変わるのは，対話という刺激で患者に思考行動が生じるからでしょう。生じた思考行動が，すでにある体験を再構成して体験し直させるように作用するのです。行動分析のための対話で重要なのは，この思考行動における体験をうながす訊き方だと思います。どのような点を意識すべきなのか対話について掘り下げながら，行動分析で生じる患者の思考体験について詳しく述べてみます。また精神療法の基本である「主訴を丁寧に訊いていく」過程との共通点についても考察してみようと思います。

Ⅱ　体験をうながす

　認知行動療法には治療法としてさまざまな特徴があります（表1）。その中でもとくに行動分析によって問題を把握し理解する過程に，認知行動療法らしさが強く表れます。多少これまでのくり返しになりますが，おつきあい下さい。
　行動分析というのは，さまざまな物事を行動という単位で束ねて，それぞれ

表1　認知行動療法を用いた治療の特徴

1：行動分析することで症状を把握する
　　→刺激－反応の連なりで症状を整理する

2：治療の対象と目標を具体的にしながら治療を進める
　　→日常生活の中で具体的に症状を把握し，治療対象と目標を絞り込んでいく

3：治療の結果を明確にして共有できる
　　→可能な限り治療結果を数値化できるくらい，明確にして共有する

を刺激－反応の連鎖で整理することで理解し，介入法を考えていく過程であり技術です。この「行動」というのはあくまでも技術用語で，「手を洗う」ように運動行動はもちろん，「〜考える」という思考行動や「〜感じる」といった情動行動であるとか，さらには「何とも言えない雰囲気」のように漠然した状態像とか

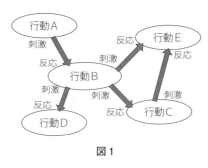

図1

「強迫行為」と大まかにまとめられた行動群でも，「行動」として把握することが可能です。このあたりは第1章の2で詳しく解説した通りです。自然科学における現象の捉え方に類似しているように感じます。

　それらの「行動」それぞれを相互に，刺激－反応の連鎖で結びつけ整理していきます（図1）。ある「行動」が別の「行動」の先行刺激となり後続刺激となるように，それぞれの「行動」は連鎖しています。ですから特定の「行動」の出現頻度を増強させたり減弱させたりすることが，相関する先行刺激状況や後続刺激状況に介入していくことで可能となるのです（第1章図7参照）。

　実際の行動分析は，だいたい面接を通じて患者の体験を訊くことでおこなわれます。発達障害のある患者など言語化や思路に問題が多い場合は，周囲からの観察を主な手段とすることもありますが，一般的には他の精神療法と同じく面接での対話を通じておこなわれます。具体的な日常生活動作を取り上げて，「〜のとき，〜感じて，〜思い，〜考え，〜する」というように患者の体験を詳しく訊くのです。臨床に持ち込まれた問題がどのような行動の連鎖として行

図2

動分析されるのか，患者の体験から整理していくための対話です。もちろん支持的でリラックスできる面接を心がけますが，患者の不安や葛藤を軽減することが焦点ではありません。きちんと行動分析をおこなうこと以外は，副次的なものにすぎないと考えます。それでも丁寧な行動分析をおこなうと「ようやく自分の苦痛を理解してもらった」とか「こんなにわかってもらえたのは初めてだ」という感想が患者から出てくるのは興味深いと思います。例えば長期病歴を持つ強迫性障害の患者には，認知行動療法以外での治療歴が長い人が数多くいます。認知行動療法を用いる治療者だけが優しいとか親切であるはずはないので，適切な行動分析をおこなう過程で，患者にとって特別な体験が生じるのだと想像できます。

　認知行動療法というのは体験を通じて患者に学習をうながし，学習の積み重ねによって臨床に持ち込まれた問題を軽減していく治療法です（図2）。学習を成立させるため体験をうながす手段として，曝露反応妨害法やモデリングなどの治療技法が挙げられます。しかし行動分析自体にも体験をうながす作用があると思うのです。その場合はとくに，思考行動が中心の体験です。治療者との対話を通して，患者自身が症状や問題に対して気づき，考え，どういった行動の連鎖で維持増悪されているのか体験します。その結果として既存の体験が変質し，安心し受容された実感が得られ，自律的な治療に向かえるのです。このあたりは第3章で詳しく述べた通りです。

　それでは思考体験をうながす対話というのはどのようなものか，以下に症例を援用しつつ詳説してみようと思います。

Ⅲ　症例呈示および行動分析のための対話

1．症例のプロフィール

【症例】40歳女性，兼業主婦。

【現病歴】

　X－8年頃にピッキングで空き巣に入られるという事件が起きました。それから家の戸締まりを念入りにくり返すようになり，次第に落とし物をしていないかどうか等の確認行為も出現しました。

　確認行為に数時間を費やすようになり，同年Aクリニックを受診しました。主に薬物療法を受けましたが効果はほとんどありませんでした。外出時の強迫行為に1時間以上かかるなど通院にも困難を感じていたのですが，診療での面接時間は短く改善もなく，次第に通院は途切れがちとなりました。

　X－3年，転居によりBクリニックを受診しました。今回は薬物療法でいくらか不安が軽減し楽になる感じが生じましたが，強迫症状による生活障害は著明なままでした。強迫症状に関して具体的にどう対処すればよいのかという指導は得られず，通院はやはり途切れがちとなりました。自分から認知行動療法が有効であると調べ，認知行動療法をおこなえるクリニックに転院することにしました。

　X－2年，Cクリニックを受診して，外来認知行動療法を開始しました。強迫症状は確認強迫が中心で，家の戸締まり，玄関の鍵，落としものをしてないか，大事なものを挟んでないか気になり新聞も読めないなど多彩で，生活全般が障害されていました。これらに対して曝露反応妨害法を中心とした認知行動療法の課題をおこない，買い物など，できるようになったことも多少ありました。

　X－1年，仕事が多忙で通院が不定期となると，いったんできるようになった治療課題もできなくなるなど，一進一退の病状が続きました。

　転居にて，認知行動療法の継続が可能な医療機関ということで当院を紹介されました。

　X年に当科初診して，X年～X＋2年と認知行動療法を専攻する大学院生が外来治療を担当しています。

　薬物治療としてはSSRI充分量を用いて，新規抗精神病薬による強化療法を何度か試みましたが，その都度不安が増悪して強化療法は中止されました。SSRIの充分量投与によって不安は軽減し，強迫行為にかかる時間が短縮して生活がいくらかは楽になる変化が生じました。

　曝露反応妨害法を用いた治療課題としては，商品を手に取り確認せずそのま

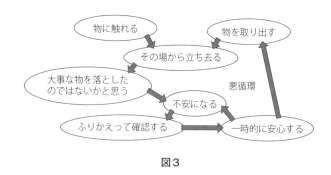

図3

まにして立ち去る，レジで財布を出した後振り返って確認しない，などが開始されました。しかし確認せずにすむのは，うまくいっても課題の施行回数の5割程度で，課題がなかなか進みません。途中でSUD（自覚的不安尺度）によりハイラキー（不安階層表）の作成を指示していますが，うまく作成できませんでした。治療課題の途中で周囲を気にすることで確認行為しているようなので，治療者が再三，課題に集中するように注意していましたが，それもうまくできません。

　強迫症状はどれも，何かを手に取ったり動作をしてその場から立ち去ろうとすると，何か大事なものを落としたり残したのではないかという強迫観念が生じ，その場にとどまったり振り返って確認するという強迫行為でした（図3）。また，患者の強迫症状には以下のような特徴が観察されます。同じ治療課題でも，周囲に人がいたり多かったりすると不安が増強します。治療課題をおこなうのに，自宅に近い店舗だと不安が少なく，遠方で滅多に行けない店舗だと不安が増強します。仕事が多忙になるとおろそかになった気がして不安で，強迫症状が全般的に増悪します。財布は小さいサイズだと出し入れに伴う不安が少し軽くなり，大きな荷物を持ち歩くと荷物全体に注意を払わなければいけなくて疲れてしまうようでした。

　お店のレジで支払いしてから確認せずに帰るといった治療課題はできないことが多く，仕事の忙しさに比例して不調になるものの，生活全体としてはドライブに行けるなど気分転換はできて，悪くはなさそうだと治療者から評価されていました。ただし遠方への外出時には必ず夫同伴でした。

2．行動分析のための対話

　X＋3年から筆者が外来治療を担当しました。治療の目標を再設定して確かめるとともに，患者の強迫症状について行動分析をあらためておこないました。

　生活上の具体的な治療目標としては，「泊まりがけの旅行に一人で出かけられるようになりたい」と話すので，例えば列車でとなり県の観光地まで旅行するのを具体的にイメージして，必要となる生活動作をあれこれと考えてみました。課題分析の考え方を用いて，治療目標達成に必要となる行動を明確にしていったのです。するとやはり，財布を出して切符を買う行動は必要だという結論に達しました。ですから，財布を鞄から出してまったく確認せずにその場から立ち去ることを，あらためて治療課題にしてみました。そして治療課題をおこなってみた体験を報告してもらいました。以下はその時点での対話です。

患者「できる時とできない時がありました」
治療者「どんな時ができなかったの？　例えば普段行かないお店とかで？」
患「それもそうですが，近くのコンビにでも他人が近くにいるとできないです」
治「どうしてだろう。あ，人に手がぶつかりそう，とか，死角が増えて落としたものが見えにくいとか？」
患「それはあまり気になりませんね」
治「財布を出す動作そのものは，他人が近くにいようがいまいが同じでしょ？」
患「そうですね。うーん，そうだ，他人が近くにいるとそっちに意識が行ってしまうんですよ」
治「意識がそっちに行く？　じゃあ，いつもは意識がどっち行ってるんだろう。それに意識がそっち行くと，何が困るの？」
患「意識がそっちに行くと，上手くいかなくて不安ですね」
治「上手くいかない？　何が上手くいかないの？」
患「お財布に意識が集中できないです」
治「ということは，いつもあなたはお財布に意識を集中しているのね。それはお財布をしまうとき？　どの時点で意識を集中しているの？」
患「うーん。ずっとですね。お財布を出そう，と考えてお財布を手に取って，支払いして，また鞄に戻してしまうまで，ずっと集中してます」

治「なんのためにお財布に集中してるの？　疲れるでしょ。集中してなかったらどうなるの？」
患「うーん。そう，何か大事なもの，カードとかお金とかが落ちるような気がして，集中してても一緒なんでしょうけど，集中してないとそんな不安が強くなるんですよね」
治「そりゃ不思議ね。普通，人ってそんなに財布に意識集中させてないでしょ」
患「そうですよね。私も昔はお財布手に持って，ランチとか食べに出てましたもんね」
治「OL さんみたいにね。今それやったらどうなる？」
患「お財布が気になって，ランチどころじゃないでしょうね」
治「ねえ，お財布に意識を集中するのって，強迫行為じゃないの？」
患「ああ，そう，そうですよね」

　支払いの時だけではなく，なにもないところでわざと財布を出す動作を試してもらいました。「財布に意識を集中している」行動が強迫行為であることを，患者に意識させ反応妨害できるのか試すためと，治療課題としての施行回数を増やすためでした。財布を鞄から出してまったく確認せずにその場から立ち去るという治療課題に「財布に意識を集中しない」という反応妨害の課題を加えた形です（図４）。以下はその後での対話です。

患者「やり始めは，無意識にお財布を出すというのがよくわからなくて，でも昔はそんなことなかったのになあって思いました」
治療者「お財布に意識を集中せずに取り出すことはできました？」
患「難しかったです。つい，じっと立ち止まってから出したり，集中して出したりしてしまうんですね」
治「そうやってお財布を取り出したら，実は，あまり不安になってないでしょ」
患「そう,そうなんです。自分はついつい予防線を張ることが多いんです。これまでで，お財布を取り出す動作自体には慣れてきてたけど，それで不安になることは避けてたかも」
治「お財布に意識を集中する，ていうのは強迫行為よね」
患「そうですよね」

第4章　体験をうながす行動分析　77

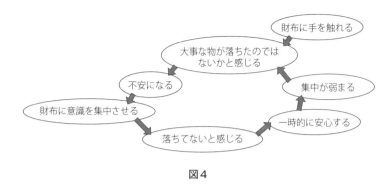

図4

治「曝露反応妨害のためには，強迫行為である，お財布に意識を集中するっていうのをやめないといけないけど，難しいよね」
患「難しかったですね」
治「どうしたらいいだろ。なんかアイディアない？」
患「うーん。あ，人がいる場所でわざと出す，とか。そうだ，歩きながら出すのはどうでしょう」
治「ああ，いいかも。それで集中することをやめられそう？　できる？」
患「やってみます」

　実際にやってみると最初は怖がったのですが，くり返すうちに慣れてきて，確実に馴化（habituation）とよばれる治療効果が生じていました。患者自身も初めて曝露反応妨害法の治療に手応えを感じ，自信をつけ始めました。より不安強度の高い場面として，家の近くのスーパーやコンビニから，滅多に行かない出張先での場面へと段階的に治療課題を広げました。やがて出張先でも財布ひとつを手に持って買い物に出かけられるなど，強迫症状は改善していきました。
　X＋5年現在は，単身外出時に自宅玄関の鍵を確認する以外の強迫症状はほぼ認めなくなり，生活にも支障ない状態が維持されています。1泊以上長期不在の時には玄関の確認が長くかかるので，この部分の強迫症状に対して曝露反応妨害法を工夫しているところです。それにしても，10年以上経過していた強迫症状による生活困難が嘘のように改善して，単身でも遠方に外出できるな

ど，できることが格段に拡大したことを患者も喜んでいます。

IV 体験をうながさない対話

対話というのは一方の問いかけに反応して，もう一方が返答する言語的なやりとりを相互にくり返して成立します。問いかける行動が刺激となり，何らかの思考行動とともに返答する行動が反応として導かれる，刺激－反応の連環です。患者の症状や臨床に持ち込まれた問題について，「～のとき，～感じて，～思い，～考え，～する」というふうに，具体的に体験が訊かれて行動分析されます。治療者が投げた問いかけは，患者が自身の体験について思い出して考える思考行動を招きます。行動分析のための対話で，患者自身が気づき，自らの体験を相対的に把握し，考える，といった思考体験が引き起こされるのです。

適切に思考行動を誘発するためには，注意すべき点があります。具体的にかつ想像力を働かせながら，患者自らが考えて気づけるような訊き方を心がけることです。先の会話例で示したように，実際の生活場面における体験を想起させながら，どの場面でどのように考えてどう思いどう振る舞いどうなったのかと，刺激－反応の連鎖で結びつけるように訊きます。イメージとしては，患者が体験を想起するすぐ側で，刺激－反応の連鎖となるように患者の体験にコメントを加えて再構成させながら，一緒になって疾患や問題を追体験している感じでしょうか（図5）。

そのように想像力を発揮しながら患者の体験に沿い行動分析をすれば，患者の思考体験はうながされます（図6）。注意すべきなのは，同じく治療者との対話でも思考体験をうながしにくい質問の仕方があることです。例えば質問紙を埋めるような「～の症状がありませんか，～ではないですか」といった問いかけがそれです。この問いかけでは患者自身が考え，思い，気づく，という思考行動は誘発されにくいのです。対話において，患者の外側から言葉を投げかけているような印象を受けます。患者自身に追体験をうながし，自ら考え気づかせることで内側から言葉を導き出すような対話とは，対極に位置します。質問紙法のような対話では，思考体験は治療者側だけに生じてしまいます。目の前の患者がどんな症状でいかなる病歴を持ち何の疾患であるか，治療者が理解

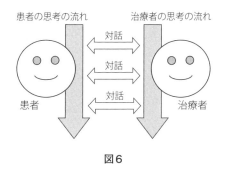
図6

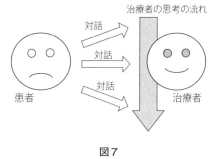
図7

図5

できたという思考体験だけです（図7）。この訊き方ですと診断はついたとしても行動分析はできていませんから，治療にはつながりにくいはずです。

　圧倒されるばかりの強迫症状という体験は，行動分析の後にはいくらか客観視できる対処可能な体験へと患者の中で変化しました。それはまだ実際の体験が変化したからではありません。実際の体験が変化するのは，認知行動療法の技法，例えば曝露反応妨害法なりを用いた学習を通じてです（厳密に言うと同時であったり交互に変化したりするのですが）。行動分析によって患者自身の思考体験がうながされ，病的な体験に関わるさまざまな行動群が刺激－反応の連鎖で相互に結びつけられ，治療技法を用いた関与が可能な対象として追体験されたからです。認知行動療法が精神療法としてとくに有効なのは，この思考体験における変化だと，第3章で述べた通りです。行動分析のつもりでも，患者自身の思考体験をうながすような対話を怠れば，この変化は生じにくいのです。

V　行動分析における想像力の役割

1．どこに想像力を発揮するのか

　もういちど先の症例を見てください。治療課題をおこなう際に周囲に意識を集中する行動が強迫行為だと，前任者の段階で気づかれてはいます。ところが気づけていたのは治療者だけで，患者自らは気づけていません。実際の対話で示したように，患者の体験を内側から訊くように具体的に行動分析して，初めて患者自身の思考体験は生じています。過剰に意識を集中させる行動が強迫行為であると気づき，違和感を感じて，どうすれば治療を上手くおこなえるのかと考え始めています。

　対話での治療者の訊き方に着目してみて下さい。患者の強迫症状に関する既存の行動分析をテンプレートとしてそこに当てはめながら，この場面ではこう振る舞うのではないか，こう考えるのではないかと想像しては，患者に提案して訊いています。治療者の想像力が試される場面です。既存の行動分析との相違点を丁寧に訊いて，行動分析しきれていない体験をどうにか行動分析しようとしているうちに，患者が自身の強迫行為に気づきはじめます。

　一般的な精神科面接においても，想像力を働かせて患者の立場や気持ちになって訊きなさいと指導を受けます。想像力を働かせたとして，患者の立場や気持ちになればどうなるのかと，私はよく疑問に感じておりました。例えば数年にわたり，強迫症状に圧倒されて社会生活を何も営めていない患者の立場に立ち，その気持ちに想像をめぐらせたとして，絶えず不安で落ち着かなく惨めで苦しい気持ちになったとします。そんな状態で曝露反応妨害法に取り組むなど，恐ろしくてとうてい考えられませんから，強迫性障害の治療になりそうにありません。

　ここで勘違いをしてはいけないのです。想像力を働かせて患者の立場や気持ちになるのは，目的のための手段のひとつです。想像力を発揮するのは患者の症状なり問題を把握して理解するためであり，認知行動療法だと適切に行動分析をおこなうためです。患者の立場や気持ちになることで，より的確に，どの場面でどう考えてどう思いどう振る舞うのかが把握しやすくなるという目的で

す。刺激－反応の連鎖に沿い「～のとき，～感じて，～思い，～考え，～する」と患者の体験を訊いていく上では，一般的にはどうであろうか，もしくは治療者自身であればこのような場面では，どのように考えてどう感じどう振る舞うであろうかと，ある程度の予断を挟みつつ訊いていく必要があるのです。その予断に無理矢理患者の体験を当てはめるのではありません。ある程度は刺激－反応の連鎖のパターンを準備しながら訊く方が，患者に思考体験をうながしやすいからです。モデルケースとして刺激－反応のパターンを呈示された方が，患者としてもなるほどその通りであるとか，自分はそうは考えずこう振る舞うとか，叩き台のようにして自身の体験における刺激－反応を対象化しやすいはずです。また，さまざまな場面における刺激－反応のパターンを想像しながら患者の体験を訊けば，予測されるパターンからのずれを観察することで，細やかな行動分析が可能となります。

2．行動分析のパターンを知る

　特定の精神疾患において，どのような刺激－反応の連鎖パターンが認められるかの知識や経験も役立ちます。例えば典型的な強迫性障害なら，不安を伴う強迫観念が生じていれば，どうにかして強迫行為をおこないその不安を下げようとしているはずだと推察できます（第1章図1参照）。手洗いや確認行為のような運動行動が強迫行為として見当たらなければ，どこかに別の形で強迫行為が後続しているはずだと疑えるのです。メンタルチェッキングのような思考行動の形で強迫行為が後続しているのではないかと，強迫症状の刺激－反応パターンを呈示しながら患者に質問できます。そうされて初めて，強迫行為を思考行動として体験していたと患者が気づける場合もあるのです。呈示症例において「お財布に意識を集中させる」という行動が強迫行為だと気づけたのは，まさしくその場合に当たります。

　精神疾患における刺激－反応だけではなく，日常における刺激－反応のパターンを数多く把握しておくのも必要です。人がどのような場面で「～のとき，～感じて，～思い，～考え，～する」のが一般的なのか把握しておくのです。一般的な刺激－反応のパターンをテンプレートとして把握しておけば，そこからの逸脱として詳細に患者固有の刺激－反応が把握できます。例えるなら患者

固有の刺激－反応を調べるための「定規」の役割として，疾患一般での刺激－反応のパターンや一般的な人としての刺激－反応のパターンは機能するのだと考えます。

　疾患における刺激－反応のパターンは，ある程度知識として把握しておかねばなりません。しかし正常心理としての刺激－反応の連鎖については，いちいち知識として身につけずとも，自分ならどうなるのかと想像すれば把握できます。例えば人間は緊張が高まる場面だと，何らかの方法で緊張を下げようとしますし，緊張を誘発する場面を回避しようとします。これを試験会場ではどうだとか，会議のプレゼンテーションの場面ではどうだとか，災害に見舞われた場面ではどうだとか，場面ごとに知識として記憶する必要はないということです。ただし治療者自身がどう振る舞うかという刺激－反応も一般的多数に含まれる一例にすぎませんから，それ以外の刺激－反応のパターンを，ある程度知識として把握しておかねばなりません。緊張が高まる場面で，落ち着かなく動き回る行動が誘発される人もいれば，静かに黙り込んでしまう行動が誘発される人もいるという違いです。ある特定の個人では類似の刺激場面で同じような行動が誘発されており，疾患や問題といった非日常的な場面でも同様の刺激－反応がくり返される傾向があります。さまざまな場面における刺激－反応のパターンが，その人の個性や性格と呼ばれるものです。その患者固有の刺激－反応のパターンを早めに把握しておけば，臨床での予後予測を含めた治療が円滑に進みます。

　治療者個人の人生経験や，人間一般に優れた洞察を示す芸術作品などに親しむのも，数多くの刺激－反応のパターンを学び見識を広げますから，臨床に役立つと思います。例えば私個人で役に立っているのは，子どものように抑制系の高次脳機能が未発達な個体では，緊張が高まると無意識に顔面筋が笑ったような形に歪んでしまう，という知識があります。これは昔，故伊丹十三さんが映画のメイキングで，カメラを子どもに向けた時の特徴としてお話しされていて知りました。私個人の人生経験だけでは気づけていなかったかもしれない，刺激－反応のパターンです。人間が呈する刺激－反応のバリエーションを，なるべく数多く想像できるようにしておく必要が私たちにはありそうです。

Ⅵ 思考体験としての不合理感

　強迫性障害を評価する上で，強迫症状に関する不合理感の有無がよく問題にされます。不合理感の有無はどうすれば調べられるでしょう。「不合理感はありますか？」と質問すればすむ話ではありません。もう少し丁寧に「本当はしなくてもよいことだと思っていますよね？」と質問をしたとしても，まだ不充分だと思います。不合理感の有無とは，症状に対して患者が「理に適っていない，不合理だ」と感じる体験をしているかどうかなのです。私たち現代人にとっては，その行為がしかるべきかどうかを「理に適っているかどうか」，つまり合理的かどうかで判断することが一般的だから，不合理感という表現がここに当てられています。もしかすると昔であれば「神の意に適っているかどうか」と表現したかもしれません。しかるべきかどうかとは，その行動がどの程度当然だと捉えられるのかという，患者の体験における強度のことです。強迫症状において「不合理感」という体験で表現されているのは，「本来の自分であればおこなう必要がなかったのに，やむなく抵抗できずにしてしまう行為であるかどうか」という点なのです。

　呈示症例でも，過剰に意識を集中させる行動について，「病前の自分ならしなくてもよかったことだ」と対話を通じて気づきます。以前には不合理感の有無は不明瞭であったのが，行動分析を通じて初めて不合理感が体験されているように見えます。本症例のように長い病歴を持つ強迫性障害だと，病前の思考や体験が患者自身よくわからなくなっていることが多いのです。不合理感は，質問紙法のような問いかけで体験の有無を尋ねても捉えられません。今現在そこにある強迫症状を丁寧に行動分析する過程で，患者の体験を訊いていく中で，不合理感とよばれる思考体験は生じます。そしてさらに認知行動療法による治療を通じて，不合理感は強化されるのです。不合理感というのは質問紙法のような有無ではなく，思考体験としてどの程度うながすことができるのかが重要なのです。DSM-5において，強迫性障害における不合理感の有無をあまり重要視しない診断基準に変化した背景には，こういった特性が影響しているようにも思えます。

VII 主訴を丁寧に訊くという精神療法の基本

　精神科治療の初期学習から，患者の主訴を丁寧に訊くことの重要性が再三強調されます。治療に行き詰まった時には，主訴に立ち返って治療を考え直すように指導されました。みなさんもきっとそうであったと思います。

　主訴というのは，最初に治療場面に持ち込まれた患者の体験です。既述ですが，患者の言葉によって表現されていることに意味があります。例えば患者が「イリイリしておちつかん」と表現する体験は，治療者が「不安焦燥感」と表現する体験と同一でないのかもしれません。主訴において患者が用いた言葉をなるべく大事にするのは，患者自身の体験という側面を重要視するからです。主訴を丁寧に訊くという過程は，患者の内側から主訴という体験を追う流れが必要です。患者の体験を治療者側の言葉で塗りつぶしていくことと正反対にあります。このあたり，行動分析のためには患者の思考体験をうながす対話を心がけなさい，という注意と重なります。

　私が精神科研修を受けた九州大学精神科神経科の外来では，数十年前から同じ予診表が用いられています。自記式の用紙で，そこには以下のような質問が並んでいます。ちなみに認知行動療法とは無関係な予診表です。

　（1）現在気になっていること，困っていること（症状）は何ですか？

　（2）そのことが続くと，どうなりそうだと思いますか？

　（3）その心配事の「きっかけ」は何ですか？

　（4）（1）の症状があることで，思うようにいかないことや，自分の希望がかなえられないことが何かありますか？

　（5）（4）の事柄について，できればどのようにしたいとお考えですか？（または，なって欲しいと考えていますか？）

　（6）みのまわり（学校，職場，対人関係，家庭など）のことでこれまでに悩んだことが何かありますか？

　（7）精神科神経科の診察を受けた目的は何ですか？　何を治してもらいたいですか？

　（8）その他にご意見があれば，お書きください。

これは実に優れた問いかけだと思うのです。主訴としての体験がどのように生じて，どう困り，なにを恐れて，どうなりたいと思っているのか，患者の考えや気持ちを含めた体験として，取り上げようとしているからです。患者に体験を語らせ思考体験をうながすのです。主訴を丁寧に訊くというのは，まさしくこの予診表の流れだと思います。

主訴を中心とした患者の体験を訊いて，そこで体験された情動体験に焦点を当てるとか，対人関係に焦点を当てるとか，それぞれの精神療法の立場でアプローチは異なるでしょう。しかし，基本にあるのは主訴から始まる患者の体験を丁寧に訊く過程であり，その部分は共通するので，精神療法から外せない要素のはずです。認知行動療法では，患者がどう感じて，どう思い，どう考えるのかという思考行動を含めた行動分析が必要となります。そのため治療導入時から患者の体験を丁寧に訊かざるをえません。患者の症状をいったん行動分析しても，さらにその行動分析を叩き台とした上でさらなる刺激－反応の連鎖を捉えようと対話をくり返します。このくり返しで患者の体験を訊く繊細さが増して，「体験を存分に取り上げられた」という患者のさらなる体験に結びつくと思います。行動分析によりうながされた，患者側の体験としての「受容・共感・支持」であり，治療者側の「存分に話を聞き頷いた」という体験としての「受容・共感・支持」とはまったくの別物です。体験の主体はいつも患者側になければいけません。治療者だけに思考体験が生じるような対話になっていないか，たえず意識しておく必要があるのです。

Ⅷ　行動分析のための対話に熟練するには

適切な行動分析のためには，さまざまな精神疾患における刺激－反応のパターンや人間の振る舞いにおける刺激－反応に関する知識を，身につけておかねばなりません。なぜなのかを「Ⅴ　行動分析における想像力の役割」で述べました。そのためにはどうすればよいのかと言えば，やはり臨床経験を積むしかないのです。ただし日常業務を機械的にこなしていても臨床経験はさほど蓄積しません。日々の業務から臨床経験を抽出するには，ある程度まとまりを持つ共通のパターン認識として蓄積する必要があります。そのためには，症例に

関する体験を，行動分析の形でまとめれば上手くいきやすいと思います。この場面でこういった症状が生じて，このように振る舞うことでこのように問題となる，などと刺激 − 反応の連鎖で，症例に関する情報を整理します。行動分析の形でパターン認識するのです。すると人間にとってエピソード記憶が残りやすいように，連続性を持ちさらに身体化された知識となり，臨床経験としていつでも引き出せる形で蓄積しやすくなります。行動分析は，日常業務から臨床経験を抽出する役にも立つのではないでしょうか。

　臨床経験であるためには，治療介入の結果が有効であったのか無効であったのかという情報も必要です。一生懸命治療した結果がどうなったのか不明のままでは，次回から活用可能な臨床経験にはなりません。認知行動療法の特徴は治療の結果をできるだけ客観的に対象化しようとします（表1）。ターゲット行動がどう変化したのか，治療介入の結果として設定された指標がどう変化したのか明確ですから，臨床経験となりやすいのです。ターゲット行動の変化として治療介入の結果を評価する特徴は，認知行動療法の技法以外を用いた場合にも有効に機能するので，このあたりを次章では詳しく述べてみたいと思います。

第5章　一般的精神療法と認知行動療法をともに生かす

I　さまざまな治療技法

　意識するかしないかは別として，臨床の現場ではさまざまな精神科治療技法を駆使しているのが普通です。なにをもって治療技法と呼ぶのか微妙ですが，私たちも曝露反応妨害法だとかオペラント技法などの，いわゆる認知行動療法の技法しか用いないわけではありません。時にはひたすら患者が納得するまで支持的に話を聞くこともありますし，患者の家族を集めてそれぞれの思いや考えを述べてもらうこともあります。これらは支持的精神療法や家族療法と呼べなくもないでしょう。患者と関わる上で，それこそできることは何でもしているのだと思います。

　そもそも治療技法と呼べるのか悩んでしまうような介入も多数あるわけで，例えば親しい家族を突然に亡くした患者の訴えに，返す言葉もなくただ黙り込んで患者と二人しんみりとした時間を共有してしまうのはどんな治療技法でしょうか。真剣な患者の訴え方のわりに間抜けな内容に思わず吹き出してしまい，患者も曖昧に笑みを浮かべてしまうのはどうでしょう。前者は「支持的精神療法」に属し，後者は「認知再構成法」に準じるのかもしれませんが，私には技法として上手く分類できそうにありません。治療者と患者という人間同士が向かい合うのですから，さまざまな情報や介入が絶えず行き交うのが普通です。その中には精神療法の治療技法という枠組みで上手くまとめきれない治療者行動が多数存在します。治療者も人の子ですから，体調の悪い時も忙しい時もあるわけで「適切な技法以外は用いないぞ」と意識したところで無理な話です。意識すればするほど臨床での治療者の振る舞いがぎこちなくなり，かえっ

て治療自体が上手くいかない例はよくあります。必要以上に治療技法を意識しない方がよさそうです。

　そもそも治療技法としてまとめられた介入手段自体が，臨床の中で四苦八苦した結果にすぎないと思うのです。認知行動療法の技法として挙げられる「教示」など，実際には患者に対して「この場面ではこのように振る舞ってみて」と述べているだけですから，なんら日常会話のやり取りと違いはありません。「モデリング」と呼ばれる学習法も，例えばあなたがダンス教室に通い先生の真似をして踊りながら上達する段取りと同じものです。治療技法だと言われるとなにか特別に感じてしまいますが，たいていは日常生活でごく当たり前におこなう行動から抽出されています。精神療法という技術とそこに含まれる技法は，一握りの特殊な人だけが実現可能な特殊技術ではありません。このあたりスポーツにおける技術と同じで，例えばオリンピック種目などでも，一流選手では精度や強度が桁違いに凄いのであって，走ったり泳いだり自体は誰にでもできる行動です。精神療法という技術も，患者に宿る「邪気」を察知したり「前世」を透視したりしなければ不可能なオカルティックな特殊技術ではなく，誰にでもできる日常行動の積み重ねです。認知行動療法でも「曝露反応妨害法」のように技法自体の習得が必要な場合もありますが，先述の「教示」や「モデリング」のように単純ですぐできる技法も多いのです。患者に笑いかけ，穏やかに話しかけるなど，技法とも呼べないような治療者介入も星の数ほどあるはずです。大事なのはそれら治療技法を含むさまざまな治療介入が，有効であったのかどうかきちんと評価しながら用いられることなのです。

　研修医の頃ならば，精神療法の学び始めには時間もありますから，全身全霊を持って患者の治療に当たれます。ひたすら何をどうすれば治療として有効なのかわからないまま，人として患者にぶつかって振り回されて悩むうちに，何となく患者が落ち着いて問題が軽減した，という経験をします。この体験のすべてを精神療法だと学習してしまうと，治療者のその後は大変です。精神療法をおこなおうとすれば，その都度大量に時間を費やして人としてのすべてを注ぎ込み患者にぶつかる必要があるからです。そうなると，たいてい上級医となり雑用含めて多忙になるにつれ，「精神療法を充分にする時間がない」とか「精神療法など役に立たない」などと発言し始めますからさらに気の毒です。人と

しての振る舞いから精神療法の技法と呼べる介入や薬物治療に至るまで，どれがどのように有効で患者の問題は軽減したのか，把握して整理した上で学習するプロセスが必要なのです。とくに初学者である時期に必要な研修内容だと思います。それでは精神療法としての治療技法や介入の有効性を，どんな手段で評価すればよいのでしょうか。ここで，行動分析により問題を把握して，治療の対象と目標を具体化した上で，ターゲット行動およびその具体的指標を設定しておくという，認知行動療法が役に立つのです。

II　マクロの行動分析

多少第1章のおさらいのような内容です。行動分析する対象の大きさは自由に変動できますから，対象を絞り込めば不潔恐怖や確認行為などの強迫症状自体を行動分析するような，いわゆる「ミクロの行動分析」となります。「ミクロの行動分析」により症状自体を分析して，曝露反応妨害法の適応であるなど，どの治療技法が有効なのか考察できます。しかし強迫性障害の治療においても，「ミクロの行動分析」だけでは治療が上手くいかないことが多いのです。強迫症状を取り巻くさまざまな要素や状況，例えば強迫症状以外の精神症状や患者に関わる周囲との問題を行動分析して把握する，いわゆる「マクロの行動分析」による介入が必要になります（図1）。症状自体に対する介入と同時に，症状を取り巻く状況に対しても治療的介入を考えていくのが，本来は認知行動療法の立場です。行動分析の対象は「ミクロの行動分析」の領域だけにとどまりません。熟練した人ほど，「マクロの行動分析」による介入も上手く，治療を成功に導くという印象を持ちます。

残念ながら認知行動療法を，認知再構成法や曝露反応妨害法という治療技法とほぼ同一に見なして，「ミクロの行動分析」領域への治療的介入だけだと誤解しがちです。「受容・共感・支持」という言葉で表現される，いわゆる精神療法的な治療者の介入は，認知行動療法とは別物だと思い込まれています。心理教育や家族援助のような介入を含めて，一般的に心理的援助のために取られる治療者行動の数々も，実は「マクロの行動分析」により把握された領域への介入として，認知行動療法の対象と捉えるべきです（図2）。

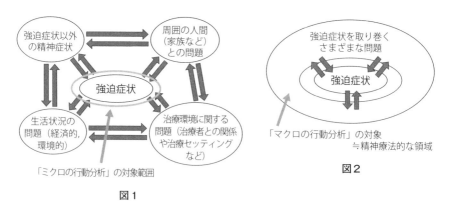

図1　図2

　主訴を中心とした問題の中核を「ミクロの行動分析」で把握しながら，「マクロの行動分析」を用いて取り巻く状況を把握しておきます。そうすることで，心理的援助とされるやわらかな精神療法的介入から，さまざまな精神療法の技法適用まで，それがどの刺激－反応の連鎖に作用するのか行動分析します。治療者のあらゆる介入を行動分析の中に位置づけ，相互に関連させながら，認知行動療法の枠内において活用していきます。どの行動をどう改変するために，その治療者行動はなされるのかと考えながら治療する習慣を持てば，治療者行動は整理され洗練されていくはずだと思います。

III　一般的な精神療法のイメージ

　精神療法と聞いてまず思いつく治療者行動とは，良好な治療者－患者関係であり，絶望し困惑した患者を励まし勇気づけることであり，患者を取り巻く家族や関係者を支持し続けることでしょうか。心理的援助として，患者とその家族たちを支える役割が精神療法には求められており，そのためのシステムとして，訪問看護やデイケア，患者グループや家族会などを利用することもあるでしょう。

　一般的に精神療法という言葉から受ける和らかいイメージは，いわゆる「支持的精神療法」と呼ばれるものに近いと感じます。「支持的精神療法」を現在の日本においては，精神療法以前にあるべき当然の精神療法的な関わり，とい

う解釈をしているようです。患者の訴えを否定することなく傾聴し受け入れる，治療者として当然な態度だと位置づけられます。さらに言えば「親切」であるとか「良心」などの言葉にも通底する，人間として病者に関わる上で当然の構えとされます。ですから，どのような場面であれ支持的精神療法による関わりが不要だとか邪魔であるなどと考えるのは，人間として許されがたいと感じてしまいます。

　これまでくり返し述べましたように，認知行動療法では治療の対象と目標を具体的にしながら治療が進められ，そのためには行動分析による把握が必要です。ターゲット行動が絞り込まれ，その行動の出現頻度と強度がどう変化すれば，治療の対象と目標が達成できるのかと考えます。治療対象を目標に近づけているかどうか，具体的な指標でモニタリングします。治療技法の適用であれ，技法とも呼べないような介入であれ，「支持的精神療法」でも「親切」でも，そこは同じなのです。どの刺激－反応の連鎖において何をどう変容する目的でおこなわれるのか，具体的に行動分析します。心理的援助であるから，人としておこなうべき良きことであるから，行動分析の対象から除外してしまう思考停止は許されません。この時に役立つのが「マクロの行動分析」の視点です。

　例えば強迫性障害の治療だと，強迫観念およびそれに伴う不安のような情動的不快の出現頻度と強度を下げるのが，一般的な治療目標です。治療技法だと認識されない治療者行動もたくさんあるでしょうが，それらも同じ治療目標に向かいます。認知行動療法の技法である曝露反応妨害法は，強迫症状に作用することで強迫観念を出現させにくくしますが，「支持的精神療法」などの精神療法的な介入も強迫症状を軽減するために役立てます。さまざまな治療者介入が，どのような刺激－反応の経路を経て治療目標に貢献できるのかは，「マクロの行動分析」を含めた行動分析に沿って把握できます。あらゆる治療技法や介入が，行動分析の枠の中で認知行動療法の一部として活用されるのです。

　それが具体的にはどういうことなのか，実際の症例を通じて詳しく説明してみます。

Ⅳ 症例呈示

1. 症例のプロフィール

【症例】21歳女性，無職。

【主訴】「家族の触ったものや，ドアの取手，電気のスイッチなどに触った後に，必ず手洗いして除菌ジェルを使ってしまいます。また，水道の水が飲めなかったり，家族の調理した食事を食べられません」などと問診票に記入。

【家族歴】遺伝負因はありません。

【生活歴】

同胞3人の第三子次女として出生。父親は単身赴任が多く，主に母親によって生育されました。父親とはもともとあまり仲がよくありませんでした。

発育発達歴上の問題は指摘されていません。

小学校からA県に転校しましたがとくに問題はなく，友人づきあいも普通にありました。

中学1年から不登校傾向となり，スクールカウンセラーが介入しました。不登校の理由は，自身でもよく覚えていないそうです。学業成績はずっと良好です。

高校に進学してしばらくは登校できていましたが，友人とのささいなトラブルから，高校1年の3学期より不登校となりました。それ以来友人関係がぎくしゃくして人間が怖いと思い始めましたが，妄想傾向は認めません。対人関係に過敏になり，なかなか登校ができず，患者自身の希望で転校を試みることになりました。そこで父親が単身赴任していたB県に家族で転居し，公立高校に通い始めました。すると人間関係にも少しずつ慣れ，一生懸命ではありましたが登校できて卒業に至ることができました。

高校卒業後は対人場面に疲れてしまい，就職も進学もせずに自宅でのんびり過ごしました。卒後1年以上が経過し，そろそろ大学を受験するのか就職や専門学校に進むのかなどと悩み，母親と相談するようになりました。

小学校からの友人とは今でも付き合いがあり，絵を描いたり料理をしたりすることが好きな女性です。

【現病歴】

　X-1年の5月頃，父親が水虫ではないかという騒ぎがあり，それから足に汗をかいた後など気にして，すぐに洗うようになりました。

　この頃に父親が職場で問題を起こしたことで転勤・転居しなければならなくなりました。

　X-1年9月にB県から当院があるC県に転居しています。その時の引っ越し業者の靴下が汚いとか気になり，転居後に手洗いや保清行為が頻繁になり始めました。とくに父親が触ったものから不潔対象が広がり，次第に家族が触ったものが触れなくなりました。物に触るとすべてが不潔に感じられ，手洗いを止められなくなり，7〜8時間を入浴に費やすようになりました。

　X-1年11月に近医精神科病院を受診しています。

【これまでの治療経過】

　強迫性障害の診断にて，薬物療法と臨床心理士によるカウンセリングで治療開始されました。治療は心理士が中心で，認知行動療法の考え方に基づいた介入が試みられていました。

　まずは対話による心理療法を中心に，思考内容をおもに取り扱い，強迫観念の妥当性を検証することで不合理感を強化する試みと，イメージエクスポージャーにリラクゼーションを組み合わせた系統的脱感作のような治療が試みられています。

　しかし患者は強迫観念と不安に圧倒されている状態であるため，まったく治療になりませんでした。そこで，実際に生じている行動に焦点を当てハイラキー（不安階層表）を作成し，強迫行動の頻度・程度を制限していくアプローチが実施されています。例えば「起きてからは靴下をはかない」とか「机の縁を拭くのは1回だけにする」などの課題でした。これに対しては本人も協力的で，ホームワークとした課題にもきちんと取り組むことができました。その結果，徐々に強迫行動のコントロールが可能になり，入浴時間が3〜4時間に短縮するなどの変化や，家族への巻き込み行動の減少が認められます。また，それまでの昼夜逆転が改善傾向となり，自分の好きなことに時間を多少使え始めました。

　そのような変化の一方で，家族との生活にストレスを感じることも多く，「も

ともとは父親が原因なのに，なぜ私だけが苦しい思いをしなきゃいけないのか」「母親が何も言わないから，何を考えているのかわからない」「自分ひとりが悪者みたい」という発言のように両親への苛立ちが募り，強迫症状は次第に増悪し始めます。両親の言動に過敏になり，常に神経をとがらせているような緊張状態が続くようになります。

　それに伴い，心理面接では強迫行動のコントロールといった当初の問題よりも，両親に対する葛藤の処理がテーマとなることが増えました。両親の疲労感・不安感も強く，患者に対し余裕をもって対応することが困難で，悪循環を生む要因となっていると考えられました。そのため，両親への心理面接も実施されています。

　すると徐々に強迫症状による生活障害は増悪し，X年4月から，「親を信じられない」と母親の作る料理が食べられなくなり，コンビニ弁当やパン，ゼリーだけの生活に陥ってしまいました。

　患者，両親ともに疲労がピークに達しつつあり，入院治療を考慮して欲しいという依頼で当科紹介となりました。

　X年5月に母親同伴にて当科初診。

2．当科での治療経過

1）初診時の状況

　患者自身の疎通性はよく，知的な理解がとても良好でした。母親は入院治療を希望していましたが，患者自身は「家族に迷惑をかけるから自分が入院するしかないのだ」という気持ちで，実際には入院を望んでいませんでした。それに不潔恐怖の対象は自宅環境を中心に存在しており，曝露反応妨害法を用いた治療は入院させない方がはかどりそうでした。

　患者の強迫観念や恐れている状況はあいまいで「不潔なものが塗り広げられていき自分が汚れていくのがいや」「自分が汚いことが許せない」という感覚にとどまりました（図3）。

　当科初診時はあらゆる不潔対象に圧倒されており，少しでも不潔だと感じる対象に曝露されると洗浄行為をおこない，次々と回避により触れない対象が拡大していました。例えば自宅の水道は父親を含む家族が触り，不潔になったし

ぶきが蛇口に付着していると考え，水道からの水やそれを用いた料理も口にできなくなるなどでした。

入浴して自身を清潔と感じる状態に保つことを生活の中心に，起きてから寝るまで回避と保清行為に明け暮れ，強迫行為のために疲弊しつくしていました。

当時の患者の生活は以下のような状態です。

朝6時頃にようやく入眠でき13時頃に起床するのですが，起床後には布団に汗やほこりなど漠然とした汚れが残存していると感じるので消毒薬を振りかけ，布団に触れていなかったと感じられる部分まで袖を深くまくり上げ念入りに手洗いし，何度もくり返しながら洗面などをすませ，ようやく17時頃に食事となります。食事はその都度使い捨ての割り箸を用いて，開封する前には自分が触れて不潔にならないようにその都度手洗いをくり返します。服薬行為も使い捨ての割り箸を用いて，飲料水は患者専用のペットボトルを使うたびに開封して使い捨ての紙コップで飲み，少しでも時間が経つと誰かが触れたのではないかと感じて飲むことができずに捨ててしまいます。入浴後に排便するとトイレで自身が不潔になるので，必ず排便をすませて入浴しますから，排便がなければ入浴ができません。しかも患者が必ず一番風呂でなければいけないので，他の家族は毎日いつ入浴できるのかわからない状況です。

患者の入浴はだいたい19時近くに始まり23時頃まで続きます。自分専用のシャンプーやボディソープを用いており，それらを浴室に置いておくと不潔になるので，使用するたび母親に差し入れてもらいます。着替えも洗面所に置いておくと他の家族が立ち入り汚染されるのではと不安で，着替える時点で母親に持参させました。そのため患者の入浴中はタイミングを計りながら母親はずっと待機せねばならず，負担が大きいのですが文句ひとつ言わず従っていました。入浴中には洗浄液を用いて自分の眼球まで洗浄し，入浴後には眼鏡をア

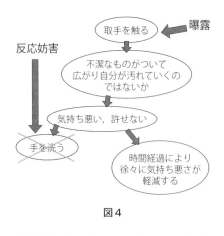

図4

ルコールで消毒してからかけるという念の入れ方でした。24時近くに風呂から出ると，何度も手を洗って化粧水をつけたり歯を磨いたり1時間ほどは洗面所から動けません。患者が洗面所から出てようやく他の家族が入浴できるため，入浴する順番が最後の父親は入浴できない日も多かったのです。毎日50枚ほどのタオルを使い，いちどでも使ったタオルはそのまま洗濯物となるため，天気が悪いと洗濯が追いつかず母親は戦々恐々です。

　ようやく深夜2時近くに患者は一息つき，スマホをいじり好きなことを少しして，4時頃から寝るための準備を始めます。起きてすぐに自分が座る椅子を消毒しておくとか，素足で歩いた足の裏で布団が汚染されないように，清潔な靴下をはいて布団に入るなどです。それらがすんでようやく6時近くに入眠できるという生活が続いていました。

　前医での治療で曝露反応妨害法は少し効力を得ており，あらためて患者自身に強迫症状の行動分析を呈示し，強迫症状の成り立ちと増悪維持のメカニズムを説明しました（図3）。さらに曝露反応妨害法による治療効果を評価する仕方や期待できる治療経過についても説明しました（図4）。家族の巻き込みに関しても，回避や強迫行為を補完する目的で他人に手伝わせれば強迫症状のコントロールが難しくなるので，自分でおこなう強迫行為が一時的に増悪したとしても巻き込みを減らすべきであると理解させました。

　その上で患者がどうなりたいのか，どうしたいのかを決めさせていきます。

　患者は入院せずに外来治療したいという意志であり，患者の希望と了承を得てから，外来で治療をおこなう方針を母親に対して説明しました。

　外来通院は1回／週と頻度を高くして，面接場面は基本的に患者のみとし，強迫症状の治療の主体が患者であることを強調しました。強迫症状の治療に関わる内容で患者が上手く意思伝達ができない場合にだけ，治療者から母親に直接面接をするようにしました。

母親も初めは外来治療への不安を訴えており，無理はないと思いました。しかし約10回目までの通院で患者の生活が改善してから，とくに母親への巻き込みが減少してからは，あまり外来治療への不安を訴えなくなりました。

2）ハイラキーの作成へ

最初は強迫症状に対して曝露反応妨害法をおこなうにも，不潔対象に圧倒されて考える暇もなく回避している状況で，ハイラキーの作成も困難でした。回避が日常化していて，曝露するとどの程度不安が高まるのか想像すらつかないような状態です。そこでまず患者ができそうなことから少しずつ日常生活の中で曝露反応妨害法を試させてみました。ペットボトルを開ける前に手を洗うことだけはどうにか我慢できそうだと答えたので，まずはそこから始めました。そのあと徐々に，例えば手洗い前の蛇口の洗浄を止めるとか，自分が座る椅子を寝る前に拭かないとか，靴下を脱いで履かずに布団に入るなどを試しました。それらの曝露反応妨害法で，曝露時の不安がどのような体験で，強迫行為をせずともその不安が徐々に軽減することが，ささやかながらも実感できたのです。

するとようやくハイラキー作りも可能になりました。曝露対象による不安強度の違いが，現実的な実感を持って想像できるようになったからです。まずは自宅内の環境で，あえて避けている場所を具体的に挙げさせて，曝露した場合の不安強度にしたがって順位をつけて並べてもらいます。これがハイラキーです。避けている場所を触り，手を洗うなどの強迫行為をしなくても不安が軽減する体験をさせていきます。曝露反応妨害法という治療技法を用いた体験です。実際に曝露反応妨害法の治療課題をこなしてみると，いったんハイラキーを組んでみた順位が変遷することがわかりました。回避し続けていた曝露対象が，実際に曝露してみたことで，どんどん現実的な不安の対象として実感され始めたためです。X年6月，8月，10月と結局計3回自宅内のハイラキーを作り直しました。

3）治療の進行と生活の拡大

治療課題はホームワークとして，手洗い回数とともにノートに記録して持参させました。治療課題で曝露後に不安が軽減する経過や，結果としてトータルの手洗い回数が減るモニタリング結果に加えて，このノートには日々の出来事や患者の気持ちなどまで記録されるようになります。

通院し始めの頃には，外出時にドアノブが触れずエレベーターのボタンを押せないなどの強迫症状のため母親の同伴が必要で，自宅外ではトイレが使えないために長時間の外出は不可能でした。

曝露反応妨害法を用いた治療課題が進むと，徐々に強迫症状が改善して自宅内であまり問題なく生活できるようになりました。すると余裕も出てきて，まだ母親同伴でしたが図書館に出かけるなど外出の機会が増え始めます。

X+1年5月には自宅内ではなく自宅外でのハイラキーを作成し，外出場面での曝露反応妨害法を開始しました。外出先のドアやボタンを自分で操作できるようになり，トイレも使えるようになると，さらに外出時間は延びていきました。外出時にできる楽しいことが増えると患者自身も嬉しく，それがモチベーションとなり，さらに治療課題に積極的に取り組むようになります。患者単身での外出も可能となり，X+2年2月からは一人で通院してくるようになりました。

強迫症状に左右されなくなり生活が自由になると，今後の生活や進路についての話題も増えてきました。そのうち働いてみたいと，患者からアルバイト先を調べて面接を受け始めます。

X+2年5月からは雑貨屋で週に5日のアルバイトを始めました。

X+3年8月現在は，待遇や給与の面でいったんアルバイトは辞めましたが，進学に向けて準備中です。通院は月1回のペースになりました。強迫症状による生活障害はほぼありませんし，普通に家族と食事をして入浴してという生活です。父親とのコミュニケーションはやはり難しいようですが，必要に応じて母親の助けをもらい，不潔恐怖症状とはならずに上手に関われていると思います。

V 呈示症例に関する考察

1．当科に来るまでの治療

本症例は不潔恐怖症状を示す強迫性障害の症例です。強迫症状自体の「ミクロの行動分析」からは，強迫観念や恐れている状況があいまいな少し子どもっぽい強迫症状なのですが，曝露反応妨害法が有効であろうと予測できます（図

第5章 一般的精神療法と認知行動療法をともに生かす　99

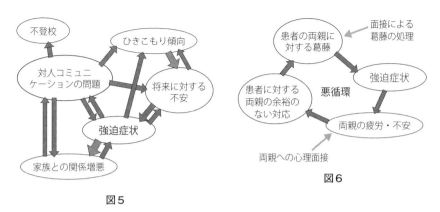

図5　　　　　　　　　　　　　　　図6

3)。前医での治療介入の結果からも，それが推察されます。「マクロの行動分析」の視点からは，不登校歴があり対人コミュニケーションが苦手で，家族，とくに父親との関係に問題があり，自身の進路や社会適応に関して，悩みを抱えているであろうことがわかります（図5）。

　前医においては臨床心理士を中心として，かなり丁寧な治療がおこなわれていました。しかし治療途中から徐々に強迫症状による生活障害は増悪し，極端な偏食に陥るなど，治療開始時よりも問題が増悪しています。対話を中心として思考行動を主な対象とした治療介入は不可能で，実際の生活場面での反応妨害法の指示が多少有効で，家族療法的な介入により両親との葛藤を言語化させる介入は強迫症状を増悪させたという経過です。

　本症例での強迫性障害の治療に何を優先して，治療の流れをどのように考えるべきでしょう。治療の対象と目標を明確にしながら治療を進める重要性と，さまざまな症状や問題を行動分析してきちんと把握しておく重要性が，ここで強調されます。家族療法的な治療介入を含めて，さまざまな治療介入手段ををを前医はどのように把握していたのでしょうか。

　おそらく強迫症状の成り立ちを図6のように考えていたと推測できます。両親に対する感情的葛藤が対話により軽減して，両親が余裕をもって保護的に患者に対応できれば，強迫症状は改善するという治療仮説が存在したはずです。このように明確に行動分析した把握ではないかもしれません。しかし結果としては，回避行動や家族の巻き込みが増悪してしまいました。対話により両親へ

の葛藤が軽減しても，家族面接で両親が患者に保護的に関われても，強迫症状の改善という治療目標には無効かもしれないのです。そもそも対話により両親への葛藤が軽減したかどうかが不明ですし，家族面接で患者に保護的に関われるようになったのかどうかも不明瞭です。治療仮説そのものが現実に即していなかったのかもしれません。それまで曝露反応妨害法による治療効果を多少得ていましたが，残念ながら心理教育が不充分なため，患者は苦痛を感じる曝露場面を回避しがちでした。なるべく強迫観念や不快感が生じないように行動してしまうのです。あえて曝露することが強迫症状の改善をうながすとは理解できていません。結果として治療の流れは強迫行動のコントロールを避ける方向に進んでしまいました。

　曝露反応妨害法に沿った治療は，苦痛を感じる曝露状況を生じさせますから患者は嫌がります。両親に対する不平不満を口にして家族面接で両親に気を遣わせて，なるべく患者が不安にならないよう回避を増長させ，強迫症状の巻き込みを増悪させる方向に向かってしまいました。それでは当然強迫症状は増悪します。両親が余裕をもって患者に対応できなかったのは，患者の強迫症状に巻き込まれ振り回されていたからです。当科で聴取し直した実際の生活状況を見て下さい。患者が両親の態度や行動に過敏なのは，強迫症状のために清潔にしておきたい場所を不潔対象である父親が触るためですし，強迫行為に母親を巻き込んでいたからです。母親には申し訳ないと思いつつ，強迫症状に振り回されて止むに止まれず強迫行為を手伝わせていたのですから，顔色をうかがってしまうのです。ここはやはり，強迫症状を改善させることが治療の目標であり優先課題ではないでしょうか（図7）。

　治療介入した結果を評価する指標が不明瞭ですから，ついつい治療途中「これでよいのだろうか」と迷いが生じ治療方針がぶれがちとなるのです。強迫観念の出現頻度や手洗いの回数など，客観的な指標を治療目標とともに設定しておけば，治療方針の見直しにも役立ちます。そういった具体的指標の設定は行動分析による問題の把握と不可分な要素です。

　前医での治療の特色としてもうひとつ，治療的介入の手段として面接室における対話を選んでいる点にも問題があります。本症例のように重症の強迫性障害においては，対話だけで体験の質を変容させることはほぼ不可能です。実際

の生活面でさまざまな治療技法を用いて体験学習のようにして，初めて体験の変容は可能となります。この体験学習で中心に用いられるのが曝露反応妨害法という治療技法です。面接室における対話のみで体験の変容が得られるのは，健康度が高く重症度が低い患者に限られます。対話による効果を過信しすぎないことです。

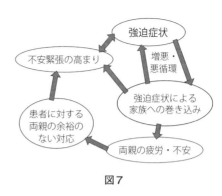

図7

2．当科での治療

当科では治療の流れとすすめ方を再構成しました。行動分析を丁寧にやり直したわけですが，曝露反応妨害法を中心とした強迫症状の治療を円滑にかつ効果的に進めるには何が必要で，どんな介入を必要とするのか考えています。曝露反応妨害法に関しては丁寧で繊細な導入を心がけていますが，治療自体はごくオーソドックスなものです。

患者自身の主訴に沿い，できなくなった普通の生活を患者ができるようになること，普通にドアの把手を持ち，水道の水が飲め，家族の作った食事が食べられる，などを目標にします。そのためには，患者自身が強迫症状をコントロールできるようになることです。曝露状況でも強迫観念や不快な感情が生じなくなり，強迫行為をしなくてすむようになることです。患者の主訴に沿って，患者自身がどうなりたいのかどうしたいのかを，その都度確かめながら治療が進められました。初めに入院治療ではなく外来治療と決めた時点から，患者の自己主張をどうすれば円滑に周囲に伝えられるかという構造で，心理的な援助が始まります。曝露反応妨害法のホームワークを報告するためにノートを用いたことで，まずは文章により自己主張や感情の動きがそこに記述されるようになり，強迫症状の治療が進むうちに，周囲とのコミュニケーションの方法を治療者から提案して試すという，アサーショントレーニングが自然と加わりました。元来の対人問題への対処行動に患者特有のパターンが認められ，それが強迫行為に走りやすい素地だとわかってきました（図8）。おおまかな行動分析ですが，

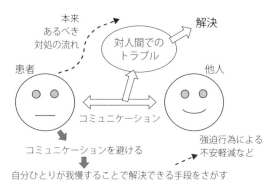

図8

この視点からは周囲とのコミュニケーションにおけるアサーションを治療に加えておけば，強迫症状の再発や増悪を予防しやすくなると考えられます。

Ⅵ 精神療法的介入の必要性

　強迫性障害の治療において「支持的精神療法」的で，心理的な援助が必要かと問われれば，「強迫症状の治療を進めやすくするために，そのとき必要な範囲内においては必要である」と答えます。回りくどいですが，あくまでもそれが強迫性障害の治療目標を促進すると行動分析できれば，必要だということです。もしもこの症例のように，心理的援助と目される家族面接や両親との葛藤処理への介入が，回避を助長し強迫症状を増悪させるのであれば，その時は必要ありません。それは治療のその時点で必要ないだけで，治療経過を見てもらえればわかるように，心理的援助に近いアサーショントレーニングが，強迫症状を改善してからおこなわれました。強迫症状の再発や増悪の予防のために必要だからです。「支持的精神療法」だから，これは「親切」な行為だから，いつでもどこでもおこなうべきだし必要である，となってしまうと問題なだけです。とくに強迫性障害のような精神疾患だと，強迫症状の出現頻度や程度が軽減して，生活障害が改善することを治療の中心におくべきだと思います（図9）。

　強迫性障害の治療には，認知行動療法の考え方と治療技法は不可欠です。行動分析による症状の把握も大事ですが，とくに曝露反応妨害法という治療技法

が習得できていて，臨床場面で使えることが必要です。道具としての治療技法の習得という問題です。私自身の経験に基づくのですが，曝露反応妨害法の使用に慣れておらず，どの程度の効果が期待できる技法なのか身についていなければ，すでに使い慣れて手癖のようになっている治療技法をつい乱用しがちです。とくに臨床場面で

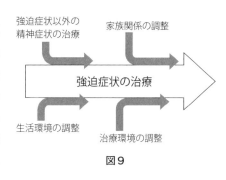

図9

追い詰められ，苦しくなった時ほどそうなります。精神科医の立場ですと薬物治療を乱用しがちですし，臨床心理士の立場ですと対人間葛藤を対話で処理させようとしがちです。「支持的精神療法」的なものにも同じような懸念があり，治療の対象も目標も含め治療をどうすればよいのかわからないから，とりあえず親切に心理的援助を続けているだけ，という臨床をよく見かけます。かつて一般の精神科外来で数年間にわたり，強迫症状自体への治療はおこなわれず，二次的抑うつの治療と心理的援助だけを受け続けていた症例を報告したことがあります（『強迫性障害治療のための身につける行動療法』共著。第5章）。強迫性障害の治療では，心理的援助だけ続けても強迫症状を治療しなければ改善は得られないと証明する一例でした。

「ミクロの行動分析」から「マクロの行動分析」に至る範囲で行動分析により症状や問題を把握して，治療の対象と目標を明確にし，ターゲット行動の出現頻度と強度がどう変化すれば目標の達成に近づくのか，具体的指標を設定して治療介入の結果を評価しながら治療を続けます。そのくり返しが認知行動療法なのです。当たり前の親切も，認知行動療法以外の治療技法と目される介入も，この刺激－反応の連鎖の中で指標の変動により評価され修正を受けます。

例えば精神療法の治療効果判定は，5年後10年後の患者がどれだけ豊かによりよく生きられているかで判断されるべきで，近視眼的に短期の目標設定で方針を変えるべきではないという意見も納得はできます。しかしそれならばまず，その患者を5年後10年後も同じ治療者が診療し続けているという前提が必要です。私が知る限り，転勤や転職もなくそういった仕事が可能となるのは

ベテランとなった後であり，若い初学者のうちはそのような機会には恵まれません。精神療法を学習し身につけるべき時期に1～2年のスパンで担当患者が入れ替わるのであれば，その現状に合わせた精神療法の効果判定が必要だと思います。それに適切な行動分析による治療目標が半年後1年後に達成できていれば，5年後10年後の社会適応や生活の質が良好でないなどということは，まずあり得ません。そもそも，その患者に対してどの精神療法の技法を用いるのか，どの治療介入を適切と判断するのか，評価して治療を始める必要があるわけです。その判定が5年後10年後にしかわからないのならば治療介入の手段を選択する余地はなくなり，妄信して始めるしかありません。この病気であればこの治療，というように機械的一律に選択できるほど精神疾患は個別差のない疾患ではありません。それは臨床で働いたことのあるみなさんが実感されている通りです。

　くり返し説明するように，強迫性障害という病気ですら，曝露反応妨害法という治療技法が必ずしも適応とはならないのです。個別に行動分析して治療目標を定め具体的指標で効果判定して，治療介入を修正していく必要があります。いつでもこの治療介入をしておけば間違いない，などという治療技法は認知行動療法にひとつもありません。

　幸いなことに強迫性障害は強迫症状の出現頻度や程度の軽減とか生活障害の改善などの指標により，治療的介入の結果が明確になりやすい疾患です。認知行動療法の学習に最適な疾患であるという主張は，そのあたりからも強調できます。強迫性障害の治療を通じて認知行動療法を身につけるのを，ぜひお勧めします。

Ⅶ　すべては認知行動療法になる

　認知行動療法以外の精神療法での治療技法も，あらゆる治療介入の手段が，行動分析の枠組みで，目標とする体験を学習させる方向に向かい活用されていけば，認知行動療法の一部だと呼べなくもありません。精神科の臨床には，日々なりふりかまわず治療としてできることは何でもするような，混沌としたところがあります。先述のようにさまざまな精神療法の立場や技法が混在していま

すし，中には薬物治療であるとか隔離抑制や電気けいれん療法のような化学的物理的な治療介入も存在しています。それら雑多な治療介入を交通整理して，どの治療目標に向けて何をどう改変することでどうなるのか，把握する役割として行動分析が役に立つと思うのです。臨床に存在するさまざまな問題を刺激－反応の連鎖で相関させた上で，どの治療介入がどの行動をどのように改変する作用を示し，刺激－反応の連鎖から次にどの行動がどのように変化するのか把握して，なおかつ，それらが治療の対象と目標に向かい作用するように調整します。曝露反応妨害法を用いてみたところ治療効果が不十分で，技法の適用の仕方を工夫するとか，他の治療技法を用いてみるというのと同じです。

　こう考えますと，行動分析に沿って治療の対象と目標を達成できるように学習をうながす治療介入は，すべて学習をうながす手段だと位置づけられます。曝露反応妨害法やオペラント技法などのような認知行動療法の治療技法と同じです。現在の精神科臨床では，向精神薬の使用はほぼ避けられません。しかし精神療法の立場から，薬物治療の役割をどう取り扱えばよいのか難しい印象がありました。そこで薬物治療もさまざまな精神療法の治療介入と同じく，認知行動療法の治療技法の仲間だと考えればどうでしょう。行動を改変する学習のための手段だと考えれば，無理なく認知行動療法の一部として有効に活用できそうです。そのあたりを次章で詳しく述べてみようと思います。

第6章 行動分析による薬物治療の位置づけ

I 向精神薬はなにをするか

1. 薬物治療の扱い

　現代の日本で精神科臨床をするには，向精神薬の存在を避けては通れません。しかし認知行動療法を含めて精神療法の立場からは，薬物治療の取り扱いに戸惑いが感じられます。向精神薬などそこに存在しないかのように，精神療法が語られることもあります。精神科医療の「薬漬け」が警告されるほどに向精神薬が日常化した精神科臨床で，薬物治療の意味や役割を精神療法の中にもしっかりと位置づけておく必要はあるはずです。

　臨床心理系の学会に参加した時に，薬物治療を用いた症例発表がひどく嫌われるのを見て愕然としました。精神療法の学会だから精神療法による治療介入の結果だけを評価し発表すべきだ，という考えもあるでしょう。私は精神科医という立場で臨床をするので，薬物治療も用いますし認知行動療法という精神療法もおこないます。実感として，まったく薬物治療の助けを借りずに問題が解決する症例はごく一部の軽症例だけです。薬物治療であろうが精神療法であろうが，実臨床では患者が治ればそれで良しなのです。

　それでも精神療法の立場からは薬物治療で問題が改善するという事実は無視されがちです。例えば薬物治療をおこなう主治医は別にいて，精神療法が同時進行された症例発表を聞いた時に，治療経過で薬物治療の変更が大きな転機になっていても，精神療法の立場から言及されることはほとんどありません。無視するつもりはないのかもしれませんが，薬物治療の結果を精神療法の文脈で捉え損ねている感じです。向精神薬が患者に何をしているのか，見ないように

してはいけないと思います。また，これまで精神療法の立場からどうやって薬物治療の結果を見ればよいのか，具体的手段にも欠けていたように思います。

　抗うつ薬に抗精神病薬，感情調整薬に抗不安薬，睡眠導入剤などさまざまな名称で分類される向精神薬が広く当たり前に用いられます。これら向精神薬と呼ばれる化学物質は，初期の抗精神病薬が麻酔薬開発から生まれた歴史を見てもわかるように，偶然の産物にすぎません。向精神薬になぜ治療効果があり，患者にどのような変化をもたらすのか，まだまだすべてが判明したわけではないのです。それに精神活動に作用する物質は，化学変化としてどういった変化が生じるのかは解明できても，個人の体験としてどのような変化が生じるのかは不確かで不明瞭すぎます。例えば，最も歴史が古く身近な精神作用物質のアルコールについて考えてみれば，それがどういうことかわかると思います。急性アルコール中毒をきたし昏睡が生じるレベルでの作用は誰にとっても共通ですが，適量を摂取した時には楽しい酒も悲しい酒もありますし，悪酔いする人も変わらない人もいます。個人の体験を変容させるレベルでの作用は個体差が大きく，飲酒する状態や環境の影響が大きいのです。精神作用物質である向精神薬にも同じ特徴が観察されます。個人の体験変容という点からは，作用が不確実で個体差が激しいのです。

　人類の歴史において，アルコールに始まり大麻やコカの葉など精神作用物質を個人で利用することは避けられてきたと読み解けます。伝統的社会では祭司であるとか治療目的など他者との関わりの中で，精神作用物質が引き起こす変化を共有しながら用いる配慮がされています。精神作用物質とはそれほど取り扱いが微妙なのでしょう。依存や乱用などの危険を回避すべく，社会的な安全弁が機能していたのだと想像されます。特定集団において精神作用物質が引き起こす変化の意味を共有すること，それがすなわち文化なのですが，その意味をまとうことで初めて安全に利用できたのです。精神作用物質とは，引き起こす体験の意味を共有して初めて有効に用いることができる厄介な代物であり，向精神薬もそんな精神作用物質の末裔です。

2．薬物治療での体験の共有

　精神科医が患者に向精神薬を用いる時に，精神作用物質が引き起こす体験の

意味を共有するとはどういうことでしょうか。例えば不安障害と診断した患者に，抗不安薬を用いるとします。近年にわかに悪者扱いされているベンゾアゼピン系の抗不安薬,エチゾラムやブロマゼパムなどをイメージしてください。抗不安薬という化学物質により，患者の中枢神経系を中心として何らかの変化が生じてはいます。しかしその変化が意味づけられて共有されなければ，患者の体験としては曖昧な変化にすぎません。意味のある体験とはなりにくいのです。抗不安薬を投与することで「不安が改善する」というのは具体的にどういう体験で，その体験により「不安障害」とされた問題のどこがどう変化していくのか，治療者と共有していく必要があります。

　不安障害の中で，広場恐怖症を伴うパニック障害に抗不安薬を用いたとします。抗不安薬によって特定場面で生じる動悸や息苦しさは軽減するかもしれませんが，消失することは難しいでしょう。抗不安薬を内服しただけでは，特定場面におもむく緊張感自体は軽減しないはずです。しかし，患者が「抗不安薬によって不安が改善する」とだけ説明されて投薬を受けたなら，どうなるでしょう。動悸や息苦しさが消失していないから，薬効が不足していると考えるかもしれません。特定場面での緊張感も薬で感じなくなるはずと思い込むかもしれません。

　一般的に広場恐怖を伴うパニック障害の治療には，広場恐怖の症状に対し適切な不安状況に曝露して馴化を生じさせる必要があります。ところがここで不安状況を回避する目的で抗不安薬を用いたなら，馴化が生じずにむしろ広場恐怖症は悪化してしまいます。パニック発作が起きることや外出することの恐怖感を和らげるために次々と抗不安薬を内服し続ければ，依存乱用を招いてしまいます。典型的な強迫性障害で，回避により強迫行為が増悪してしまうのと類似のメカニズムです。それでは抗不安薬を用いても，広場恐怖症を伴うパニック障害の治療とはなりません。抗不安薬には一時的な不安緊張の軽減作用しかないと理解させ，広場恐怖を生じる場面に対して曝露法による治療を導入しやすくするための手段として，薬物治療の役割を共有しておく必要があります。治療者と患者との間でそう意味づけ共有した上で，ようやく広場恐怖を伴うパニック障害に対して抗不安薬が治療効果を示すと考えられます。

　まず向精神薬によって生じた変化を患者の「体験」として意味づける必要が

あるのです。抗不安薬でしたら，投薬してからの数時間は不安緊張による自律神経反応が緩和されるという作用を示します。さらにその「体験」が患者の精神疾患においてどういう役割を果たすのかを位置づけます。広場恐怖症に対しては，抗不安薬により不安緊張を緩和し，曝露法に取り組みやすくさせる目的に用います。向精神薬による変化を精神疾患の治療という方向に利用できれば，ようやく薬物を用いた治療法として成立するのです。曝露法で広場恐怖症状を改善させていく治療の方向です。いちいち意味づけて共有せずとも，健康度の高い患者なら自分で意味づけて，疾患改善に向けて薬物治療の効果を適切に役立てられますが，すべての患者にそこまでの期待はできません。

　精神作用物質には，引き起こされる体験の意味づけと共有が必要です。向精神薬は単なる化学物質にすぎませんし，脳内の特定の化学変化の状態が精神疾患ではありません。どちらも本来は患者にとっての「体験」を表現する言葉であるはずです。

Ⅱ　認知行動療法に含まれる技術

　認知行動療法と呼ばれる技術体系には，思い切って大別すれば二通りの技術が含まれています。ひとつは対象を認識把握する技術であり，もうひとつが対象を変容する技術です（図1）。

　認知行動療法を用いた治療とは以下のように展開されます。精神症状を含む臨床に存在するさまざまな問題を，行動という単位でできるだけ具体的に把握し，その行動相互を刺激 − 反応の連鎖によって結びつけて理解します。これがご存知の行動分析です。その上で患者の主訴を中心に，なにがどうなればよいのかと，具体的な治療の対象と目標を定めていきます。治療目標を達成するために，どんな行動を学習する必要があるのか行動分析に基づき考察します。不適切な学習を修正するのか，不足している行動を獲得させるのか，過剰な不安反応を軽減するのか，必要となる学習を明らかにするのです。その結果に沿い学習に関する理論や治療技法を適用して，必要な学習を手助けします。ここで用いられる治療技法の代表格が，曝露反応妨害法やモデリングや認知再構成法などです。治療技法とは，学習に必要な体験をうながす手段で

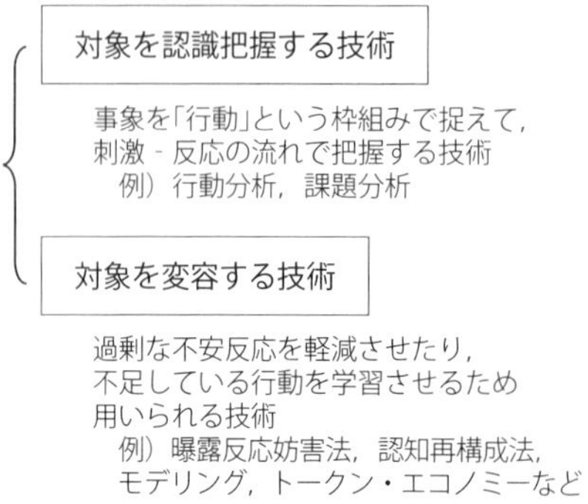

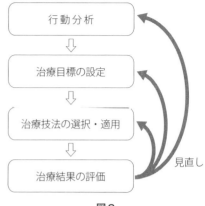

図1

図2

す。治療目標が達成できたかどうかはターゲット行動の出現頻度と強度により評価され，達成できていなければ，行動分析や選択された治療技法を見直していきます。認知行動療法による治療とは，ひたすらこのくり返しだと考えられます（図2）。

認知行動療法に関する最も多い誤解は，曝露反応妨害法なり認知再構成法などの治療技法だけを認知行動療法と思い込むことです。そのために曝露反応妨害法の適応かどうかに対して，「認知行動療法の適応であるかないか」という表現をしてしまいます。治療技法はそれ単体では単なる技法であり道具にすぎませんから，治療技法だけでは治療法として成立しません。行動分析により症状や問題を理解して治療の対象と目標を定め，必要に応じて治療技法が適用される経過を経て，初めて認知行動療法という治療法になります。行動分析がきちんとしていなければ症状や問題が理解できませんし，治療の対象と目標も定まりません。治療技法をどこにどう使うべきかわかりません。認知行動療法で大事なのは行動分析であるとくり返す意味はここにあります。

それでは薬物治療は認知行動療法の中で，どう位置づければよいのでしょうか。それこそ曝露反応妨害法や認知再構成法のような治療技法と同じく，対象を変容する技術に薬物治療も含まれるのだと考えられます。どういうことなのか，薬物治療が治療上重要な役割を果たした症例を呈示しながら説明してみます。

Ⅲ　症例呈示

1．症例のプロフィール
【症例】25歳女性，無職。
【主訴】「自分のすることすべて気になる」
【生活歴】
同胞3人第2子長女。発達歴発育歴上の問題指摘は記憶にありません。
高校卒業後ゴルフ場や工場に勤務しましたが，長続きしませんでした。
20歳で結婚し主婦となりましたが1年半で離婚しています。子どもはいません。23歳から今の彼氏とつきあい始め，実質夫婦に近い関係でうまくいっていますが，単身生活です。
【現病歴】
20歳頃に近所に変質者が出没する事件があり，一時的に戸締まりや外出に対して強迫的になりましたが，自然軽快しました。
24歳頃からとくにきっかけなく戸締まりの確認が増えました。
「怖い人や変な人が忍び込むのでは」という強迫観念から，次第に一人での外出ができなくなりました。不安のため，動作の区切りで手を洗わないと落ち着かず，手洗いを縁起のいい数の倍数くり返す儀式行為が頻回となりました。
さらに受診の半年程前ですが，洗濯物に赤い小さな虫がついたことから「虫がついて病気になるのではないか」と心配になり，洗濯物を外に干せなくなります。更衣のたびに虫が付いてないか確認し始めました。彼氏を強迫行為に巻き込み，洗濯を代行してもらうようになります。着られる洋服は限定されてしまい，化粧もほとんどできなくなりました。
1週間分の日課表を作成して，その通りに過ごさないと不安で落ち着かないなど，生活障害は次第に拡大したため，彼氏が治療先を調べて当科受診しました。

2．治療経過
【治療1カ月目】
初診時すでに，患者なりに戸締まり回数を1回に我慢するなど，認知行動療

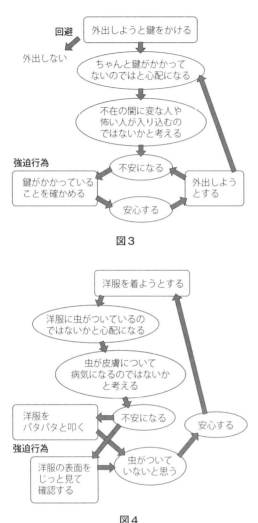

図3

図4

法的なアプローチに手応えを感じていました。強迫症状に関して治療ガイドを導入して心理教育をおこないました。中止しても我慢できると言うので，初診時すぐに日課表の作成は止めてもらいました。

　この症例の強迫症状に関して，行動分析は図のようになります（図3，図4）。強迫観念は大きく2通り「変質者が自宅に忍び込むのではないか」（図3）．と「虫が皮膚についてなにか病気になるのではないか」（図4）．という内容です。

　行動分析からわかるように，不安が介在した強迫症状であり曝露反応妨害法を中心とした治療の適応と考えられます。それは初診時に患者が九州大学精神科行動療法研究室のホームページを見て戸締まりの回数を減らすなど，自分なりに曝露反応妨害法を試みて手応えを感じていたことからも裏づけられました。強迫行為をおこなわない方が，かえって楽だという実感も得られていました。

　まずはより取り組みやすい戸締まりに関する曝露反応妨害法の治療課題を始めながらハイラキー（不安階層表）を作成してもらいました。虫に関する強迫症状を含めて，ハイラキー上でSUD（自覚的不安尺度）：40あたりまでは曝露反応妨害法の治療課題を徐々に克服できました。

同時にフルボキサミンによる薬物治療を開始し，治療2カ月目に入る頃には漸増して充分量の200 mg／日まで投与しています。

　この症例で気になったのは，元来あまり知的機能が高くないため混乱しやすく，その結果心細さや不安を感じやすいという点です。そのために一人暮らしとか変質者が出没したなど，

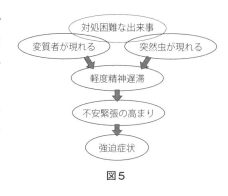

図5

不安緊張が高まりやすい状況から強迫観念が誘発されやすく，適応不全症状としての強迫症状という印象も受けました（図5）。それでも行動分析の結果からは曝露反応妨害法の適応と考えられたわけですし，実際の適用結果は有効でした。

【治療2カ月目】

　SUD：50程度までは克服できたのですが，虫に関する治療課題で曝露反応妨害法を試してみると難しかったのです。そのためハイラキーを組み直して治療を進めました。曝露反応妨害法により，徐々に強迫観念が出現しにくくなる治療効果は得られていました。ひさしぶりに美容室に出かけられるなど，生活障害も明らかに改善し始めました。

　曝露反応妨害法による治療は順調に思えましたが，とくに誘因なく「屋外の虫が気になる」訴えが増悪するなど，強迫観念の出現頻度や強度に動揺を認めるのは気になりました。不安緊張状態により強迫観念の出現が影響されるのではと留意しておきました。

【治療3カ月目〜4カ月目】

　「自分で洗濯をして室内に干す」「服を確認せずに着る」など徐々に治療課題を進められ，「虫が皮膚についてなにか病気になるのではないか」という強迫観念と不安も下がり始めました。部屋着のまま庭に出られるようになります。それまで外来受診時には洗いざらしたトレーナーしか着ていませんでしたが，おしゃれをして受診できるようになり，患者も嬉しそうでした。

【治療5カ月目】

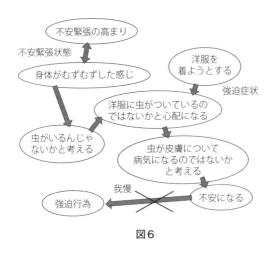

図6

自宅内に大きな虫が入ってくるというハプニングが起き，パニックとなりました。それから虫に関する強迫観念が生じやすくなり，ささいな刺激に動揺し混乱しやすい状態が続きました。それでも患者は強迫行為をしないように，曝露反応妨害法による治療課題を頑張ろうとしていました（図6）。

【治療6カ月目】

ハプニング以降は不安が増大しやすく混乱した状態で，新しい曝露反応妨害法の治療課題はとうてい不可能に思えました。しかしながら患者は強迫行為を我慢しようという努力を続けており，すでに改善した強迫症状は維持されていたので「部屋着のまま庭に出る」といった行動はできました。

病的な不安緊張状態を，フルボキサミンの増量で改善すべきかとも考えました。しかしフルボキサミンの投薬はすでに充分量であり，この上さらに増量しても効果が期待できるか不確実でした。ハプニングで一時的に不安緊張状態が増悪しているのですから，時間経過を待てば再び落ち着いて治療が再開できるのを期待しました。

しかしハプニングの数日後に，また虫が室内で見つかりパニックとなります。期待した不安緊張状態はなかなか下がりません。患者は虫に対して過敏になり「虫が皮膚について，なにか病気になるのではないか」という強迫観念が生じやすい状態が持続します。強迫観念が刺激となり不安緊張がくり返し高まる悪循環に陥り，自然経過だけでの改善は難しいと判断しました（図7）。曝露反応妨害法により強迫観念の出現を軽減させようにも治療に取り組ませられない状態です。

そこで薬物治療としてフルボキサミン200 mg／日に，アリピプラゾール12

mg／日を追加処方しました。

【治療7カ月目】
　まったく強迫行為をせずに服が着られるようになるなど，強迫症状に関して劇的な改善がみられました。それでもまだ生活の端々に強迫行為は認めたので，曝露反応妨害法による治療課題を再開しました。庭に洗濯物を干せるようになり，たとえ現実に虫が出てきても気にならなくなりました。

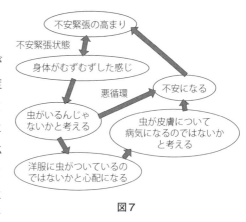

図7

　患者の勘違いでフルボキサミン 100 mg／日とアルピプラゾール 6 mg／日という少なめの投与量で内服していたと判明しましたが，治療効果は維持されており，そのままの投与量を続けました。さらに途中から患者が薬物治療を自己中断しましたが変化ありませんでした。薬物治療中止後2週間以上経過を見ましたが，改善は維持されていました。彼氏からの客観的評価でも症状改善は確かなものでした。

【治療8カ月目】
　経過観察のために薬物治療中止後約1カ月で来院してもらいました。
　強迫症状は改善したままです。たとえ室内に虫が出ても，邪魔なら殺すし見失っても気にせず放っておくという自然な対処が取れていました。洗濯物をまったく抵抗なく屋外に干すことができています。
　強迫症状の成り立ちと増悪のメカニズムに関して理解できており，もしも強迫症状再燃などの変化があれば連絡するよう伝えた上で，いったん治療終結しました。

【治療20カ月目】
　終結後約10カ月経過した頃，バッタが飛んでくるハプニングと，隣の家に痴漢が出没する騒ぎが重なりました。それからまた「虫がついて病気になるのではないか」という強迫観念が浮かぶようになり，服を払わないと家の中に入れないなどの強迫行為が出現してきました。

今回は強迫行為をしないように自ら心がけたため，以前ほど強迫症状が悪化していません。それでも強迫観念が浮かぶことがおさまらず苦痛であると連絡があり，終結後約1年で再診となりました。

フルボキサミン100 mg／日にアルピプラゾール6 mg／日で薬物治療を再開し，強迫観念の出現や病的不安緊張は軽減しました。同時に曝露反応妨害法による治療も再開しました。今回の症状改善は早く，治療再開後1カ月強で虫のことはまったく気にならなくなり，強迫行為も認められなくなりました。親族の仕事を手伝い始めるなど，生活適応も良好です。

結局フルボキサミンは中止し，アルピプラゾール6 mg/日のみでの薬物治療を継続してみましたが，強迫症状は軽快したままでした。維持治療としての薬物治療は3カ月ほど続けましたが，患者の希望が強く再び内服を中断して経過をみることになりました。なにか気になることが起きても強迫行為に頼らないという対処が学習されており，強迫観念までは生じずに経過しました。さらに半年ほど経過報告にだけは来てもらいましたが，強迫症状は軽快したままでした。そのため2回目の治療終結となりました。

その後3年ほど経過していますが患者の再診はありません。実は患者の知人が別の疾患で当科通院中であり，その人から時々患者が元気に過ごしていると無事の確認をさせてもらいます。

3．本症例での薬物治療に関する考察

治療初期にSSRIであるフルボキサミンで薬物治療を平行したのは，教科書に「強迫性障害にはSSRIが有効である」と書かれている通りですが，それでは漠然としすぎています。SSRIという不安の軽減作用が期待できる薬物に，病的不安を軽減させて強迫観念が生じにくくなる効果を期待して用いました。

行動分析から曝露反応妨害法の適応となる強迫性障害（図3，図4）でも，あまりにも病的不安が強すぎて，周囲の何が刺激になっているのかわからないほど過敏に反応していれば，まず薬物治療や物理的な刺激統制により，先行刺激が弁別できる程度に不安を軽減させる必要があります。この症例では特定の先行刺激状況である「外出しようとする」とか，「たたんでおいた服を着ようとする」などの行動がなければ強迫観念は生じないように見えたので，薬物治

療を用いず治療することもできたと思います。患者が薬物治療を拒否したなら，それも考えたかもしれません。ただし先述したように軽度精神遅滞の適応不全症状という側面がありそうで，トラブルや生活上の問題が生じ不安緊張が高まりやすいことが懸念されました（図5）。前もって薬物治療で全体の不安緊張を下げておけば，今後何か起きても不安緊張が高まり強迫症状が増悪するのを予防できると予測しました。それに初診時あまりにもビクビクした状態が目立つので，曝露反応妨害法を続けるのにも不安緊張を下げておかないと難しいのではないかと心配したのです。

曝露反応妨害法という治療技法が有効なことは，行動分析から予測できました。実際に適用した結果も有効でした。曝露反応妨害法の結果，それまでできなくなっていた生活行動（例えば美容室に行くとか，化粧をして外出するなど）が可能となります。彼氏からの客観的評価でも症状改善は裏づけられ，曝露反応妨害法を中心とした治療は有効だと評価できました。

このまま曝露反応妨害法を用いることで，治療目標は達成されると考えましたが，治療5カ月目のハプニングによって一変してしまいます。大きな虫が室内に侵入するエピソードから，病的な不安緊張状態が持続したのです。その影響を受けて，曝露時の不安が時間経過で上手く減弱しなくなりました。馴化が生じにくいので曝露反応妨害法が進めにくい状態に陥ります。同時に，フルボキサミン充分量の投与が強迫症状の増悪を防げるのではないか，という予測が裏切られたことも意味しました。

ではこの時期は，常に不安緊張状態が持続しているのかといえば，そうでもないのです。ハプニング以後でも庭にプチトマトを育て始めるなど，生活の様子からさほど不安緊張が高まっていない時間帯もあるとうかがえます。ハプニング以降も不安緊張が高まるのは強迫観念が出現するからで，病的な不安緊張が持続していたからではないと観察されました。そこで全体的な不安緊張状態を下げるよりも，強迫観念の出現を選択的に軽減すればよいのではないかと考えます。しかし，これまで通り曝露反応妨害法という治療技法で強迫観念の出現を軽減させることには，限界が生じていたのです。

そこでアリピプラゾールでの薬物治療を試すことを考えました。アリピプラゾールというのは統合失調症の治療薬として開発され，双極性障害や難治性う

つ病などさまざまな適応を示す薬物ですが，強迫性障害に対するエビデンスはまだ確立していません。症例報告のレベルでは難治性の強迫性障害に対する有効例が多数報告されています。個人的な意見としてもアリピプラゾールには強迫観念やフラッシュバック体験などのような，突発性の思考行動の出現を減弱させる効果があると考えます。フルボキサミンなどのSSRIは，不安を軽減させることで強迫観念の出現を減弱させるのに対し，アリピプラゾールは強迫観念という思考行動そのものの出現を減弱させる印象があります。この症例での薬物治療の変更は実に有効でした。その後の経過から考えるとフルボキサミンにアリピプラゾールを追加したから有効なのではなく，アリピプラゾール単剤でも有効だと評価できます。

　患者の場合，不安緊張状態が高まることで強迫観念が出現しやすくなり，強迫観念によりまた不安緊張が高まる悪循環に陥っていました。強迫行為により強迫観念の出現は維持増悪されてはいますが，強迫観念によらずとも不安緊張状態が高まる状況であれば，それだけで強迫観念の出現は増悪します。強迫観念に伴う不安は曝露反応妨害法により軽減できるのですが，病的な不安緊張状態が高まったままだと曝露後の馴化が生じにくくて，曝露反応妨害法の効果が得られにくくなっています。曝露反応妨害法だけでは，これ以上に強迫観念の出現と不安を軽減させるのが難しい状況です。病的な不安緊張状態を軽減させようとSSRIの充分量投薬を受けながらも，ハプニング以降はたやすく不安緊張が高まりやすく強迫観念が出現しやすい状態に陥っています。先述のように悪循環の状況であり，それを打破するには曝露反応妨害法による治療だけでは不充分で，強迫観念が出現しにくい変化を生じさせる必要がありました。そこにアリピプラゾールを用いた薬物治療が有効であったと考えられます（図8）。

　強迫症状の行動分析を患者と共有し曝露反応妨害法による治療がおこなえていなければ，本症例のようにスムースな治療の流れにはならなかったと思います。患者が曝露反応妨害法の有効性や対処を身につけていたから，症状増悪時や再発時にある程度以上の悪化が防げたのです。治療終結に至りやすいのもそのためで，自己治療としての対処能力が高まっていたからです。なにより患者の症状や特徴をきちんと行動分析して，曝露反応妨害法による治療結果を評価していたから，その上で何が必要でどうなれば問題が解決できそうなのか考え

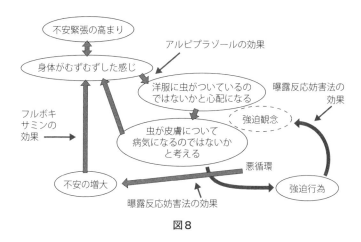

図8

られるのです。必要な行動の改変をおこなうために，治療手段として曝露反応妨害法だけで不充分ならば，他にどのような治療介入が必要で可能性があるのか探ります。その手段として，薬物治療がどの刺激−反応に作用しどの行動をどう改変できるのか期待した上で，用いています。行動分析という枠組みで初めて薬物治療の作用や効果が判定評価できたのだと思います。

Ⅳ　認知行動療法での薬物治療の意味，位置づけ

　症例呈示からわかってもらえたと思いますが，こんな風に考えながらその都度患者の症状や問題を行動分析し，薬物治療でどの行動をどう変容させようという目的で治療をしています。認知行動療法において薬物治療を用いる場合に，「強迫性障害を治療する」とか「うつ病を改善させる」などという大雑把な治療対象や目標のために用いることはしません。ある特定の行動を増加させたり減少させたり具体的な目標を立て，そのためにはどこの部分をどう変容すればよいのかと行動分析に基づいて考え，必要となる変化を期待して薬物治療をおこないます。薬物治療の結果は治療目標の達成によって評価され，達成度合いはターゲット行動の出現頻度や強度で把握されます。治療目標が達成されなければ，他の薬物治療を用いてみるのか，行動分析そのものを修正していくのか，対応はさまざまです。

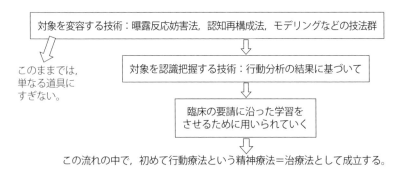

図9

例えば先の症例だと，フルボキサミンという薬物を，全体的な不安緊張を下げて曝露反応妨害法を利用した学習を進めやすくするため用いています。同時に不安緊張が高まる出来事から病的不安緊張状態に陥り，強迫観念の出現が増悪するのを予防するためにも用いています。曝露反応妨害法は順調におこなえましたから前者の目標は達成できましたが，実際のハプニング時に後者の目標は達成できませんでした。そこで「不安緊張状態を軽減させても，強迫観念の出現は防止できないのではないか」と行動分析に修正を加え，薬物治療としてアリピプラゾールを用いて強迫観念の出現自体を軽減させました（図8）。薬物治療が作用する刺激 – 反応の連鎖を決めて，対象とするターゲット行動がどうなることを目標にするのかと考えています。そして治療目標の達成度を設定した指標で評価して，目標達成できなければ別の薬物治療を考えたり，行動分析を修正したりしているのです。

　こう見ていくと，認知行動療法において曝露反応妨害法などの治療技法と非常によく似た役割を，薬物治療が果たしているとわかります（図1）。治療技法がそれ単体では道具にすぎず，行動分析に基づき治療目標に向けて用いられ初めて認知行動療法という治療法として成立するのと同じです。行動分析に基づき治療目標に向けた特定の行動変容のために薬物治療を用いて，初めて治療法になります。薬物治療も行動療法の治療技法も，治療において必要な学習をおこなうための道具にすぎないと位置づけられます（図9）。

　疾患によって，さらには行動分析ごとに，向精神薬に期待される役割が異なります。先に挙げたアリピプラゾールだと，強迫性障害に対しては強迫観念の

出現頻度と強度を減弱する役割ですが，本来の統合失調症に対してであれば幻覚妄想体験の軽減ですし，難治性うつ病に対してなら意欲や興味の向上という役割を果たします。同じひとつの向精神薬が，マルチに活用できる治療技法のような役割を果たしています。おそらく精神疾患ごとに障害された脳機能のパターンが異なり，向精神薬という化学物質の作用が異なることで生じる患者の体験も異なるのだと思います。化学的な変化ではなく，患者に生じた体験を把握できなければいけないのですが，薬理学的な知識では個別な体験は追えません。そこで，患者ごとに異なる体験のパターンを把握する手段として行動分析が役に立ちそうです。薬物で生じる体験が，どの刺激−反応の連鎖にどのような変化をもたらすのか，疾患別さらには患者別に異なる薬物治療の効果を把握できるかもしれません。

V　精神療法と薬物療法

　行動分析に基づき，治療のため必要な行動を学習させる目的で，薬物治療による体験の変化を行動分析に組み込みながら，治療技法とともに適用していくのが，認知行動療法における薬物治療の用い方です。
　外科治療になぞらえてみるとわかりやすいかもしれません。いくらよく切れるメスがあろうと巧みな縫合技術があろうと，それだけでは治療法として成立していません。医学知識に基づき，どの部位をどう切開してどう縫合することでどういった結果が生じるのかに沿い，適切な場所を切開縫合することで初めて外科治療という治療法として成立します。素人がいくらよい道具を持っても外科治療はできませんし，知識と経験があってもまったく道具がなければこれまた外科治療はできません。同じく医療行為なのですから，精神科治療も外科治療と根本的には違わないと思うのです。治療技法や薬物治療は，認知行動療法においてこのメスや縫合技術に相当すると考えてはいかがでしょう。行動分析により病気の成り立ちがどうなっていて，どこがどうなれば改善するのかと把握した上で，必要に応じて適切に治療技法や薬物治療を用いれば，初めて治療として成立すると考えられます。
　もともと精神科医は薬物治療をおこなう場合に，向精神薬が引き起こす変化

を患者の体験として，精神療法的な文脈の中で捉えていました。精神療法を学んだことがないと自認する精神科医であっても，精神科診断や精神医学用語の中に精神療法文化の名残が存在していますから，自ずと患者の体験に精神療法的な意味づけをしています。例えば患者に喪失体験が生じたとして，喪失した対象を自分の中に内在化して昇華していく過程で生じる体験という意味を「抑うつ状態」が持っていたりします。抗うつ薬が作用するというのは，喪失対象をどう意識化して対象化するのかという流れと無関係ではありません。そこでは「抑うつ気分」とはいかなる体験で，それが改善するとはこれまたどのような体験なのかと考えざるを得ないのです。患者の生活史の中で，その精神疾患なり症状の意味を問い，治療の意味を問うのです。

　薬物治療もそういう精神療法的な文脈の中で用いられていたのですが，残念ながら複雑すぎたためか，いつの間にかチェックリストの点数などで片付ける風潮が出てきました。テストの点数が何点以上なら「うつ病」で，何点以下になれば良くなったなどという捉え方です。Ⅰでも述べましたように，向精神薬とは文化的な意味づけを得て初めて有効に機能するのですから，薬物治療による体験変容はそれ単体では治療法とはならず，精神療法という意味づけをまとい目的を得て初めて治療法として成立するのです。精神科医ではない医師が向精神薬を処方すると，何が目的でその処方がされ，その効果がどう評価されたのかがあいまいで，状態悪化や薬物乱用などの問題が生じやすい印象です。ちなみに精神療法的なトレーニングの浅い精神科医でも，類似の問題が生じがちです。つまり，精神療法という意味づけのない薬物治療は治療法として成立し得ない，という事実が透けて見えているのだと思います。

　第3章を中心に第5章でも触れた通りですが，患者の抱える問題や症状を行動分析する過程そのものが精神療法的な効果を持ち，行動分析に沿い治療技法を適用していくことで認知行動療法という精神療法が機能していきます。それでは，行動分析に沿って薬物治療を適用すれば，薬物治療も認知行動療法という精神療法として機能するはずです。つまり薬物治療を認知行動療法として用いることができるということです。このあたりを次の章で，実際の症例でどのようにして薬物治療を治療技法のように用いるのか，紹介してみたいと思います。

第7章 薬物治療を認知行動療法として用いる

I 薬物治療のための「心理教育」

　あなたの何かがおかしくて，それはこれまで経験したことがないものです。夜も眠れず仕事も手につかず，わけがわかりません。病院に何カ所も相談しても，とくに異常は見当たりません。困り果てて精神科を紹介されました。精神科の先生は，あなたの話と症状をうんうんとよく聞いてくれて，「あなたはうつ病ですよ」と診断して「この薬を飲んでください」と処方してくれました。そこであなたは，なんの抵抗もなくその薬が飲めるでしょうか。

　「ああそうですかこれでよくなる」とポンと薬を飲む方が，冷静に考えればおかしいのです。何だかよくわからない体験が急に「うつ病」だと言われても，そのうえさらに精神科の薬など飲めばもっとひどくなるのではないかと，心配するのが普通です。だって脳に作用する薬なんて恐ろしいではないですか。例えば先生から，「不眠や食欲の低下はうつ病の症状で，同じくうつ病の症状として意欲低下や抑うつ気分が生じているから仕事ができないのです」と診断が伝えられ，「うつ病というのは脳神経におけるセロトニンの分泌と調整が上手くいっていないので，セロトニンを増やして脳機能を調整する薬で治療します」と薬物治療の説明があるかもしれません。しかし生まれて初めて精神疾患という体験をして，これから向精神薬による治療に臨む患者の立場からすれば，まだまだピンと来ません。患者の生活における体験のどこがどう「うつ病」なのか，例えば患者が今朝目覚めて病院に来るまでの振る舞いや思考のどの部分が「うつ病」で，抗うつ薬でその「セロトニン」とやらが整えばどのように改善するのか，日常的な表現で具体的に示されて初めて理解できると思うのです。一般

論としての説明は，類似の患者を複数診ている医療者には理解できても，疾患を初めて体験する患者には理解できないでしょう。

ですからそこに「心理教育」が必要だと考えられています。罹患している疾患がどのような性質を持つのか患者に理解できるように説明し，その上で治療法についても理解納得させた上で治療介入するプロセスです。服薬コンプライアンスやアドヒアランスと呼ばれ，患者の受療態度が向上すると期待されます。そのはずですが「心理教育」の手段はあまり具体的ではなく，その効果の評価軸もあいまいです。私が見るところ現状の心理教育は，一般論としての疾患説明に終始しているように思えます。先述のように，うつ病患者に対してはうつ病の特徴性質を挙げてセロトニン仮説に基づき薬物治療を説くような手段です。ですから「心理教育」がなされたはずの患者でも，自分のどこがどうあるのが病気でどうなれば治るのか，具体的に把握しきれていません。患者自身の言葉で疾患体験や治療体験を説明できる人はまれです。薬物などの治療効果を患者が適切に自己判断できませんからドロップアウトしますし，治療もでたらめになってしまいがちです。患者がそれまで体験してきた日常生活の延長線上に疾患体験が意味づけられ，その先にあるものとして薬物治療による改善の体験が必要なのだと思います。

そこで認知行動療法では「精神疾患」という患者の体験を刺激－反応の連鎖でまとめあげ，行動分析という意味を持たせます。行動分析に基づき治療目標を定め，ターゲット行動の出現頻度や強度を変化させるために治療技法や薬物治療を用います。これらはくり返し述べてきた通りです。患者が体験している何をどう変化させるために薬物治療を役立たせるのか，行動分析を通じて患者も理解できるようになります。薬物治療に患者の体験としての意味が持たされます。体験というのはセロトニンやドーパミンの伝達ではなく，日常生活における変化です。行動分析を経た治療体験により，薬物治療や病院受診をどんな時にどのような状態で活用すべきなのか，患者が主体的に判断できるようになります。第6章で呈示した症例などまさしくその通りの経過です。そうなって初めて「心理教育」がなされたと呼ぶべきだと思います。

薬物治療に患者の体験としての意味を持たせるには，行動分析を用いて具体的な治療対象と目標を定め，かつ治療介入の結果を明確にしながら患者ととも

に治療していくのです。それでは具体的にどのような手順なのか，実際の症例での治療経過に沿って，認知行動療法の一部としての薬物治療を述べてみます。

Ⅱ　症例呈示

1．症例のプロフィール

　私が治療を担当するまで，20年近い治療経過がありながら診断評価も定まらず複雑で，かつ疾患による生活障害から社会適応は不良でした。もともとがどのような症例であったのか，以下に呈示します。

【症例】当科初診時30歳，男性。
【治療歴】
12歳～16歳：大学病院心療内科
16歳～21歳：公立病院心療内科
21歳～22歳：Aクリニック（精神科）
23歳～29歳：Bクリニック（精神科）
30歳～：当科
【家族歴】
同胞2人の第2子次男ですが，家族構成員すべてに精神科受療歴があります。
父親：「パニック障害」にて数年来通院中。
母親：「全般性不安障害」にてクリニックを転々としながら現在も通院中。
兄：16歳頃から「統合失調症」にて治療歴がありますが，治療は中断したまま現在は結婚就職しており，社会適応は良好です。
【当科紹介時に得られた現病歴】
　12歳の中学受験時に食事が入らなくなり，小児科に入院しました。小児科では身体的異常は認められず，るい痩が目立つために心療内科に紹介されます。「摂食障害」を認めるということで心療内科での治療が開始されました。心療内科では入院治療を何度か挟みながらフォローが継続されます。
　しかし中学校では不登校傾向が続き，摂食状況も不安定でした。
　学校でのイジメをきっかけに15歳から希死念慮が出現し始め，学校は完全に不登校となります。希死念慮は認めても大量服薬は嘔吐恐怖のためにできな

かったそうですが，未遂ながら首つりを企図していた時期もあります。

16歳で通信制高校に進学し，心療内科主治医から「パニック障害」としての治療を勧められ，入院中に自律訓練法等を受け始めました。

患者から希望して，パニック障害の治療が専門という公立病院心療内科に転院します。公立病院心療内科では何度かうつ状態で入院治療も受けますが，大学検定を受けて合格し，18歳〜19歳と大学進学して単身生活をしています。しかし大学は約1年で中退してしまい，フリーター生活を経て21歳で専門学校に進学します。

急に母親が患者の処方薬が多いことを心配して，当時自分が通院中であったAクリニックに患者を転院させました。21歳から精神科であるAクリニックで外来フォローされ始めます。Aクリニックの主治医が記載した患者の評価は「突発的なパニック発作は認めず，予期不安および人前での嘔吐恐怖が強く，時々は焦燥感をともなう抑うつ状態を呈する」「母親に対しては両価的で性格的な未熟さを認める」という内容でした。Aクリニックでの治療経過は変動がありましたがあまり良好ではなく，治らないことへの患者の不安が増大した結果，本人の希望で転院します。

22歳でBクリニックという精神科クリニックへ転院しました。Bクリニック転院後は「抑うつ状態」よりも「脱抑制的な軽躁状態」が存在することに着目されて薬物療法がおこなわれます。専門学校は予定通り2年で卒業しましたが，以降は1年サイクルで仕事を転々としており，「抑うつ状態」になるとパニック状態に陥り，予期不安も強くなるなど，病状は不安定でした。

何度目かの仕事を辞めた後，障害年金受給を主治医から勧められ，同クリニックの精神科デイケアに参加し始めました。ごく一般的な精神科デイケアでしたのでレベル的に患者には馴染みませんでしたが，そのことを主治医に相談すると「あなたは精神科の患者を差別するのか」と説諭されたため，仕方なく休みながらもデイケアを続けていました。

クリニック側の事情で主治医不在が増え始めて，不安がさらに増悪しました。2年近く主治医交代が続く中で，「抑うつ状態」で不眠と過眠をくり返すなど睡眠リズムも不安定となり情緒不安定であるために，本人から転院希望に至ります。

30歳で当科へ転院されました。

【主訴】「どうすればよいのかわからない」「派遣みたいな形でも長く働きながら生活したい」

【当科初診時精神現症】

年齢相応で落ち着いて話し，情緒的な交流も自然に感じられます。「抑うつ状態」では希死念慮も認めたそうですが，現在は落ち着いており希死念慮も認めません。異常体験は認められません。疎通性良好できちんと自分の希望を述べることができるなど，言語化能力はしっかりしていました。疾患に関連した心配の内容も過度ではなく現実的で，認知の歪みもさほど感じられません。

2．本症例の特徴

以上が，認知行動療法による治療を開始する前に得られた情報でした。みなさんもおそらく，自分ならばこのように考えて治療介入を試みるという戦略がいくつか思い浮かぶのではないでしょうか。

本症例にはいくつかの特徴が認められました。主に以下の3点です。

1）家族負因が強い

遺伝的な負因も高そうですが，両親が不仲で家庭内の緊張が強く生育環境としての問題も大きそうでした。父親は回避的でほとんど患者に関わろうとせず，一方で母親は自分の不安や思いつきに行動が左右されすぎる人であり，充分に機能するキーパーソンに欠けていました。

2）発病が思春期前と人生早期である

そのために病歴や治療歴と生活歴が混然一体となっている印象です。疾患の症状が患者の生活の一部になってしまっており，どこまでが病気によるものでどこまでが学習不全による問題か判然としません。これまでの治療体験からは，患者自身も何が自分の病気でどこまでが性格なのか，区別できていない印象でした。

3）医療機関を転々としている

治療関係が不安定で転々としているとまでは言えませんが，逆に年余で通院していた医療機関に対して，あるタイミングで自分から転院を申し出ています。添書によると「自分の発言が気に入らなかったために転医希望した」と主治医

から解釈されていました。初診時の精神現象では情緒的に安定していて被害的な認知など認めませんが，もしかすると経過が長くなれば私に対しても同様に「気に入らなかった」という反応が生じるのかもと想像しました。それが何によるものか，対人関係における不安定さなのか他の要因なのか，保留ではありますが頭にとどめておく必要がありそうです。

3．医療機関における診断評価

精神科や心理系の専門性が高い医療機関で，これまで長く加療されています。それぞれの医療機関でさまざまな診断や評価がなされてきました。10代における心療内科での診療情報は不充分なので想像で埋める必要がありましたが，それぞれに以下のように考えていたと思われます。

1）大学病院心療内科

診断：摂食障害

病歴上でも現症としても，やせ願望や摂食行為に対する恐怖感などはまったく認められません。ですから診断学上厳密には「摂食障害」ではないのですが，身体科的な器質因を認めない摂食困難には習慣的に「摂食障害」という診断が用いられるので，あながち誤診とも言いかねます。食行動以外にも不登校や希死念慮などさまざまな問題を認めたようですから，「摂食障害」以外の診断もなされていたのではないかと思います。

2）公立病院心療内科

診断：パニック障害

当時の主治医から「パニック障害」だと言われ専門治療を受けようと転医していますから，診断はなされたようです。しかし先行刺激なしでのパニック発作の出現はなく，特定の場面回避や広場恐怖症状も認めたようには思えません。もしかすると，抑うつなど感情障害においてパニック発作類似の状態が出現していたのかもしれません。これもまた習慣的に，エピソード性に激しい不安焦燥感を呈する病像には「パニック障害」という診断が用いられますから，そういったレベルでの診断であったのかもしれません。

3）Aクリニック

診断：①気分変調性障害　②広場恐怖を伴うパニック障害

ここでの診断は，情報提供書での記録が存在しますから確実です。おそらく①は「気分変調症」のことだと思われます。感情障害類似だけれども，明らかなうつ病の診断までは満たしそうにはなく慢性持続経過している，と説明したいのだと推察します。もしかすると明確に「気分変調症」とも呼びかねる印象が「気分変調性障害」という病名を作らせたのかもしれず，母親との関係など心理的な側面を強調したかったのかもしれません。ここでは「広場恐怖を伴う」と明記されているのですが，予期不安や人前での嘔吐恐怖により日常生活が障害されていたという記憶は患者にはありません。パニック発作は出現していないと主治医の記録にもあるので「パニック障害」という診断にも違和感があります。患者に記憶がないだけで，当時は広場恐怖症状が存在したのかもしれません。しかし一時的出現で自然軽快しているのであれば，本当にパニック障害に広場恐怖症状を合併していたのか多少の疑問が残ります。

4）Bクリニック
診断：①気分障害　②パニック障害
　ここでの診断も情報提供書からの転記です。躁うつ病やうつ病とは診断しかねるけれども類似の症状を認めるから，「感情（気分）障害」というおおまかな診断を用いたのではないかと推測しました。双極Ⅱ型障害のようなうつ病であれば「反復性うつ病」なり「躁うつ病」と表記するはずです。第2章で触れましたが，うつ病に類似しているのだけれども経過や特性に戸惑いを感じる時によく「抑うつ状態」とか「抑うつ神経症」といった診断を臨床医は用います。精神科診断の枠で上手く表現する手段が他に見当たらないからだと思います。診断学的にその用語を用いるのが適切というよりも，違和感の表明だと捉えればよいのです。前医から「パニック障害」という診断は引き継がれますが「広場恐怖を伴う」とはなされず，添書記載にも広場恐怖症状は見当たりません。Aクリニックからの「広場恐怖を伴う」という情報を踏まえた上で広場恐怖症状の記載がないということは，やはり症状が一時的一過性であった可能性があります。パニック障害と見なされる症状は継続しているのに，広場恐怖症状だけが軽快するというのも不思議に思えます。

　以上のどの診断も間違ってはいないのでしょうが，患者の問題や疾患が把握できたという実感からはほど遠いものです。ある時期に「摂食障害」であった

患者が「パニック障害」になり，さらに「気分変調症」や「感情障害」になりながら「広場恐怖症」が出現したり軽快したりということでしょうか。操作的診断を誤用すると，ある時期ある瞬間にバラバラな診断評価をなされた患者になってしまいます。はたして「摂食障害」とみなされた問題は，「パニック障害」と診断された時点では軽快していたのか持続していたのか増悪していたのか，「気分変調症」や「感情障害」は「パニック障害」と独立して存在する問題なのか，いろいろとわからなくなります。この20年近い経過の中で精神科医療から離れた時期はありませんから，なんらかの問題は持続していたのでしょう。患者が抱えている問題がその都度まったくの別物に変質してきたと考えて，「摂食障害」「パニック障害」「気分変調症」「感情障害」「広場恐怖症」という精神疾患が偶然に途切れなく患者に襲いかかったというのは無理があります。患者が抱える問題は同一でありながら，関わる医療者の判断により診断が異なるということでしょうか。しかし，そこまで専門職の観察が異なるとも思えません。同じ問題や症状に対して別々の解釈をしたというよりも，その時期や状況で前景に現れた症状や問題群に着目した結果が，診断評価の異なりを招いたのではないでしょうか。

　第2章で述べましたが，一般の精神科診断では精神症状群をグルーピングすることで症候群としての精神科診断を成立させる傾向があります（図1）。本症例のように複雑で多数の問題や症状群が認められる場合には，精神科診断のばらつきや変動を招きやすくなります。それならば数えられる限りの診断を列記すればよろしいのかと言えば，診断名が増えて複雑になるばかりで，問題の把握や解決からは遠ざかるのが関の山です。

　そこで有効だと思われるのが，行動分析による対象の把握です。本症例のように複雑な症状群や問題に対して行動分析を用いた整理をしていくのです。

Ⅲ　行動分析を始める

　病歴という形での患者の体験を訊き直します。診療情報提供の病歴には不足していた，症状群や問題相互の結びつきを明らかにしていくためです。患者の体験した問題や症状群相互にある刺激−反応の結びつきを訊きながら，行動分

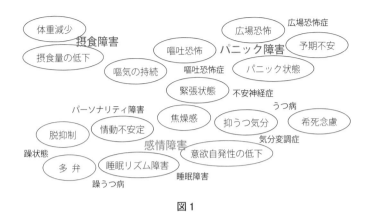

図1

析していきます。体験の訊き方としては，第5章で強調したように患者にとっての思考体験を重視するよう意識しておきます。

以下がそのようにして聴取した本症例の病歴です。

1．行動分析のための病歴補足

これまで実際に嘔吐したのは，小学校低学年か幼少時期に風邪で寝込んでいた時に1回だけしか患者の記憶にはありません。嘔吐したら嫌だと気にする回避傾向がありはしますが，そのために行きたい場所に行けないとかやりたいことができないといった生活上の困難はまったく感じたことはありません。

小学校進学後1年生から，毎年4～5月に食事がのどを通らない症状が出現しては夏頃に改善することをくり返していました。新しい環境や状況の変化で，食事が入らなくなる状態は誘発されやすいようでした。

小学5年生から塾に通い勉強に没頭するようになり，成績もクラス1位となるなど向上して，周囲も期待するようになります。その頃からテストの時だけ手足が冷たくなり「パニック様」の状態になってしまい，テスト開始20分は動けなかった記憶があります。緊張してフリーズしたような状態です。ただしその時も動悸や過呼吸などの激しい自律神経症状をともなうパニック発作が出現してはおらず，先行刺激場面なしでパニック発作が出現したことは一度もありません。

小学6年生で中学受験を目指した時期に例年の4～5月よりもさらに食事が

入らなくなり，夏頃には33kgまで体重が落ちたので小児科に入院しました。小児科に入院しても食事は入らないままでしたので，摂食障害の疑いとして心療内科へ転院させられます。

ここからが精神科心療内科での医療化の始まりです。

12歳〜16歳まで，大学病院心療内科で治療を受け入退院をくり返しました。

中学受験には結局失敗して，食事の入りはあまり回復しないまま経過しました。地元の中学に進学しますがあまり馴染めず，中学2年でイジメを受けるようになります。イジメによりさらに症状増悪して食事が入らなくなるのですが，中学3年から不登校になり引きこもるようになると，すぐに食事が入り始めました。不登校になってからは食事の問題はほとんど出現しなくなります。

16歳の時にテレビの情報を見て「パニック障害かもしれない」と自分から主治医に訴えたところ，広場恐怖症への治療を中心としたパニック障害としての治療を勧められました。決して広場恐怖症状や嘔吐恐怖のために不登校であったわけでなく，学校以外の場面への外出には問題ありませんでした。病的な緊張状態の持続は認めましたが，大学病院心療内科に入院して自律訓練法などを受けつつ，同室の人とお喋りするとリラックスできるようになりました。その経験から，その後は環境が変わり緊張が高まると積極的に友人を作るようにし始めます。友人とお喋りすることがリラックスにつながると実感したためでした。

結果として積極的に自分から話しかける社交的な性格になりましたが，長くつきあえる友人はあまりいませんでした。通信制高校に進学し友人を作ろうとしたのですがうまくいかず，同じ頃に自分で調べてパニック障害が専門だという公立病院心療内科に転医しました。

患者は，公立病院では薬物治療にずいぶん助けられた実感を持っています。イミプラミンやカルバマゼピンなどの薬物治療が好印象として残っていました。患者から見てとくに相性がよかった薬はパロキセチンとカルバマゼピンでした。具体的にどのような効果が得られたのかと訊くと，パロキセチンは40mg／日まで用いられ緊張感が少しましになった印象があり，カルバマゼピンは不安感とか気分のざわつきを含めて気分が安定する印象である，と話しました。

18歳で大学に進学すると，サークルに入ったりバイトしたりと過剰に予定を入れてしまい，半年ほどでばてて抑うつ状態となってしまいました。そのため大学にも行けなくなり，結局は中退を余儀なくされます。抑うつ状態という自発性活動性の低下は，例年秋口頃に出現しやすいと自覚しており，家族からは春からの疲れが出てしまうのではないかと指摘されていました。だいたい12月〜1月が抑うつ状態としての不調のピークだと訴えます。

自発性活動性が低下した時期のあとで活動的になる時期はありますが，病的な過活動ではなくむしろ本来の活動性で，トラブルや逸脱行為は伴いませんから躁状態と呼ぶべきかどうかはなはだ疑問でした。

大学中退後はフリーターをしていましたが，この時期は比較的楽に過ごせています。専門学校もあまり出席や決まりが厳しくなく，自由なペースで過ごせたのがよかったようです。

専門学校卒業後24歳時に一般事務として就職しましたが，慣れてきた頃に上司と合わなくなり8カ月で辞職しました。人間関係だけの問題ではなく，徐々に緊張がとれなくなり「息切れする」ように感じて苦しくなり，理由を付けて辞めています。辞職する直前には，上司に対して「この人にバカにされてる」と疑い始めたので辞めたそうです。このパターンは病院での転医経過にも当てはまり，具合が悪い状態が持続すると次第に「この病院が悪いのじゃないか」と考え始めてしまい，転院を決断していました。

2．病歴から行動分析を考える

初めての病的体験として同定できそうなのは，小学低学年時から出現している食事がのどを通らなくなる症状です。問題の始まりはかなりの人生早期であり，何らかの心理的な意味づけというよりも体質に近い素因がありそうです。食事がのどを通らない感覚とはどのようなもので，どういった場面でより強く感じるのか訊いてみます。新学期やクラス替えなど，新しい環境で緊張が高まりやすい場面で誘発されていました。さらに重要なテストの場面や中学受験のプレッシャーなどで緊張が高まると，症状は増悪し持続も長くなるようでした。

一時的に緊張がひどく高まると，頭が真っ白になり何をどうしてよいのかわからない状態，一般的に言われるパニック状態に陥ります。患者では，病的な

緊張状態が持続しなければパニック状態の出現は認めません。いわゆるパニック状態とパニック発作は区別されるべきですが，それにしても先行刺激状況なしで出現するのがパニック発作ですから，患者の場合はパニック障害という疾患概念には合致しないと思われました。

　緊張が高まり食事が入らないという状態は一般にも観察されます。お笑い芸人さんが舞台袖で空嘔吐きをくり返すエピソードを話したりしますが，みなさんも経験があるかと思います。緊張で過剰な交感神経系の興奮が続くと，嘔気や嘔吐とともに四肢の振戦や手指の発汗や冷汗といった，生物的な反応を呈するのです。ここにあまり心理的な意味が介在するとも思えず，反射のようなものでしょう。しかし過剰な緊張状態は速やかに軽減するのが普通で，何週間も持続して体重減少するほどに食事摂取が障害されるのはまれです。小学校高学年までは，夏休みに近づく頃には食事が普通にとれるようになっていますから，緊張状態がゆっくりと軽減していたと想像されます。しかし中学受験により緊張状態がさらに増した状況が持続したため，夏を過ぎても食事がのどを通らず著明な体重減少が生じたのです。ここで初めて病的だと認識されて医療化が開始されました。もともと体質として病的な緊張状態が出現持続しやすい患者ですから，食事が入らないほどの緊張状態でも3～4カ月で自然軽快すれば，患者自身が違和感を感じるレベルではないのかもしれません。

　テストの場面や受験により緊張が高まるのは一般的な反応ですが，新学期の環境変化だけで長期間の病的緊張が出現持続するのは極端です。ここに患者に特有の刺激－反応のパターンが疑われます。環境変化を構成するどの刺激が，より強く病的緊張を誘発するのか訊きながら評価してみます。例えばクラス替えのあった学年とそうでない学年で，食事が入らない程度に変化があったのかと質問してみました。人間関係や対人場面の変化により反応したのか，単なる環境変化で反応したのか調べるためです。するとクラス替えがあってもなくても病的緊張の程度に変化はなく，後の病歴からは入院などの環境変化にも反応しています。単なる外的環境の変化から病的緊張が誘発されると考えられました。不登校やひきこもり状態となり，外的環境の変化が少なくなると病的緊張が生じにくいことからも裏づけられます。それでは，小学校高学年から塾に行き始めたことで生じた環境変化にはどう反応したのか訊いてみると，当時は勉

強が面白くて夢中になっており，塾に行き始めてもとくに病的緊張の出現を自覚していません。ここから想像されるのは，もしも患者にとって興味のあることに熱中している状況であれば，病的緊張の誘発は抑制されるのではという刺激－反応の存在です。後の病歴で，自分のやりたいことで専門学校に進学した時や，大学進学で一人暮らしをした時には，環境変化による病的緊張があまりなかったことからもあり得ることです。病的緊張は数カ月という自然経過での改善は期待できますが，不登校になれば速やかに食事が入るようになるなど，病的緊張を誘発する場面を離れれば早急な改善も期待できそうでした。小学校時代でも，もしかすると1学期の途中で不登校になれば5月6月にでも食事摂取が早く回復していたかもしれません。小学校高学年で「摂食障害」として医療化された時には，中学受験という緊張の誘発は場所ではなく状況に依拠していましたから，入院しようが学校に行くまいが回避しようがありませんでした。さらに医療化されて生じた入院などの場面刺激が，緊張の持続を促進した可能性も疑われます。そのためそれまでになく長期にわたり病的緊張の持続と摂食行動の障害が持続したのだと思われます。

　病的緊張状態があまりにも長く持続すると，神経系が疲労してきます。いわゆる「気疲れ」の状態であり，神経系の疲労が蓄積すれば抑うつ状態に至ります。うつ病のモデルラットは，溺れそうな水の中に長時間つけるなど緊張状態を持続させて作りますから，これは生き物として当然の経過です。病的緊張が持続して抑うつ状態となれば，意欲自発性が低下します。中学受験を挟んで中学1～2年の頃の患者は，神経系の疲弊状態に陥っていたと推測できます。これ以降抑うつ状態と捉えられる時期がよく出現し始めます。患者における抑うつ状態は病的緊張の持続により生じるのか，それ以外にも躁うつ病や反復性うつ病のような病的緊張状態とは独立した自発性活動性の変動があるのか，この時点では保留でした。

　嘔吐を恐怖する心構えは，嘔気や嘔吐が出現する時期にだけ見られるようでした。病的緊張が持続して食事がのどを通らない時期には，たやすく嘔気が出現しやすいので，嘔吐恐怖のような態度を取ります。しかしそれ以外の時期にはまったく認めません。小学校時代の夏以降や中学以降の不登校時期には嘔吐恐怖のような態度は見当たらないのです。嘔吐恐怖症状というよりも，病的緊

張状態の持続から出現する当然の反応だと考えられます。

　思春期以降に自我が確立してくると，患者なりの対処行動が刺激－反応の連鎖をさらに複雑にし始めます。患者が「パニック障害ではないか」と感じた症状は，手足が冷たくなりフリーズしたような状態に陥るパニック状態のことであり，ひいてはそれが出現する病的緊張状態をどうにかコントロールしたいという欲求でした。どうにかして病的緊張状態の出現を防げないのか，持続を短くできないかという患者の努力が始まります。「自分はパニック障害でないかと思うので専門とされる治療が受けたい」という意思表示もその表れでしょう。自律訓練法は残念ながら患者にとって効果が感じられなかったようですが，他人と関わり，とくに友人知人を作り社交場面が増えれば病的緊張が緩和されるという体験をします。哺乳類でかつ言語を持つヒトは，集団で会話をしている状況を好みます。主婦の井戸端会議から学校帰りにたむろする中学生まで，目的などなくとも集団を作り会話を続けること自体が快刺激だという証拠は世間にいくらでも転がっています。患者にとっても社交場面が緊張緩和に働いたのは当然です。ですからこれ以降，とくに緊張が高まる場面で患者は積極的に社交場面を求め始めます。これは諸刃の剣で，緊張軽減もしてくれる代わりに，過剰な社交活動が疲弊状態を招きやすくしました。病的緊張の持続による疲弊に，過活動のための疲弊状態が加わり始めます。疲弊した結果としての抑うつ状態が，頻繁かつ複雑に出現するようになるのです。一時的に社交的になり知り合いを増やしても疲弊状態に陥ると連絡を断ってしまうので，友人と呼べる人間関係には発展しません。長くつきあえる友人が少なかったのはそのためでした。環境が変わり緊張状態が生じ始めると過剰に社交的に振る舞い，結局は疲弊して潰れてしまうというパターンであり，通信制高校でも大学でも就職場面でも，同様にくり返されていきます。

　病的な緊張状態は患者の認知や思考にも影響を与えます。病的緊張状態にあるうちに，自分がその時いる状況そのものに問題があると考え始めるのです。これはイジメに対して不登校により緊張状態が軽減した経験に基づくのではないかと想像されます。病的緊張状態にあると，他者に対して被害的な認知をしやすくなります。「この人とは合わない」とか「ばかにされている」などと考えがちになるのです。当然，その場面から離れる，という行動選択が後押しさ

れます。転職場面や転医の場面でこのパターンがくり返されていました。その場から離れて引きこもるのであれば効果もあるでしょうが，転職や転医のように違う場所に移るだけであればそうはいきません。病的緊張から楽になろうと動くことで，また新しい場面刺激に曝露されて

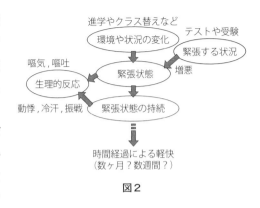

図2

しまいます。その結果，新しい場面により，さらに緊張状態が誘発されて悪循環に陥ります。

Ⅳ 症例を行動分析する

　以上のように情報を補足していき，いよいよ行動分析を始めます。
　病歴上初めから存在するのが基本にある刺激−反応のパターンで，その上に患者なりの対処行動が加わり，複雑な刺激−反応の連鎖を形作ります。ですから，まず基本にあると思われる刺激−反応のパターンを明らかにします。この症例の場合にはまず図2のような刺激−反応が存在します。図の縦の流れが基本にある刺激−反応で，右上にある「緊張する状況」という刺激状況の持続により，この刺激−反応の流れは強まります。それが心療内科での治療が開始された時点で，「摂食障害」や「嘔吐恐怖症」「パニック障害」などと認識された症状群との刺激−反応の連鎖を形作ります（図3）。「パニック障害」とされた症状群は病的緊張状態による生理反応の一部です。「摂食障害」とされた症状群は生理反応が刺激となり生じた行動群の総称であり，「嘔吐恐怖症」とされた行動群も同じような印象です。さらに病的な緊張状態が持続することが刺激となり，神経系が疲弊した抑うつ状態を反応として生じさせます（図4）。抑うつ状態となれば自発性活動性が低下してしまい，思うように社会適応できない状態に陥ります。そのため自己評価が下がり，さらに抑うつ的となり焦燥感を呈し始めます。この図2〜4がこの症例でおもに認められる行動分析です。

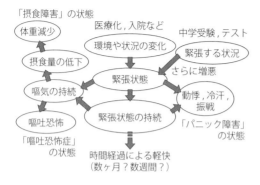

図3

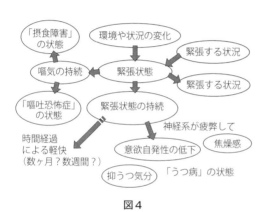

図4

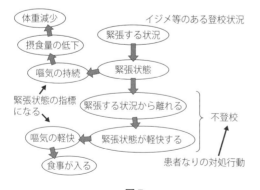

図5

さらに、患者なりの対処行動が刺激－反応の連鎖として加わります。まず早い時期から見られるのは不登校であり、この時はイジメを伴う学校環境から離れることで病的緊張の軽減を図っています（図5）。病的緊張が軽減すると刺激－反応の連鎖に沿って、食事量が向上してきます。食事量が病的緊張の程度と持続の指標として活用できるということです。病的な緊張状態が持続した際に自然軽快を待つだけではなく、なるべく早く軽減させようという試みがなされます。患者の場合は社交場面を増やし活動を増やすことで病的緊張を軽減させるという対処行動を学習します（図6）。病的緊張の増悪は食事量の変化だけではなく、「パニック障害」とされた状態の自覚でも指標になります。「パニック障害」とされた状態は患者にとってはとくに不快ですから、一刻でも早く病的緊張を軽減させたいというモチベーションとして機能します。患者なり

に「パニック障害」の状態を招く病的緊張状態を早く軽減させようと焦るのですが，活動を増やすという対処行動には問題があります。過活動による疲弊状態から抑うつ状態を招きやすくなるのです。ですから図7のような刺激－反応が加わります。

さらに治療構造に関わる行動分析を追加しておきます（図8）。これは治療関係を安定させて，適切な治療の継続を可能にするための行動分析だと考えてください。患者は緊張状態が持続すると被害的認知という思考行動とともに，目の前の環境を強引に変えることで病的緊張を軽減させようとあがきます。この刺激－反応のパターンが転医や転職を選ばせるのですが，環境変化による悪循環に陥りがちです。当科での治療が安定するためにはこの刺激－反応のパターンを患者にも知ってもらい，不適切な転医をおこなわせない注意が必要だと考えました。そのため図8の行動分析を早めに患者に呈示して，焦らないようにと注意しておいたのです。

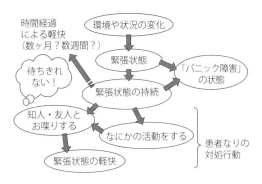

図6

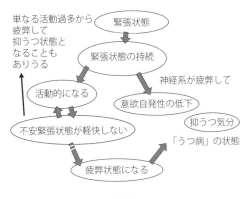

図7

図8

V 行動分析に沿って薬物治療をおこなう

1. 薬物治療の対象と目標を定める

　長年にわたり患者の抱えてきた症状や問題を行動分析して相互に刺激－反応の連鎖で相関づけました（図2～8）。症状や問題はそれぞれがばらばらに存在する（図1）のではなく，ある症状は別の症状や特定の問題に対して刺激や反応として相互に相関しあう（図2～8）ことが理解できます。患者の体験を尋ねながらの行動分析を通じて，患者にもそのことは理解されました。行動分析の結果，とくに基本となる行動分析（図2～4）を踏まえて，治療の対象と目標を考えていきます。

　ちなみに患者の主訴は「どうすればよいのかわからない」「派遣みたいな形でも長く働きながら生活したい」というものでした。「どうすればよいのかわからない」というのは自身の症状や問題に圧倒されている状態であり，有効な治療対処が可能なのか，そもそも治療手段は存在するのかという患者の気持ちです。行動分析しただけでも患者にとって「どうすればよいのか」多少は理解できるようになりました。「長く働きながら生活」するためには抑うつ状態に陥らずに意欲自発性を維持する必要がありますし，動悸，冷汗，振戦のような「パニック障害」の状態が出現しないことです。仕事が遂行できる状態を維持しなければいけません。「長く働く」ためには図8の行動分析のようにうかつな転職をせずにすませることも必要でしょう。そう考えてきますと，患者の場合の治療目標は抑うつ状態や「パニック障害」の状態をなるべく出現持続させないことになりそうです。

　ここでもう一度行動分析の結果（図2～4）に目を移し，治療目標を達成するために具体的な治療の対象と目標を定めていきます。刺激－反応の連鎖を眺めながら，抑うつ状態の出現をさせないようにして「パニック障害」の状態も起こさせないためには，どの行動がどのようになればよいのかと考えるのです。すると，病的な緊張状態の出現頻度や強度が減弱して，持続しないようになることが治療対象と目標であると把握できます。認知行動療法におけるターゲット行動は，病的な緊張状態となります。

さて本症例で病的緊張状態を出現させないために，どのような治療介入の手段が考えられるでしょう。まずは病的緊張状態を誘発する刺激である「環境や状況の変化」から遠ざける方法が考えられます。刺激統制法のような治療技法が活用できるでしょう。しかし普通に生きていれば，ある程度の「環境や状況の変化」は避けられませんし，働くのであれば就労場面で日常的に変化は生じてしまうはずです。どのくらいの変化であれば病的緊張状態が誘発されるのかという程度問題はありますが，刺激統制には限界があります。では「環境や状況の変化」に対して馴れを生じさせることで，病的緊張が生じにくくする方法はどうでしょう。曝露法や系統的脱感作法のような治療技法が活用できると思います。とくに，病的緊張がなんらかの不適切な学習の結果であれば有効な治療介入なのですが，本症例は小学1年生のおそらく6歳頃から病的な緊張の出現を認めています。病的緊張の出現は生理的反応に近い印象で，学習の結果というよりも体質に近い問題が先行している印象を受けます。回避しているから「環境や状況の変化」に過敏に反応しているという印象は，病歴経過から見ても薄いものです。馴れを生じさせれば病的緊張が出現しにくくなるという学習は，難しそうに思えます。

　患者が体験していた薬物治療による変化がすでにあり，16歳以降に受けた薬物治療に助けられたと話しています。とくにパロキセチンとカルバマゼピンによい印象を抱いていました。ご存知でしょうが，パロキセチンとはSSRIと呼ばれる抗うつ薬で，とくに病的不安緊張の軽減作用が期待できる薬物です。カルバマゼピンはもともと抗てんかん薬ですが，感情調整薬として躁うつ病などの感情障害の治療に用いられ，情動変化を穏やかに安定化させる作用を示します。行動分析した刺激－反応のどの部分に，薬物治療が作用して変化をもたらせたのか患者に訊きます。するとパロキセチンでは緊張感の生じ方が少しましになった印象で，カルバマゼピンでは不安感とか気分のざわつきを含めて気分が安定したという印象でした。これら薬物の作用を行動分析の中に位置づけると図9のようになります。それぞれの薬物がおもに作用したのが太い矢印部位で，多少作用したかもしれないのが細い矢印部位です。ここから，薬物治療により病的緊張状態の出現頻度と強度を軽減させる介入が期待できます。生物的な側面に作用する薬物治療という手段は，体質に近い問題という印象の本症

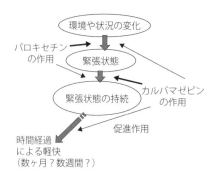

図9

表1

【公立病院心療内科での処方】	
リスペリドン（1mg）	1錠
エピナスチン（20）	1錠
アゼラスチン（1）	1錠
ゾテピン（25）	2錠
ブロチゾラム（0.25）	1錠
トリアゾラム（0.25）	1錠
バルプロ酸（200）	4錠
炭酸リチウム（100）	2錠
クロナゼパム（0.5）	3錠
ロラゼパム（1）	3錠
カルバマゼピン（200）	3錠
レボチロキシン（25）	1錠
（内服方法は不詳）	

例とは相性がよいように思えました。

　しかし，これまでの治療経過でさんざん薬物治療は試されてきています。過去の大学病院心療内科での処方内容は不明なのですが，それ以降の処方内容を表1〜3に示しておきます。現在すでにパロキセチンは投薬中ですし，類似の作用が期待されるフルボキサミンの当薬歴もあります。カルバマゼピンも投薬中かつ類似の作用があるクロナゼパムまで投薬中であり，過去には同様の作用がありうる炭酸リチウムやバルプロ酸の投薬もなされています。いまさら薬物治療で病的緊張状態は変化しうるのでしょうか。

2．薬物治療の開始

　患者にあらためて図4の行動分析を中心に呈示して，どの行動をどのように変化させるために薬物治療を用いて，その結果はどのような指標を用いて把握できるのか説明します。治療の対象と目標は，ターゲット行動とした病的緊張状態が出現する頻度と程度が軽減すること，それが持続しないようにすることだと確認しておきました。

　現在すでに投薬中の薬物治療は表3の内容ですが，パロキセチンとカルバマゼピンの投薬量は充分ではありません。そのためパロキセチンを充分量の40 mg／日まで増量して，カルバマゼピンも400 mg／日まで増量してみました。環境や状況の変化により病的な緊張状態が出現しにくくなることと，持続しに

表2

【Aクリニックでの処方】

カルバマゼピン（200mg）	2錠
クロナゼパム（0.5）	2錠
フルボキサミン（50）	2錠
フルボキサミン（25）	2錠／朝夕食後
カルバマゼピン（100）	1錠／昼食後
ペルフェナジン（2）	1錠／朝食後
ロラゼパム（1）	1錠／頓服

表3

【Bクリニックでの処方】

アモキサピン（50mg）	2カプセル
ロラゼパム（1）	2錠／朝夕食後
パロキセチン（10）	2錠
クロナゼパム（0.5）	2錠
ピンドロール（5）	2錠／朝夕食後
ゾピクロン（10）	1錠
クロナゼパム（1）	1錠
カルバマゼピン（200）	1錠／寝る前

くくなることが目標です。病的な緊張状態が出現したかどうかは食事量で把握できますし，持続は二次的に活動性が低下するかどうかで把握できます（図4）。患者には緊張状態と活動性を毎日5段階評価で記録して自己モニタリングしてもらい，日々の記録として食事量や出来事なども記入してもらいました。どの程度の環境や状況の変化が生じているのか，その結果として病的緊張状態はどの程度出現しているのか，抑うつ状態の出現や変動を含めて明らかにするためです。

　記録からは，日常生活の中で出かけるとか人に会う程度の変化だと緊張状態の出現が減少していました。以前であればのどが詰まったようになり食事が入らなくなっていたのが生じなくなりました。そのため引きこもりがちでなくなり外出機会が増えるなど，活動性が向上しています。病的緊張の出現を減弱するパロキセチンの効果だと考えられました。しかし旅行などのように大きな環境変化が生じれば，旅行の間中まったく食事が入らない緊張状態が誘発されます。さらに旅行のあと1週間ほど活動性の低下が持続しましたから，病的緊張状態の持続も認めています。環境変化の乏しい生活なら病的緊張状態の出現をコントロールできるかもしれませんが，患者の望む生活からすると治療効果は不十分です。パロキセチンのさらなる増量なのか他の薬物治療なのか，もう少し変化が生じても緊張状態が誘発されにくくする必要があります。

　活動性の変化にはばらつきが目立たなくなり，抑うつ状態の出現が減少していると考えられました。気分の変動は減少しており，病的緊張状態の持続と気分の安定に作用するカルバマゼピンの効果が認められそうです。しかしカルバ

マゼピンを増量後は眠気の副作用が強く，活動性低下した時に眠気が加わり寝たきりのような状態になるので，患者の苦痛感は激しいものでした。カルバマゼピン以外の薬物で同様の効果が得られないかを模索することにしました。

そこでカルバマゼピン 400 mg →バルプロ酸 600 mg へと徐々に切り替えてみました。すると活動性の変動はさらに目立たなくなり，たとえ気分が落ち込んでも持続しにくくなる変化を認めました。落ち込みや悲しみ不安などといった情動を含めて，特定の情動が過剰に持続はしにくくなったようです。こういった変化は緊張状態や活動性の記録から把握されました。病的な緊張状態の持続は軽減しており，さらに緊張自体もカルバマゼピンの時よりも生じにくくなりましたから，図9の行動分析のようにパロキセチンの持つ作用をバルプロ酸が増強したと推測できました。しかも嬉しいことにカルバマゼピン 400 mg／日で認めた眠気の副作用は，バルプロ酸 600 mg／日ではまったく認めませんでした。血中濃度のモニタリングからも適量と判断されましたので，バルプロ酸は 600 mg／日で維持しました。

パロキセチン 40 mg とバルプロ酸 600 mg という投薬を，病的緊張状態の出現頻度と強度を減弱させ,持続を短くするという目標に向け継続するとします。

3．行動分析の修正

しばらく治療を続けていると病的緊張状態が刺激として先行しておらず，活動性の増加から疲弊状態に至ってもいないのに，抑うつに類似した状態が観察されました。睡眠が浅くなり漠然と不安焦燥感が高まった状態が出現して，緊張感は伴わず食事量の減退は目立たないのですが，離人感のような感覚が持続しています。これまでの抑うつ状態ほどの活動性低下は示さず，希死念慮の出現などもない，軽めの抑うつ状態です。すでに把握していた抑うつ状態出現に関する行動分析（図7）から説明困難なのですが，患者の洞察によれば約70日サイクルでこのような時期が周期的に出現していたかもしれないということでした。まずは経過観察しましたが，その状態は1カ月以上持続しました。つまり患者の場合は，睡眠障害をともない不安焦燥感を中心とした，活動性低下が目立たない抑うつ状態も出現しており,周期性を示す可能性がありました(図10)。病的緊張状態の持続や活動性過多が先行しておらず，自律性周期性が疑

われる軽症の抑うつ状態の存在です。

この時点で，ある程度パロキセチンとバルプロ酸で病的緊張状態の軽減はできていますから，この不安焦燥感が中心の抑うつ状態を直接に軽減できないかと考えます。病的な緊張状態を軽減し持続させないという治療対象と目標

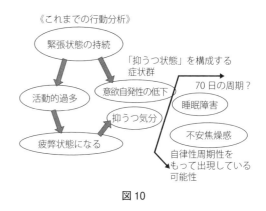

図10

に，もうひとつ周期的な不安焦燥感を中心とした抑うつ状態を出現させないという目標が加わったのです。患者には焦って活動しすぎないように注意も忘れません。

4．薬物治療の継続

刺激−反応の連鎖による抑うつ状態の出現はある程度防止できていますから，不安焦燥感と不眠を対象に薬物治療を試みます。すでに投薬中で抗うつ効果が期待できる薬物はパロキセチンとアモキサピンです。このうちパロキセチンは充分量で病的緊張状態に対する効果を認めており変更できません。アモキサピンは意欲活動性の向上に効果が強い抗うつ薬です。現在の抑うつ状態は不安焦燥感と睡眠障害が主で意欲活動性の低下は目立ちませんから，アモキサピン 100 mg→アミトリプチリン 100 mg へ漸次置換してみました。アミトリプチリンが焦燥感の鎮静作用が期待でき，睡眠確保にも働きそうな抗うつ薬だからです。1カ月以上持続している不安焦燥感と睡眠の状態を患者にモニタリングしてもらい，薬物治療の効果を検証します。

すると不安焦燥感は軽減して不眠も改善したのですが，逆に過眠傾向となってしまいました。とくにアミトリプチリンの投与量を 100 mg／日にしてから食欲亢進が目立ち，喜怒哀楽が鈍いなど感情が平板化して意欲が低下しています。それでも患者による自覚的な印象はよかったので，アミトリプチリンの投与量を 50 mg／日まで減量してみました。不安焦燥感は軽減したままで，過

眠と食欲亢進は改善されました。その後の経過を追っても，周期的な不安焦燥感の出現自体も防止されています。さらにパロキセチンの効果を認めていた病的緊張状態に対する予防効果もあり，旅行などの大きな変化でも緊張状態が誘発されなくなりました。アミトリプチリンもパロキセチン同様に病的緊張状態を軽減すると考えられましたが，100 mg／日での作用を見ると用量依存性に緊張状態が過鎮静されるのではないかと疑いました。その結果が傾眠や食欲亢進で，例えば過剰に緊張が低減すれば食欲が増して寝てばかりとなるのは想像に難くありません。

　感情の平板化と意欲低下はアミトリプチリンを 50 mg／日に減量しても改善しませんでした。アモキサピンからアミトリプチリンへの置換で不安焦燥感および睡眠障害の改善を認めたのですが，感情の平板化と意欲低下はアモキサピンを中止したせいかもしれないと疑いました。アモキサピンを再開するべきか悩みますが，すでにパロキセチンとアミトリプチリンという 2 剤の抗うつ薬が投薬されています。それぞれに効果が重なる部分はあるものの，病的緊張状態の軽減と不安焦燥感中心の抑うつエピソードの軽減という 2 つの方向それぞれに有効性を示しています。活動性や食事量などのモニタリング結果からも効果は裏づけられており，この 2 剤の抗うつ薬とも中止は難しいため，3 剤目の抗うつ薬としてアモキサピンを再追加するのはためらわれたのです。

　生活上の変化で病的緊張状態が誘発されなくなり，結果としてさまざまな精神症状や問題が軽減して生活しやすくなる効果を患者も実感していました。しかし意欲低下と感情の平板化という症状をどうにかする必要があります。そこでパロキセチンを漸減中止して，代わりにアモキサピンを再開できないかと考えてみました。先述のようにアミトリプチリンにもパロキセチン同様の病的緊張状態の軽減作用が認められそうですので，アミトリプチリンだけでも効果が維持されるのではないかと期待したのです。パロキセチンを 40 mg → 20 mg と漸減してみました。すると病的な緊張感が増悪してしまい，アミトリプチリンが有効と評価した不安焦燥感は増悪しませんが，緊張感のコントロールは悪化して食事量にムラが生じました。パロキセチンの減量の代わりにアミトリプチリンを増量するという考えは，先述の副作用のために実現困難です。不思議なことに 1 カ月ほどの時間経過のうちに感情の平板化はあまり意識されなくな

り困らなくなっていました。馴れが生じたということかもしれません。しかし意欲低下は持続したまま寝て過ごしていることが多く，仕事をしたいという希望にはほど遠い状態でした。こうなると多剤併用ではありますが，治療目標を達成維持するためにはパロキセチンも現量維持が必要と判断して，その上にアモキサピンを追加再開せざるを得ません。私たちは患者にとっての治

表4

【現在当科での処方】
アモキサピン（25mg）　2錠～4錠
アミトリプチリン（25）　　　2錠
バルプロ酸（200）　　　　　2錠
パロキセチン（20）　　　　　2錠
ロラゼパム（1）　　　　　　2錠
ピンドロール（5）　2錠／朝夕食後
バルプロ酸（200）　　　　　1錠
レボメプロマジン（5）　　　1錠
ゾピクロン（7.5）　1.5錠／寝る前

療目標を達成するのが目的であり，多剤処方をおこなわないのが目的ではないからです。アモキサピンを50 mg／日で投薬再開しました。この治療ターゲット行動は意欲低下であり，日常生活の活動量が指標となります。結果として，定期的にジム通いをして外出や旅行などに出かけるようになり，過活動となりすぎて消耗することもなく意欲低下は改善したのです。

　現在の処方は表4の通りです。当科で治療開始して約9年経過しており，現在は友人とルームシェアして，在宅での仕事を中心にパソコン関係やもの作りでかなりの収入を得られるようになりました。病的な緊張状態が出現することはほとんどなく，結果として食事が入らなくなるとか「パニック障害」の状態を呈することはありません。不安焦燥感のコントロールも良好で，寝たきりの状態にはなりません。活動性の指標に近頃は週に何日ジムに通うかという回数を用いており，2回以上であればかなり活動性は良好で1回だとやや活動性低下しているという目安になります。しかし週に1回もジムに通えない時期はほとんど見当たりません。それだけ意欲活動性は維持されているということです。病的緊張状態の持続からも，不安焦燥感の抑うつ状態からも，意欲低下した抑うつ状態の出現には至らなくなっているのです（図10）。焦って緊張状態を軽減させようと過活動になる必要がありませんから，過活動による抑うつにも至りません。なによりも患者自身が自分の症状を行動分析の流れに沿って理解できているため，何かあっても慌てずうまく自己対処できているのが大きいと感じます。薬物治療の意味や役割もその延長線上で理解していますから，時たま季節の変わり目などに意欲低下しがちだと，自らアモキサピンの増量を提案し

たりできます。患者からは「生まれてから今が一番よい気がします」という言葉が出るなど，当科での治療に対する満足度も高いようです。この数年はだいたい月1回の外来で，最近作った作品をスマホで見せてくれるなど近況報告のような通院が続いています。

VI 薬物治療の意味

　精神科における薬物治療とは，どの薬物を用いるかという問題だけでしょうか。あらためて表1～3にある以前の処方と，表4の現在の処方を見比べてみてください。どれも多剤処方で褒められたものではありませんが，さほど内容が異なるようにも見えません。しかし患者の現在は以前とはまったく異なります。寝込むような不調は出現せず，自分のやりたい仕事である程度の生計を立て，満足のいく生活が送れています。用いられている薬剤を照らし合わせれば，以前は用いられていないアミトリプチリンが処方されていますから，それをもってアミトリプチリンが症状改善と安定に有効な症例だ，と考えるべきでしょうか。

　ここまでの治療経過を読まれた方は，そうではないと理解したはずです。薬物自体の選択もですが，その薬物をどう用いたかに意味がありそうです。幼い頃から患者が体験してきたさまざまな症状や問題（図1）を，患者の体験を丁寧に訊きながら刺激－反応の連鎖で行動分析という形に（図2～8）一緒にまとめあげます。その上で患者の主訴に沿い，どの行動がどのように改変されればよいのかと，治療の対象と目標を定めてターゲット行動を絞り込みます。本症例では，病的な緊張状態という行動を中心に，その行動の出現頻度と強度を減弱させ，持続を短くすることが治療目標だと把握しました。その目標に向けて，病的な緊張状態を軽減するためにパロキセチンという薬物を用いて，持続の短縮にカルバマゼピンやバルプロ酸といった薬物を用います。薬物治療によりターゲット行動がどう変化したかは，指標となる行動で患者にも治療者にも明確に把握できるようにします。この症例で指標として用いたのは食事量や体重の変化であり，緊張状態の持続には二次的に生じた抑うつ状態での活動性の変化も用いました。ここで薬物治療は患者の具体的な体験と結びついています。

患者は行動分析により自身の症状や問題を対象化した上で，それを改変しコントロール可能な手段として薬物治療を活用するのです。生活上の変化という刺激が生じてもパロキセチンやアミトリプチリンといった薬物治療を用いれば病的緊張が生じにくくなり，それは吐き気が生じて食事量が減退しない効果で実感されました。副作用なく使えたバルプロ酸により病的緊張の持続も軽減し，その結果として抑うつ状態の出現は減少しています。そして病的な緊張状態が充分にコントロールされていても，不安焦燥感を伴う活動性の低下は周期的に出現することに気づいたので，行動分析を修正して付け加えました（図10）。その出現防止にはアミトリプチリンが有効だとわかり，さらに活動性の低下を改善する作用がアモキサピンにあるとあらためて判明しました。こうした流れの結果として，現在の良好な治療効果が得られているのです。

　症状や問題に圧倒されていた患者が，その困難を対象化してコントロール可能に変えていく学習がこの治療経過です。第3章でも述べた，認知行動療法がもつ精神療法的な役割はここにも発揮されています。その中で重要な学習の手段として薬物治療は役立っています。行動を改変し学習をうながす役割として，薬物治療は曝露反応妨害法などの治療技法と何も変わりありません。例えば第6章に挙げた症例では，生活上の不安が生じて強迫観念がまた出現した時にも，曝露反応妨害法という治療技法を用いて自分で対処し，強迫症状の増悪を防げていました。本症例でも病的緊張を伴わない意欲自発性の低下が生じると，患者みずからアモキサピンの増量を提案しています。行動分析に沿った対象把握と対処法の学習という治療体験は，たとえ患者がひとりになったとしても，必要な治療技法や薬物治療をみずから活用できるようにさせるのです。

　それでは認知行動療法に沿って薬物治療をおこなえば，どんな薬物を用いても関係ないのか，抗うつ薬の代わりにメリケン粉でもかまわないのかといえばそうは思えません。例えばカルバマゼピンやバルプロ酸というのはもともと抗てんかん薬で，情動の安定化作用や反復持続する情動・思考を軽減する作用を持っています。ですから病的な緊張状態という情動行動に対して効果が期待できたのです。行動分析の上で，特定の行動をある方向に変化させようという時に，ある程度は薬理学的な効果に沿って薬物治療を利用するから効果が出るのだと思います。神経系で化学的に生じた変化は，そのままではどうとでも取り

表5　認知行動療法を用いた治療の特徴

《認知行動療法により薬物治療を用いる手順》
1：行動分析において，どの行動をどのように変容させるために，どの薬物を選択するか決定する
　　↓
2：期待される行動変容を示すパラメーターをできるだけ具体的に決める
　　↓
3：パラメーターの変化に基づき，薬物治療の効果を具体的に評価する
　　↓
4：行動分析の修正および薬物治療の変更をおこなう
　　↓
必要な学習が成立するまで，1→4のくりかえし

ようのある曖昧な体験の変化にすぎません。もしかすると単に不快な違和感にしかすぎないのかもしれないのです。それを行動の変化という形で患者の体験に位置づけるから，治療効果として実感できるのです。「ここがこう変化する」と体験としての枠づけをしてあげることで，薬物治療の効果はさらに明確に有効なものに変化します。薬物治療の効果のうち1／3から，もしかすると1／2はプラシーボ効果かもしれないと報告されています。行動分析に沿いターゲット行動を定めて，さらに効果を評価する指標を具体的に設定した上で患者とともに用いる薬物治療は，プラシーボ効果を最大限に引き出す手段かもしれません（表5）。

　それと本症例で注意しておきたいのは「病的緊張の軽減にはパロキセチンとアミトリプチリンが効く」という実例ではない，ということです。ある薬理学的な方向に向けた薬物は複数あり，そのどれをどの行動改変に用いるのが適当かといった判断は治療者によって異なるはずです。それぞれの治療経験による「手癖」のような要素もありますし，行動分析する過程には治療者の特性も反映されています。あくまでも行動分析に沿って薬物治療をおこなうのはどういった流れなのか，知っていただく実例だと考えてください。

　ここまで薬物治療の話ばかりだと，心理職の方はもしかすると「自分には関係ないや」と退屈されているかもしれません。しかしみなさんの方が薬物の処方をおこなう医師よりも，患者に関して行動分析による把握や理解ができている場合も多いはずです。そんな時に，具体的にこの行動の出現頻度をこのよう

に変化させたいので適切な薬物治療はないかと，心理職から医師へ薬物治療のリクエストができると思います。現代の精神科臨床で薬物治療は無視できない存在ですが，漫然と治療対象や目標も定めずに効果の指標もなく用いては有効かどうか曖昧で，結果として無効な大量の処方薬だけが残る羽目に陥ります。しっかりと行動分析による把握をした上で，薬物治療のターゲット行動を定めて，効果を判定する指標を設定しておけば，薬物治療の効果を見逃すことも減るはずです。心理職から逆に薬物治療の効果を評価して，医師にフィードバックすることだって可能なはずです。認知行動療法の一部として薬物治療を積極的に利用してもらいたいと考えます。

　認知行動療法の立場からでも，場合によっては治療手段として治療技法よりも薬物治療を優先すべきだと判断する時もあります。そういった事例を次章で紹介していこうと思います。

第8章 行動分析による治療手段の選択

I　治療技法と薬物治療

　たしかに私は認知行動療法が専門かもしれませんが，精神科臨床での仕事は患者の抱える症状や問題を少しでも軽減するのが目的であり，認知行動療法の有効性を証明することではありません。極端な話，曝露反応妨害法や認知再構成法などが有効でなくても，患者がよくなれば何の問題もないのです。それに第7章のように薬物治療しかおこなっていないように見えても，行動分析に基づき行動を改変する手段として薬物治療を用いていれば，立派に認知行動療法ではないかと考えてもいるのです。

　認知行動療法というのは治療技法の総称ではありません。第1章からのくり返しになりますが，考え方の枠組みのことであり，行動分析という考え方そのものが認知行動療法なのです。この疾患や症状には曝露反応妨害法を用いるべきとか，認知の修正をおこなわなければならないとか，1対1対応に堅く考えるのはむしろ認知行動療法と真逆です。世間によくある「不潔恐怖で何回も手を洗っているから曝露反応妨害法を試したが効果なく認知行動療法は無効」とか「うつ病だから認知行動療法を用いてスキーマの修正をおこなわなければいけない」という考え方が，もっとも認知行動療法から遠い立場だと思います。行動分析という見方を駆使して，臨機応変にさまざまな手段を用いて，必要な学習を成立させる過程こそが認知行動療法です。そのためにはどのような行動分析に基づき，どの行動をどう学習させようと，どの治療手段を用いたのか，きちんと把握しておかねばなりません。さらに治療介入の結果をなるべく具体的な指標で評価して，行動分析や治療法が見直せる必要もあります。治療技法

を用いるか用いないかよりも，そういった考え方の部分がきちんとしているかどうかが，認知行動療法と呼べるかどうかを決定づけると思うのです。

行動分析の結果次第では，治療技法よりも薬物治療を優先することは当然あり得ます。曝露反応妨害法や認知再構成法などの治療技法を用いるから認知行動療法ではないと述べました。治療技法は重要ですが，必要ならば薬物治療も臨機応変に用いるべきです。治療技法は薬物治療を助け，薬物治療も治療技法を助け，ともに行動分析に沿って治療目標に向けて奉仕するのです。患者の症状や問題の軽減が臨床の要請であるならば，認知行動療法の立場としてその方がむしろ自然です。

本章でも実際の症例を通じて治療手段はどのように選択していくのか，認知行動療法を用いた治療の流れを紹介してみます。薬物治療を優先する場合もあり得るのだと，理解していただく材料になればと思います。

II 薬物治療が治療技法を助ける症例

1．症例呈示

本症例も長い治療経過がすでにあった方です。それなりの社会適応は維持されているのですが生活困難感は強く，飛行機に乗れないなどさまざまな生活障害を認めていました。

【症例A】当科初診時40歳女性。主婦，パート勤務。

【主訴】

「10年ほどクリニックに通いましたがよくならないので来院しました」「乗り物に一人で乗ることができません」「会議や集会に出席するのも苦手です」「トイレがとても近いです」など丁寧にたくさん問診票に記入していました。

【生活歴】

同胞3人第2子（双子）として出生生育されました。

発育発達歴上でとくに問題は指摘されていません。

幼少時期から学生時代にかけてそれなりに友人もおり，とりたてて問題はなかったようです。

4年制大学を卒業し，卒後は教職に就き3年ほど勤務しました。大学で現在

の夫と知り合い，20歳代半ばで結婚しました。子どもはいません。

結婚にて退職後に大都市圏からF県に転居し，現在に至ります。勤め先は替えながらパート勤務を継続しています。

【家族歴】
母親：長期にわたり抗不安薬を内服中。
姉（双子）：「パニック障害」にて治療歴あり。
父親：医療化されてはいませんが，とても不安緊張が強い人。

【現病歴】
20歳の大学生の時，尿意を我慢して電車に乗ったところ不安で動悸が激しくなり，強い不快感を覚えるエピソードが出現しました。

それ以降は電車に乗るたびに不安になり，たとえ尿意がなくても頻繁に途中下車してトイレに行くようになり始めました。次第に一人では電車に乗れなくなり姉に同伴してもらうようになりますが，それでも頻回にトイレに行くのは変わりませんでした。

次第に電車に乗る場面以外でも常に不安が持続し始め，便秘と下痢をくり返すなど体調不良を伴うようになります。引きこもりがちとなり半年ほど経過した頃，家族での夕食中に突然「具合が悪くなったらどうしよう」という不安が強くなり，動悸や赤面などパニック発作様の症状まで出現しました。その症状は10分程度で軽快したのですが，それからは電車だけではなく，家族と食事をする場面にも不安を感じるようになりました。できれば一人で食事をしたかったのですが，家族の取り決めで一緒に夕食はとらねばならず，苦痛で食事量が減退し始めます。実際にこの時期5kgほどの体重減少を認めました。

そのような状態ながら大学4年生の頃には小康状態に回復して，どうにか卒業しました。卒業後は教職に就いたのですが，通勤途中にはトイレに行きながら時間をかけて通勤し，50分の授業はどうにかぎりぎりできるという状態であり，かなり苦痛を感じていました。勤務は続けましたが仕事上の負担が増えるにつれ症状は徐々に増悪し，ついに授業中にも中座してトイレに行かなければすまなくなりました。

そのため結婚を機に教職は退職します。

結婚後は転居先近くにスーパーがあるなど，公共交通機関を利用する場面が

少なく生活上の不便は減少しましたが，絶えず不安は感じていました。とくに夫が不在の場面で不安は増悪し，例えば夫のいない日中は「包丁を取り出して自分を傷つけてしまうのではないか」という恐れを抱き，台所に近づけませんでした。

F県に転居してからさらに一人でいる不安が増悪してしまい，外出時にトイレに行く頻度も増加し，ちょっとした外出にも困難を感じ始めます。

そのためX-10年，30歳頃に近医Aクリニックを受診しました。

抗不安薬のみ（ロラゼパム）の処方でかなり症状は改善し，アルバイトもできるようになりました。しかしトイレが近く頻回であることは改善しませんでした。そのため途中からはAクリニックで心理士が介入して，洞察的な精神療法を用いたカウンセリングを受け始めました。

30歳代半ばの2年間は夫の出張に同伴して海外で生活していますが，この間は症状が比較的軽かったようです。当時は飛行機も問題なく乗れていますし，楽しく過ごせていたという記憶があります。

帰国後に再びAクリニックで治療を再開します。治療経過が長くなり症状は軽くなっていても完治しないことを巡り，X-3年にカウンセラーと主治医から「やる気がない」と言われ，結局は通院を中断してしまいました。

そこで知人の勧めでB病院を知り，X-3年11月に受診しています。認知行動療法を用いた治療を目的にしていたようです。B病院では「パニック発作をともなう広場恐怖症」と診断され「抑うつ状態の除外が必要」と考えられた治療が開始されました。同院でのカルテ記載には以下のように病状が評価されています。

「現症として明らかな抑うつ症状は認められない。パニック発作自体は最近起こってはなく，発作が起きそうな中発作が，約半年前に飛行機に乗った時に起きたのが最後である。病歴経過中不眠のエピソードはなく，20歳の時には食思不振と5kgの体重減少を認めた。乗り物に乗る時の不安や具合の悪さと，トイレに行きたいと感じる不安は同一のもので，トイレに関する不安の方が強い。」

薬物治療としては抗不安薬だけではなくSSRI（パロキセチン）が用いられました。外来で薬物治療と認知行動療法をおこなう方針で，不安になった場合

などのセルフモニタリングがおこなわれました。

広場恐怖症に対して曝露反応妨害法の原理は説明されましたが，とくに治療課題を設定するのではなく，本人のペースに任せてその都度生活の中で起きた不安を取り扱っていました。恐怖の中心は乗り物で，飛行機，電車，車などに乗るとパニック発作が起きたり頻繁にトイレに行ったりしていました。

治療開始時には，習い事などの最中にも軽いパニック発作が出現していましたが，治療にて軽快消失しています。その代わり職場で新しい上司から頼まれた仕事をしようとするとパニック発作が生じるようになり，上司をなるべく避けて不安時の頓服を用いながら，どうにか仕事をこなす状況でした。

飛行機には乗れませんが新幹線でどうにか帰省ができるなど，以前よりずいぶんよくなったと自己評価します。将来的には飛行機に乗れて海外旅行をしたいと希望していました。

B病院主治医の転勤のため，紹介にてX年2月に当科を初診されました。

2．症例Aの行動分析

広場恐怖症がメインでパニック発作らしき症状出現が認められる症例です。現在も広場恐怖症状のために飛行機に乗れないとか長時間の外出は難しいなど，生活上に障害を認めました。

1）症例の特徴

本症例には以下のような特徴が認められます。

①病的な不安緊張の強さに関して家族負因が考えられる

不安障害としての診断を含めて家族負因が多く，遺伝的に体質のレベルでも不安緊張が高そうです。患者の父親というのが，自身の脆弱さからの反動なのか自他ともに弱音を吐くことを許さない厳しい人物で，家庭内は緊張の高い場所であったという記憶を語ります。そのような生育背景から，患者も弱音を吐いて他人に助けてもらう技術が拙劣で，不安緊張を自分一人で抱え込みやすい印象でした。

②大うつ病と見なしうるエピソードを過去に認める

20歳で電車に乗れなくなり始めてから21歳頃の半年〜1年ほどは，不安緊張が持続して食思低下から体重減少しており，大学の出席が危ぶまれるほどひ

きこもり，活動性が低下しています。自然経過でこの状態はある程度改善したようですが，元来の活動的な患者に比較すると明らかに抑うつ状態にありました。症状の程度や内容からは，大うつ病とも見なせます。患者の場合は不安緊張から二次的にうつ病を発病するリスクがありそうです。

③病的な不安緊張が持続した時にのみパニック発作は出現する

20歳時初回のエピソードを含めて，患者の不安緊張が高まってからでなければ，パニック発作とみなしうる状態は出現しません。つまり先行刺激状況なくパニック発作は出現しないのです。これは「パニック障害」の診断基準からは外れます。パニック発作の出現から場面回避が生じて広場恐怖症状が出現しているのではなく，特定場面に対する不安緊張の高まりが先行して，パニック発作のような症状が出現しているのです。診断学上でも正確を期すれば「広場恐怖症」「場面恐怖」であり，「パニック障害」ではないように思えます。

④同じ場面や状況下で必ずしもパニック発作が生じない

これは後に患者の行動分析を考える上で重要なポイントなのですが，会議場面や飛行機など特定の恐怖場面が必ずしもパニック発作に至る不安緊張を誘発するわけではありません。海外生活中はさほど問題なく飛行機で遊びに出かけていたなど，病歴上にも不思議な点があります。

⑤私生活においてはむしろ活動的で社交的

私生活ではいろいろなことに興味を持ち，さまざまな習い事に挑戦するなど活動的な人物でした。自分の意志や趣味をきちんと持ち，不安緊張が強いからといって引きこもりがちで大人しくはしていません。それゆえにパニック発作の出現を恐れてできないことがあるのに，いっそう苦痛を感じるようでした。治療へのモチベーションはむしろ高いと考えられます。

ここで，一般的に広場恐怖症状を伴うパニック障害だと，どのような行動分析が考えられるのか呈示してみます（図1）。例えば，パニック発作が生じるという不安から電車に乗るのを回避している患者では，回避により電車場面での不安惹起が増悪して悪循環に陥っていると考えられます。ですから電車に乗ってもパニック発作が出現しないという体験をさせて，不安が惹起されないように学習をさせるのです。それが，曝露法という治療手段です（図2）。ち

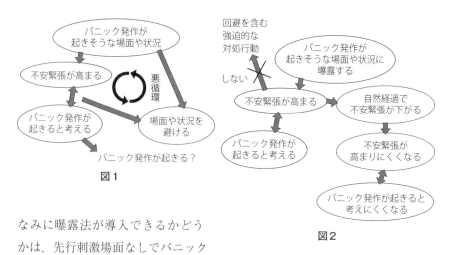

図1

図2

なみに曝露法が導入できるかどうかは，先行刺激場面なしでパニック発作が出現しなくなっているのが条件です。何でもない生活場面や安静時にもパニック発作が出現している状態では，曝露法への導入はまだ無理です。曝露場面でパニック発作が出現してしまっては，曝露法の治療目的は達成できないからです。その場合はまず薬物治療でパニック発作の出現を沈静化させることが優先されます。

　本症例ですと特定の場面以外ではパニック発作の出現はありませんから，曝露法が適用できるはずです。ところがこれまで認知行動療法により曝露法を中心とした治療が試みられても，効果が限局的で充分な結果が得られていません。曝露法において特定の治療課題を取り上げておらず，治療効果が明確になりにくいせいかもしれないのですが，なぜそのような治療設定がなされたのかに意味がありそうです。飛行機にも乗れず会議場面も避けている生活状況なのに，ある時期には平気で飛行機に乗れているなど，自分勝手で捉えどころのない症状にも見えてしまいます。患者自身の治療意志が欠けていると疑いたくもなるでしょう。しかし患者の性格傾向からして，受療動機や治療意欲に欠けているとは思えません。過去には内的葛藤に着目させた洞察的な精神療法が試みられていますが症状の改善はなく，むしろ治療関係の混乱を招いていました。そこでも問題にされたのは，患者の治療意欲が欠けているという指摘です。おそらく従来の行動分析（図1，2）では見逃されている刺激－反応の関与が隠れているはずです。まずは日常生活において，不安緊張が高まる状況を調べてみま

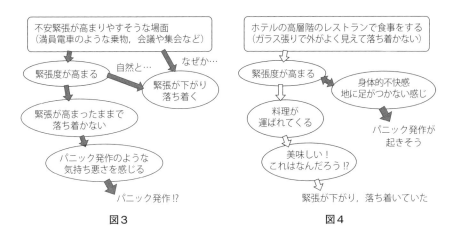

図3　　　　　　　　　　　　　　図4

す。どのような生活場面で不安緊張が高まりどのように推移するのか，不安緊張が高まりすぎてパニック発作に至るのはどのような場合か，細かく記録してもらいました。

2）患者による行動観察

予想以上に患者の記録や洞察は詳細で，興味深い行動が観察されました。不安緊張が高まる場面には共通の特性があり，それは「自分のペースで動けない時」だと言います。患者が思いつきやりたいことを，やりたいペースでできるのか，できない状況なのかが大きく関与しました。車などの乗り物の中にいる時や話し合いの場所にいる時，決まった時間に仕事をしなければならない時，コンサート会場や劇場にいる時，などの場面では例外なく不安緊張は高まっていました。不安緊張がある程度持続して増強すると，パニック発作のような状態を招きます。しかし先述の場面で必ずしも毎回パニック発作になるのかといえば，そうではありません。単に場面刺激だけが不安を惹起するのではなさそうです。同じ場面に居続けても，不安緊張が高まったあとだんだんと落ち着く場合と，高まったままでなかなか安心できず発作のような気持ち悪さを伴い始める場合と，経過に異なりがあることもわかりました（図3）。ここの部分をきちんと行動分析して把握する必要がありそうです。

そういう例として患者が具体的に挙げた状況は以下のようなものでした。ホテルの高層階でガラス張り，外が見えて「地に足がつかないような」落ち着か

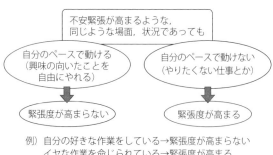

図5

ない感覚の場所のことです。ホテルに宿泊した時には、かなりの長時間落ち着かずリラックスできない状態が続き、夜にお酒を飲んだあとにいくらか不安緊張が軽減しました。それでも「地に足がつかないような」落ち着かなさが持続していました。別の日に同じくホテルの高層階で食事をした時には、飲酒はしていなくても食事が運ばれてくると比較的早く不安緊張が下がり、落ち着かなさもほとんど意識しなくなりました。これは図4のような刺激−反応の流れであり、グレイの矢印で示されたパニック発作に至る流れとは何かが異なるはずです。別の刺激−反応の関与がそこに疑われます。

　患者が記録してきた別の生活場面に、町内会の会合がありました。そういう会合は非常に緊張するので、患者は前日から水分を控えて抗不安薬を内服して臨んでいます。これまでそのような場面では、抗不安薬も限局的な効果しか示してくれません。しかし今回の会合場面は町内会長の自宅で、参加者が同じ場所にじっといなくてもかまわず、それぞれが思い思いに座り立ち、振る舞えるような状況でした。すると患者の不安緊張は速やかに軽減し、あまり気にせず会合参加を終えることができたのです。これらの行動観察と患者が述べた不安緊張を誘発する場面特性を併せて考えると、患者が自分のペースで思うように動けるかどうかが、同じ場面や状況でも不安緊張の持続・増悪を左右していました（図5）。自分のペースで動けると、不安緊張が高まる場面でもすぐに減退し、動けないと不安緊張は持続増悪するということです。すると曝露法を患者におこなわせた場合に、曝露場面でも患者が自分のペースで動けてなければ不安緊張の減弱が得られないかもしれない、治療効果が得られないのではないかと想像できました。自分のペースで動ける場面では、あちこちに興味の移るままに行動したり没頭したりできていますが、動けない場面では興味の方向に

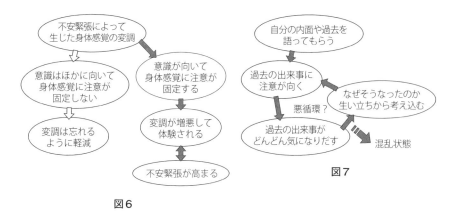

図6

図7

没頭できないため自身の不安緊張へ意識が向きがちでした。

　以上の行動観察から，本症例では「患者の注意がどこに向いているか」が大きく不安緊張に関する刺激－反応の流れを左右していると考えました。患者の注意が向いてその対象に意識が固定してしまうと，過剰に強く対象が知覚されてしまうのです（図6）。海外生活で興味のあることに夢中になっていた時には不安緊張が高まる場面もわりと平気でやり過ごせたのも，この刺激－反応の連鎖が介在すれば理解できます。同じ先行刺激場面でいつもパニック発作まで至らないのもそのためでしょう。患者がやりたいことをやりたいようにしている場面では症状が軽減しますから，一見自分勝手な印象も受けるのです。不安緊張に注意が向くと増悪しやすくなりますから，特定の場面を設定して曝露法をおこなう治療が無意識に回避されたのかもしれません。「この場面への曝露治療をおこないますよ」と決定することで，不安緊張がより高まるからです。もしかすると過去の治療において患者の内面や過去を掘り下げる治療も，過剰に注意をそこに向けさせてしまうことで，混乱を招いたのかもしれません（図7）。

3．症例Aの治療

　以上から考えられるのは，回避場面に曝露することで不安緊張を下げていく治療の方向です。図2のような治療介入が考えられます。例えば避けている会議に参加するとか電車に乗るとかいう場面を設定します。その上で一時的に不

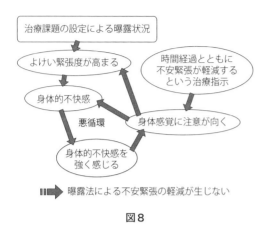

図8

安緊張が高まったとしても時間経過とともに軽減するので，充分に不安緊張が下がるまで会議場面や電車に居続けてください，という指示をします。その体験をくり返せば馴化が生じて，会議や電車の場面でも不安緊張が生じなくなるのです。しかし先述の行動分析から，本症例ではいくつかの注意点が考えられます（図8）。一般的な曝露法による治療だと，曝露場面の設定自体が患者のやりたいことではありませんから不安緊張がよけいに高まります。さらに「時間経過で不安緊張が軽減する」という教示は，患者に自身の不安緊張状態を意識させます。本症例だと尿意の感覚であり，動悸や息苦しさなど身体変調感に過剰に注意が向くことになります。すると図8のような悪循環が生じていつまでも不安緊張は軽減しませんから，図2の治療効果が発揮できません。本症例で曝露法を有効に機能させるには，治療場面の設定を患者に自発的におこなわせることと，曝露状況で注意を不安緊張状態に向けさせない工夫が必要です。

　本症例は体質的にも不安緊張が高まりやすく，高層階とか短距離の電車などささいな刺激でも過剰に不安緊張が惹起されていました。これは長期病歴の結果でもあります。曝露法による治療を進めるのであれば，今後は継続的に不安緊張を惹起させる状態が生じます。不安緊張状態に馴化させるのが学習の手段ですが，惹起された不安緊張がそもそも強すぎると馴化が生じるのに時間がかかり難しくなります。治療のためでも不安緊張状態が持続すると，抑うつ状態を招いて治療の進行を妨げてしまう恐れもあり，過去の病歴からもその可能性はあります。そのため曝露法による治療を始めるにあたり，薬物治療を用いて曝露場面での不安緊張をある程度軽減できないかと考えました。曝露法による治療は必要ですが，それをスムースに進行させるためには薬物治療が必要ではないかという発想です。

当科に紹介された時点での薬物治療は、パロキセチン 10 mg／日に加え、ロラゼパム 0.5 mg を寝る前と不安時の頓用として用いていました。抗不安薬としてのロラゼパムの用い方はそのまま継続し、病的な不安緊張の軽減作用を期待してパロキセチンではなくフルボキサミンを充分量用いてみました。漸

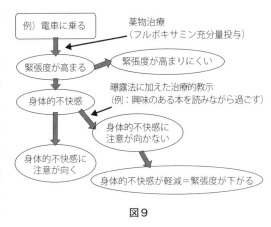

図9

増してフルボキサミン 150 mg／日まで用いましたが、投薬量が 100 mg／日を越えるあたりから曝露場面での不安緊張が軽くなってきました。具体的には高層階のお店やホテルなどで落ち着かない感覚が生じても、以前のように不安緊張感まで至りにくくなりました。気分的にも以前よりも気楽になったというか、過ごしやすい印象を述べます。しかし依然として苦手な会議場面は不安緊張が高まるためできるだけ避けており、電車には乗れません。

そこで患者に合わせて「注意がどこに向いているか」を意識させながら曝露法での治療を進めました。まず先述の行動分析（図5, 6）を患者に呈示して理解してもらいます。不安緊張が惹起される曝露場面では、なるべく注意を自分の興味があり、やりたい対象に向けること、不安緊張を意識させる身体不調感（尿意など）に注意を向けず他にそらしておくこと、という治療的指示を曝露法に加えました。例えば興味のない会議に出席する時には意図的に自分のやりたい仕事の「内職」をして時間をやり過ごすとか、電車の中では本や携帯に集中しておくなどです。すると曝露場面でも、時間経過でいつの間にか不安緊張を忘れていたことが体験され、不安緊張感があまり生じなくなりました。電車に乗る課題ですと徐々にトイレのない列車や特急列車など、より不安緊張が強く惹起される場面へと曝露を進めましたが、問題なく乗れるようになりました（図9）。

当科で治療開始して約6年が経過しています。だいたい初めの1～2年で生

活上の障害はなくなり，飛行機に乗り帰省ができるようになりました。現在は不安緊張のことをまったく意識せずに，忘れてしまったかのような生活が送れています。フルボキサミン 150 mg ／日の投薬は継続しており，多少の変化でも気持ちが動揺しにくく生活しやすいと実感されています。先日事情があり数年ぶりに実家に宿泊しました。過去に苦しい思いをした環境に戻ったためなのか，そこで電車に乗った時，久しぶりに落ち着かない息苦しい感覚が生じてしまったそうです。その時にも自分から注意をそらすことを思い出し，車内テレビや携帯に集中して目的地まで電車に乗れたと報告してくれました。注意の向く方向で症状が左右されるという行動分析が患者にも理解できて，かつ体験として身についているということだと思います。

Ⅲ　治療技法が薬物治療を補足した症例

1．症例呈示

　この症例も当科初診までに専門的な精神科治療を 5 年ほど受けており，患者が認知行動療法による治療を試してみたいと主治医に相談して紹介となりました。平行しての精神科治療は適切でないので，どちらか一方の治療に決めるようにと主治医からアドバイスを受けての紹介です。

　【症例 B】当科初診時 30 歳男性，学生。

　【主訴】「強迫神経症の治療を受けたいために来院しました」と問診票記入。

　主治医からは「これまで精神療法をおこなってきましたが，行動療法を受けてみたいと希望しています」と紹介状記入。

　【生活歴】

　同胞 2 人の第 2 子長男として出生生育。

　発育歴発達歴上で問題を指摘されたことはありません。子どもの頃から大人しくて友人付き合いが少ないという傾向はあります。

　中学受験で第一志望には落ちてしまい，第二志望の中学に進学して寮生活を始めました。寮生活にまったく馴染めずホームシックとなり，中学 1 年生の 3 学期で進学校をやめて地元の中学に編入します。しかし地元の中学にも馴染めず中学 2 年生から不登校気味となり，中学 3 年生はほぼ不登校で経過しました。

受験勉強を頑張り進学校の高等部に入学できましたが，やはり周囲に馴染めず高校1年生の途中から不登校気味となり，高校2年生の終わりに中退してしまいます。

18歳の時に大学検定に合格し，大学進学を目指します。専門性の高い学部を目指し予備校に通い，浪人3年目で不満はありましたが大学に進学しました。しかし自分の望む学部に進学したいと浪人4年目に入り，かつ宅浪生として努力を重ねます。希望以外の学部には合格するのですが納得できず，ようやく浪人6年目24歳の時に志望の大学学部に合格しました。

大学進学後はサークルなどには所属せず，留年をすでに3回くり返しており進学に不安を抱えている状況です。

【現病歴】

浪人をしていた22歳の頃から，テレビで不幸なニュースを見たあとなどに「不安になって恐ろしいことがふと頭に浮かぶ」という体験が始まりますが，生活に支障ありませんでした。

24歳で大学合格してから「恐ろしいことが頭に浮かぶ」と「逆にいい気味だという気持ちが浮かぶ」ので，その気持ちを打ち消さないと目の前の行動ができなくなり，次の動作に移れないなど生活上に困難をきたし始めました。そこで恐ろしい考えが浮かんだことを教会に行き告白するようにしました。神父さんに話すと一時的に不安が和らぐのですが，次第に神父さんに会うと緊張して肩に力が入るようになり，恐ろしい考えが浮かぶたびに「気の毒だと思わなければいけない」「祈らないといけない」など強迫的な対処が増えていきました。

勉強などへの支障も大きくなってきたためにX－5年25歳の時に紹介元のクリニックを受診しました。通院を開始して2カ月ほどしてからは専門的な精神療法が導入され，薬物治療も併用されました。添書の記載では「抵抗が強く，なかなか精神療法が進まないことが続いていました。行動療法とどちらも受けたいと希望しましたが，どちらかにしてほしいと私から伝え，行動療法を選んだという経過でした」と報告されています。

クリニックでの治療開始時よりも強迫症状は軽減しており，強迫観念の出現頻度自体は変化ないのですが，強迫観念と実生活の出来事を結びつける不合理感は強くなってきたと述べました。留年が決定するなど生活上のストレスで不

安が高まると強迫観念の出現が増悪するのですが，それがいくらか改善したという変化も認めました。当科紹介時，薬物治療はフルボキサミン 150 mg／日でおこなわれていましたが，投薬量が 150 mg に増量されてから前述の治療効果が生じたと自覚しています。それでも強迫行為により思うように日常生活は送れておらず，留年をくり返しているのも強迫症状による影響が大きいようでした。

前述のように紹介にてX年3月に当科初診です。

2．症例Bの行動分析

強迫性障害であるのは間違いなく，強迫観念に対して「あり得ない」とか不合理感を充分に持てていました。強迫行為は思考行動による打ち消しであり，強迫症状の大部分は思考行動によるものです。強迫症状については図のような行動分析になると考えます（図10）。

本症例の強迫症状における特色としては，先行刺激が特定できず，必ずしも同じ動作や場面で強迫観念が出現しない点です。むしろ留年が決定するなど生活上の心配や不安緊張が高まる状況で，強迫観念の出現頻度が増悪していました。強迫観念の内容は「考えてはいけないような不吉な恐ろしいもの」という特徴こそ共通するのですが，「友達が事故に巻き込まれる」とか「お年寄りが転んで骨折する」とか，内容はさまざまで一定しません。強迫観念が生じることから恐れている状況はあいまいで，本当に事故や不幸な出来事が起きたらどうしようと心配するよりも，「ザマア見ろと思ったら申し訳ない」という自責の気持ちが生じることを恐れていました。思考行動による強迫観念の打ち消しは，明らかに強迫観念の出現を増悪させており，強迫症状としての悪循環を呈しています。曝露反応妨害法を中心とした治療技法の適応ですが，先行刺激が特定しづらいため曝露状況の設定が難しそうです。

これまでの治療による体験の変化を訊いて，行動分析に組み込んでみます。残念ながら精神療法による変化ではなく，フルボキサミンの投薬量が 150 mg／日となってから体験が変化していました。具体的には，それまでであれば不安が上昇して強迫観念の出現頻度が増悪したような生活上のストレスが生じても，あまり強迫観念の出現頻度が変化しなくなったのです（図11）。

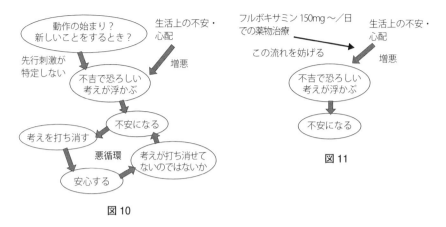

図 10

図 11

　強迫性障害において，日常生活のあらゆる場面で強迫観念が誘発されていて先行刺激が特定できない状態では，病的不安が強すぎるという場合があります。このままでは曝露反応妨害法に導入しようにも，特定の先行刺激が他の刺激と弁別できませんから，曝露状況が設定できません。その場合は薬物治療で病的不安を下げて，特定の先行刺激がなければ強迫観念が生じない状態にするか，物理的に刺激状況をコントロールできる治療場面を設定する必要があります。本症例での先行刺激の特定しにくさでも，同様に病的不安の強さが疑われました。曝露反応妨害法を導入するには，強迫観念の先行刺激が特定できる状態が必要だと考えます。

　これは文献的な知識の問題ですが，強迫性障害に対してフルボキサミンを用いる時には高用量でなければ効果が得られません。一般的に 150 mg／日以上で有効だと言われており，250〜300 mg／日まで症状により用いられます。本症例ではフルボキサミン 150 mg／日の投薬で行動分析上の刺激−反応における変化が生じており（図11），有効例ではないかと考えられるのです。

3．症例Bの治療

　まずはフルボキサミンを漸増していき薬物治療の効果を評価しました。曝露反応妨害法はまだ適用しにくいので「強迫観念が生じても打ち消さずに次の動作に移り流していこう」と反応妨害の教示だけをしておきました。

　フルボキサミン 200 mg／日の投薬で，それ以前よりもさまざまな状況下で

不安感や緊張感が生じにくくなり，強迫観念の出現頻度も減少しました。気持ちが全体にやや軽く楽になった変化を述べましたが，強迫観念がいざ生じてしまうと強迫行為をせずに次の動作に移るのはつらくて，つい打ち消し行為をしていました。フルボキサミンを 250 mg／日まで増やすと，強迫観念自体の出現頻度もぐんと減り不安も下がりました。強迫観念に対して打ち消し行為をせずに対処できるようになり，その方が楽だと実感できて自信をつけ始めます。これ以降はとんとん拍子に強迫症状は改善しました。強迫症状の行動分析を理解して強迫行為をおこなわずに不安を下げる対処を身につけ，薬物治療と同時に反応妨害法を平行したことで，さらに速やかに強迫観念の軽減が得られたようです。海外旅行に出かけるなど生活場面の変化があっても，強迫観念自体が生じなくなりました。治療開始して 1 年ほど経つと，生活上で不安が上昇する状況であっても，まったく強迫観念が生じなくなりました。

　当科での治療開始から現在 3 年強が経過しており，フルボキサミン 250 mg／日の薬物治療は継続しています。強迫観念自体が出現せず，反応妨害法を用いた対処は学習できていますが，その必要もない状態が続いています。治療の結果でもありますがその後はまったく留年せずに無事に大学を卒業し，国家資格取得のために勉強中です。

Ⅳ　すべては必要な学習のための手段

　認知行動療法とは，行動分析に基づき治療の対象と目標を定めて，そのためにはどのような学習が成立すれば達成可能だろうかと考え，それをおこなう過程です。例えば症例Ａならば主訴に沿った治療目標は飛行機に乗れることでしょうし，自由に電車に乗れたり会議に参加したりできることです。そのためにどのような学習が必要となるのか，行動分析に沿って考えます（図 2）。特定の先行刺激場面である会議や電車などで，病的な不安緊張が生じないか充分にコントロールできる学習が必要です。そのためには曝露法を中心とした治療技法により，体験を積み重ねる必要があります。曝露法により先行刺激場面で生じる不安緊張に馴化していく体験が，必要な学習を達成させるのです。そこに薬物治療も用いられます。不安緊張をある程度軽減させて曝露法への導入を

スムースにするためと，不安緊張の高まりから抑うつ状態を招き治療継続が困難とならない用心，という役割です。薬物治療は曝露法による学習を助けるため用いており，曝露法も薬物治療もその目標とするところは同一です。さらに曝露法が有効となるために「注意の向き」という行動を加えた行動分析に修正し，曝露法の適用の仕方を工夫しました（図9）。薬物治療がなければ曝露法はこれほど有効でなかったでしょうし，当科での治療も中断してしまうとか，効果が曖昧だと患者から思われたかもしれません。薬物治療は曝露法という治療技法とともに，学習に必要な体験を促進しているのです。

　症例Bの場合，治療目標は強迫症状とそれに伴う不安で日常生活が障害されなくなることです。例えば勉学に支障がなくなり，結果として留年をくり返さなくてすむことです。強迫観念が出現しなくなるか，たとえ出現したとしてもその不安が充分にコントロールできるという学習が必要です。行動分析の結果から強迫症状が強迫行為による不適切な学習の結果だと把握できるので，曝露反応妨害法中心の治療技法が適応です（図10）。曝露反応妨害法を導入するためには，先行刺激が弁別可能とならねばいけません。そのために病的不安を軽減させようと充分量まで薬物治療を用いたところ，不安が軽減し強迫観念の出現がかなり減少したのです。一見すると目標の学習成立に必要な体験が，薬物治療だけで得られたかのようです。けれども薬物治療により強迫観念と病的不安が軽減する体験が生じても，それからも強迫行為で不安を下げようとする対処を続けていれば，やがてまた強迫観念が増悪してくる可能性があります。不安を介在した強迫症状の悪循環が生じるためです。薬物治療だけではなく曝露反応妨害法に沿って不安をコントロールする学習がなされなければ，この種の強迫症状は改善しません。そこで薬物治療に曝露反応妨害法（とくにこの場合は反応妨害法）による治療を加えました。曝露反応妨害法により，強迫観念とそれに伴う不安が軽減するという体験が加わります。すると薬物治療の効果以上に強迫観念と不安は減弱していき，やがては生活上の不安が高まる場面でもまったく強迫観念が出現しないまでに改善しました。薬物治療で得られた体験を曝露反応妨害法による体験が後押しして，先行刺激場面で強迫観念と不安が生じなくなる学習が完成しています。

　さらにこの症例Bでよくわかるのは，行動分析を用いると薬物治療の効果が

見えやすくなる点です。行動分析の中に位置づけ，特定行動の出現頻度や強度という形で体験の変化を把握します。すると，薬物治療による変化を捉えやすく見逃しにくくなるのです（図11）。この症例でもフルボキサミンがどの部分にどう有効なのか把握でき，増薬して治療効果を充分に引き出すことに成功しています。第6章と第7章で述べてきたように，薬物治療により生じた体験を行動分析の中に位置づけ，治療技法などとともに行動変容の手段と考えていく方法には，こういった利点もあるのです。

　薬物治療による変化を精神療法の文脈に取り込もうという努力は，さまざまな立場から試みられてきました。認知行動療法では行動分析という対象把握手段を用いて，動的かつ繊細に薬物治療による体験変容を取り込めるのが実際的です。薬物による精神疾患の治療がますます重要となる現代において，精神療法と共存する立場から，とくに行動分析という技術の特性が際立つように思います。

第9章 併存疾患がある場合の
行動分析による考え方

I　併存疾患があるという考え方

　複数の精神疾患が同一の患者に認められるというのは，どういうことでしょうか。例えば「強迫性障害とうつ病のComorbidity」いう表現で，うつ病と強迫性障害の併存を指摘されます。不安障害やうつ病にパーソナリティ障害が併存すれば難治傾向だと言われます。下手をすると統合失調症にうつ病が合併しているという表現もされますから，いつの間にか精神科の常識である二大精神病概念が崩れ，単一精神病仮説に接近していたりもします。精神疾患における併存疾患という考え方は，すでに日常的な表現としてよく目にします。これらは私が精神科臨床を始めた二十数年前にはまだ珍しかったように思います。DSMやICDなどの操作的診断が一般的となってからではないでしょうか。臨床場面にある精神症状や問題を，こと細かく拾い上げてグルーピングする作業を精神科診断と呼び始めてからの傾向です。

　精神科診断というものが，患者の人となりを理解し把握するための大きな流れを指す言葉だとすれば上のような考え方とは齟齬が生じます。操作的診断以降は，精神科診断を精神症状名の列記のことだと理解した方が実情に近いようです。「うつ病」とは抑うつ症状群のことであり，「統合失調症」とは統合失調症様の症状群のことにすぎません。かつては精神症状や臨床に持ち込まれた問題をまとめあげる物語を抽出して，その流れに名づけをする作業が精神科診断でした。基本的に精神科診断はひとつで，その大きな流れの中で症状なり問題を解釈して把握していました。ですから伝統的な精神科トレーニングを受けた人には，操作的診断をベースにした考え方に抵抗があります。全人的な対象理

解に欠けるとか，箇条書き的に過ぎるといった不満を感じるようです。私も基本的には同意見で，ひたすら病名が羅列されるような診断には違和感を感じますし，臨床的な意味が感じられません。しかしすべてにおいて伝統的な精神科診断が素晴らしいのかと問われれば，そうでもないかなと迷うのです。

　既存の疾患概念に沿った物語や流れが重視されるあまり，個別性の高い症状や問題点を見逃したり故意に無視しがちでないとは言えないからです。精神科臨床の問題を，過剰に両親との葛藤や生育背景などに帰納しすぎた印象は拭えません。同一患者に複数の精神疾患が存在しうるという考えには，ひとつの精神疾患にはそれ以外の精神症状が存在しない立場よりも，患者の多様性に対し鋭敏になる可能性があります。それでも個々の症状や問題を拾い上げるだけ拾い上げ，それをまとめあげる仮説を作らなくなったのは弊害だと思います。仮説としての物語や流れが欠如していては，治療可能性や未来予測という臨床の要請に応えられないからです。併存疾患として捉えた症状や問題を，個々の症例ごとにまとめあげる必要があります。現在ある併存疾患を列記するような精神科診断に，全体をまとめあげる物語をどのようにして作り出すべきか，議論しなければいけません。

　それまでのやり方に何かが欠けていると感じたから，新しいやり方は生まれます。それまでのやり方に対する反撥が，たいてい新しいやり方をちょっとだけ歪にします。その歪さをまた欠けていると感じて，次の新しいやり方が生まれていきます。どの技術分野の発展にも同様のくり返しがあるのです。伝統的な精神科診断と操作的診断との関係でも，同じような印象を受けます。精神科診断の手段としての違いで，道具としての一長一短だと思います。書籍で知識を得るか，パソコンで知識を得るかみたいなものでしょうか。流れを重視して個々の細部に鈍くなるか，細部を拾い上げるだけで流れを構想しないのか，陥りやすい失敗が道具により異なるだけだと思います。併存疾患に寛容な操作的診断以降の立場から得られるメリットも大きいはずです。個人的には，統合失調症という診断における発達障害圏の指摘や，さまざまな精神疾患におけるフラッシュバック体験やPTSDの関与については，その視点からの贈物だと感じています。

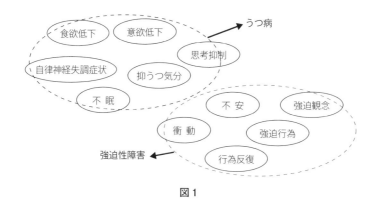

図1

Ⅱ 併存疾患という考えを行動分析する

　例えば「うつ病」という疾患と「強迫性障害」という疾患が併存するとはどのような状態でしょうか（図1）。患者にさまざまな精神症状や問題が認められる場合に，ある特定の疾患概念を構成する要素をグルーピングすると，ひとつの精神科診断が成立します。第7章の症例のように既存の精神科診断の要素に欠けると，どの精神科診断も成立せず診断困難例となります。2つ以上の精神科診断が成立するに足る精神症状や問題を認めた状態が，すなわち「併存疾患」だと考えられます。

　認知行動療法の立場からは，いくつの併存疾患が認められるかは重要ではありません。併存疾患としてまとめられる以前の精神症状や問題が，どのように相互に行動分析されるのかが重要です。ばらばらに見える精神症状や問題といった「行動」群を刺激−反応の連鎖で把握していきます（図2）。またさらに行動群がグルーピングされて「精神疾患」としてまとまる「併存疾患」相互の刺激−反応を考える場合もあります（図3）。第1章で説明したように「うつ病」という疾患としてまとめられる行動群をひとつの「行動」と捉えて，同じく「強迫性障害」という「行動」との行動分析を考えています。精神科診断と行動分析では，第2章で示したように異なります。

　「うつ病」というのは抑うつ症状，すなわち抑うつ気分や意欲自発性の低下などを主症状とする疾患であり，「強迫性障害」というのは強迫症状，すなわ

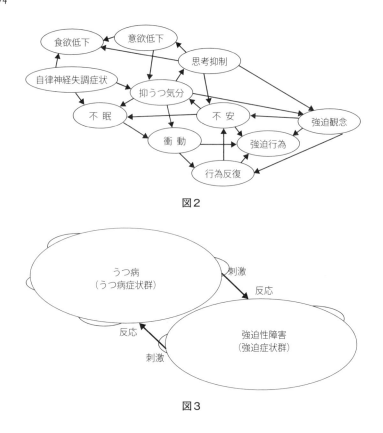

図2

図3

ち強迫観念や強迫行為を主症状とする疾患です。「うつ病」と「強迫性障害」が併存しているという視点ではなく，それらを構成している行動群における行動分析や，「うつ病」や「強迫性障害」としてまとめられた行動群相互の行動分析という視点が認知行動療法では求められます。行動分析に基づいて，治療に必要な学習やその手段を考えていくのです。行動分析さえしっかりしていれば，無理に精神科診断というまとまりを作り出さずとも，認知行動療法による治療は可能です。併存疾患があるかどうか，既存の精神科疾患が診断できるかどうかすら，認知行動療法には必要ないかもしれません。

　強迫性障害とうつ病が併存している症例において，どのような行動分析から治療が進められるのか，今回も実際の症例を挙げつつ考えてみましょう。

Ⅲ　症例呈示

1．症例A
1）症例のプロフィール
【症例】当科初診時46歳男性，会社員。
【主訴】「特定のことで不安が強い」。通院中のクリニックから紹介されて来院。
【生活歴】
発達歴発育歴上の問題指摘は記憶にありません。

元来，子どもの頃からじっとしておくことが苦手で，白黒はっきりしていないと気がすまない性格でした。大学卒業後に現在の会社に就職し20年来勤務しており，仕事に関する適応は悪くありません。妻と子ども2人の4人家族で，それなりに良好な社会適応です。

【既往歴】

35歳頃，とくに誘因は覚えていませんが，うつ病で治療歴があります。この時はイミプラミン主剤で治療されました。一過性に不潔恐怖様の強迫症状も出現しましたが治療対象にもされず軽快しており，うつ病自体も数カ月で軽快しています。その後は今回まで精神科治療は受けていません。

【現病歴】

X－2年6月に転勤でF市支社に戻りました。仕事は以前も経験のある内容で慣れていたのですが，患者から見て職場環境がいい加減で上司に対する不信感が強く，適応困難を感じていました。

X－2年の秋頃から気持ちが落ち込み，倦怠感が出現してきました。

X－1年4月頃からは，経験もある仕事なのに成績が上がらず効率が悪いと職場で評価される状態に陥りました。次第に仕事上で印鑑が押せない，印鑑を押しても何度もくり返し確認することが止められない，などの行動が問題となります。

X－1年8月，上司から勧められてAクリニックを受診しました。

Aクリニックではアミトリプチリン主剤で加療されました。患者が薬物治療に抵抗感が強く充分な治療がおこなえていないと評されており，症状改善は

まったくなく，検印できないという問題は続きました。治療が停滞する中で就労継続すら困難となりつつあり，患者も次第に追いつめられました。

そのような状況下で認知行動療法による治療を主治医から勧められ，X年6月に当科を受診しました。

【初診時現症】

サラリーマンらしい地味な外見ですが，話し出すとなにやらバタバタと忙しい印象で，思わず笑ってしまうような雰囲気がある人です。情緒的な細やかさや機微に欠けるのですが，これまでの生活適応から見ても発達障害というほどの特徴ではなさそうです。妻から見て，自宅ではまったく症状は目立たず問題がないと言われます。面接時の話し方がそういった調子なので，抑うつ感や意欲低下があるようには伝わってきません。

2）行動分析

仕事上の押印という行動を中心に強迫行為らしき症状と，気持ちの落ち込みや作業効率の低下に倦怠感といった抑うつらしき症状を認めます。

もともと白黒はっきりしないことが苦手で，強迫的な傾向を持つ人物でした。人よりも慎重でくり返し確認する傾向はあったようです。しかしX−2年の秋まではそれで困ってはいませんし，就労上の問題も生じていません。

病歴上の経過からはX−2年6月の転勤以降に，職場や上司への不信感から職場不適応が生じ，気持ちの落ち込みや倦怠感が出現しています。そのうち作業効率の低下とともに，押印後何度も強迫的に確認する行為や押印そのものを回避し拒否する状態が生じました。抑うつ気分や思考抑制といった抑うつ症状群が少し先行して，強迫行為や回避といった強迫症状群が病的不安を伴いながら後続したように見えます。抑うつ症状群が先行刺激で，強迫症状群が後続反応ではないかと考えられます。適応障害としての抑うつ状態になることで，それまで自己コントロールできていた強迫傾向が，強迫症状化したのではないかと推測しました。

患者の示している強迫症状そのものを行動分析して細かく見ていきます。先行刺激は仕事上で押印するという行動です。病的な不安とともに強迫観念が生じて，何度も押印した書類を確認してやめられなくなるので，押印そのものを回避して拒否するようになります。強迫症状としては，押印後の確認という強

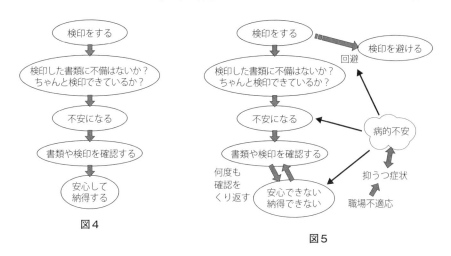

図4　　　　　　　　　　　　　　図5

迫行為よりも回避が中心でした。押印の拒否により現職として就労継続が危ぶまれる状況に追い込まれています。患者が不安に思う強迫観念は「送付部数に誤りがないか，送付目録の内容が正確か心配」といった，仕事上至極もっともな内容で不合理感も弱いものでした。むしろ病前においては，会社員として適応的に機能していたはずの心配です。強迫症状において患者が恐れる状況はすべて，「なにかあった時に自分のせいにされるのではないか」という心配に行き着くのですが，上司および職場への不信感から生じていました。

　病前において確認行為は図4のように日常的な不安軽減の手段として機能しており，強迫的であるかもしれませんが自己コントロールの範疇にあります。ところが適応障害から生じた抑うつ状態で，病的な不安が持続します。とくに職場環境において不安が病的に高まるため，これまでは確認行為により体験できていた不安軽減が体験できなくなります（図5）。そのため何度も確認行為がくり返されるようになり，強い不安を感じる押印という行為を回避し始めます。押印後に何度も書類や検印を確認する行動は強迫行為ではありますが，行動分析してみると不安を一時的にでも下げる効果が見当たりません。むしろ確認行為により不安が軽減しないから，強迫的なくり返しが生じているのです。

　一般的な強迫症状の行動分析を何度か示しましたが，第1章の図1のようなものです。不安が介在して学習され悪循環を呈しており，曝露反応妨害法の適応となる強迫症状です。しかし本症例の強迫症状とは行動分析が異なります。

本症例では強迫行為により一時的に不安が軽減しておらず，患者の不安は職場環境に対する不適応や抑うつ症状によって生じて維持されます。ですから治療方針としては，適切な抗うつ薬を用いて病的不安を含む抑うつ症状を軽減させ，職場環境の調整で不適応場面が生じにくいように働きかけることです。これで不安が改善すれば，強迫行為の出現頻度は減少するはずです。

ただし強迫症状が二次的に増悪しないように，回避をなるべくおこなわせず曝露場面を意識させて，強迫的な確認やくり返しをさせない反応妨害の指示は必要だと考えました。

3）治療経過

過去のうつ病治療で有効であったイミプラミンを 10 mg／日から開始したところ，「気持ちが落ちつく」と患者の評価もよく，25 mg／日まで増量しました。そこで「身体も気持ちも楽になっている」と気持ちの面でバタバタしなくなりました。しかし 50 mg／日まで増量すると倦怠感とふらつきを訴えて 25 mg／日で維持しましたが，それでも徐々に落ち着きが出てきました。

同時に避けていた検印に関するハイラキー（不安階層表）を作成し SUD（自覚的不安尺度）の低い順から印鑑を押す曝露を始め，押印後の確認は 1 回だけと取り決めました。この 1 回だけの確認で不安が軽減しなくても，そのまま我慢して過ごすように指示します。これが曝露反応妨害法による学習であれば，時間経過により 1 回だけの確認でも不安が徐々に軽減する馴化が生じるはずであり，不安軽減をモニタリングさせ治療の指標とします。けれども本症例では一般的な曝露反応妨害法の適用時とは異なり，馴化による不安の軽減作用を期待していません。曝露反応妨害法の形式を借り回避をやめさせることと，強迫行為のくり返しから不安軽減が学習され，二次的に強迫症状が増悪することを防止するのが目的です。薬物治療の効果を中心に不安が軽減していけば，押印後の 1 回の確認でもあまり不安を感じなくなり我慢しやすくなるはずです。

X 年 7 月頃には SUD：50 までなら検印できて，確認をくり返さなくなりました。全般的な不安自体も軽減して以前より楽だと自覚しており，休日も疲れてやる気が出ない状態から気分よく活動して過ごせるようになりました。抑うつ症状である意欲の低下や病的不安が明らかに改善しています。

X 年 8 月には，仕事の状況に合わせてハイラキーを作成し直し，曝露治療を

継続しました。仕事が多忙になると疲れて憂うつになり、細かなことが気になりやすく確認が増える傾向を認めました（図6）。患者もそれに気づき、意識して疲れすぎないように注意し始めます。自分の得意分野の仕事には積極的に取り組むなど、気分の改善と意欲向上がさらに認められました。

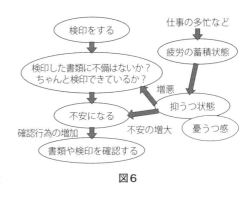

図6

X年9月になると、仕事上必要な検印ではほとんど問題を感じなくなります。ハイラキー上ではSUD：80までクリアーできました。納得できない仕事を拒否することはあるのですが「これは強迫症状ではなく自分の性格である」と自覚しています。まだ病的な症状として残っている部分として、「まあいいや」と思える許容範囲が狭いことが挙がりました。

X年10月に部署異動があり、以前よりも働きやすい上司のもとで働きやすい職場環境となりました。職場不適応という要素がほぼ解消され、仕事上の検印はすべてできて強迫症状はほとんど問題なくなります。好きな仕事内容には積極的に取り組み、意欲低下や病的不安など抑うつ症状の再燃もありません。X＋1年5月から上司の交代とともに白黒はっきりした仕事が増え、さらに働きやすくなったと言います。

治療開始して7年が経過しております。維持治療としてイミプラミンの内服は続けており、抑うつ症状や強迫症状の再発もなく安定しています。現在は単身赴任して、さらに自分のやりたい職種に集中できる状況だそうです。強迫症状は就労上でも問題とならず、数カ月おきに経過報告に通院しているような状況です。

2．症例B

1）症例のプロフィール

【症例】当科初診時53歳男性、自営業。

【主訴】「強迫概念のような不安が押し寄せてきて、気分が憂うつになってし

まう」

【生活歴】

発達歴発育歴上の情報はありません。

中学2年生の時にクラスで盗難事件があり，友達から冗談で疑われて自分がしたような気分になり落ち込み，1年近く経って自然軽快したというエピソードがあります。それから何か悪いことが起きると自分のせいではないかと思いこむ癖がつきました。高校時代にも気分の落ち込みのエピソードがありましたが，自然軽快しています。4年制大学卒業後は数回転職しますが，32歳で結婚してからは自営業を始めて現在に至ります。子どもを二人もうけて，社会適応はそれなりに良好でした。

妻から見て，何度も水道を締めるとかタバコを消したか確認するなど変わった行為が以前から目に付きましたが，生活に支障はなく単なる癖だという印象を持たれていました。

【現病歴】

X-1年2月に接待で知り合った水商売の女性に書いた手紙を，同年9月に妻に見つかり浮気を疑われました。誤解は解けたのですが，それから妻の機嫌が気になり不眠で落ち込むようになります。食欲低下し半年で7kg体重減少し，不眠と抑うつ気分が続き，たまに希死念慮も出現し始めました。生活全般に確認行為が目立ち，生活が障害されるようになります。

趣味すらしたくない，仕事も能率が悪く頑張らないといけないが苦しいと訴え，妻同伴でX年5月に当科初診しました。

【初診時現症】

外見はスーツにネクタイ姿で髪も整えてはいても，余裕がない印象です。話し出したら止まらず，自分のこだわりから話題を換えることができません。些細なことを大まじめに真剣に話す傾向が認められます。話し方は息をつく暇もないほど早口で，話し終わったら疲れ果てた表情です。元気に振る舞うわりに，エネルギーの低さが感じられます。思考のまとまりは悪く，頑固だという印象でした。何事にもやる気がないと訴えます。

2）行動分析

本症例も不眠や気持ちの落ち込みに体重減少を伴う食欲低下などの抑うつ症

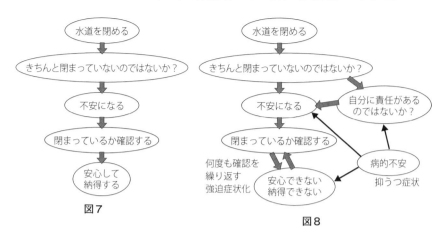

図7

図8

状と，病的不安を伴う確認行為の反復という強迫症状を呈していました。多少風変わりな人物ながら社会適応は良好で，もともとは強迫傾向を認めても生活は障害されず，癖の範疇でとどまっていたようです。病歴からは抑うつ症状群が先行して，強迫行為が症状化した印象を受けます。

本症例の行動分析を試みると，症例Aとよく似た結果になりました。もともと癖としての確認は日常全般に認められるのです（図7）。この時点では何も患者は困っていません。確認行為は自身の行動としてコントロールの範囲内にとどまっているからです。ところが抑うつ状態となり病的な不安が持続することで，確認行為による安心が得られなくなりました。その結果強迫行為が止まらなくコントロールできなくなります（図8）。この状態が強迫性障害という精神疾患だと認識され，うつ病と強迫性障害が併存していると見なされたのです。本症例を行動分析してみると，元来強迫傾向を認めた人物がうつ病症状を呈することで強迫症状化したようです。病的不安は強迫行為により増悪維持されているというよりも，抑うつ症状として出現しています。うつ病をきちんと治療すれば病的不安や心配は軽減して，強迫症状も問題にならなくなると推測できます。確認行為自体は患者にとって病的ではなく，確認行為で不安が軽減せずコントロールできないのが病的なのです。強迫症状をあまり治療対象とはせず，うつ病症状をきちんと適切な薬物治療で改善させる方針としました。

3）治療経過

初めはスルピリド主剤で治療され，夜間良眠となり抑うつ気分もやや改善し

ました。まだ不安は強く強迫症状には変化ないのでフルボキサミン50 mg／日から追加されました。しかし副作用としての吐き気が強く，そこから不安が強まり抑うつ症状が再度増悪した印象でした。

X年7月からマプロチリン70 mg／日にて加療されました。すると抑うつ症状が改善するとともに，強迫症状も自然に癖というレベルに収まり始めました。マプロチリン70 mg／日を主剤に治療継続され，仕事や日常生活には支障ないレベルに回復しました。しかし以前に比べると楽しいという気分がなく，おっくうさが残るというすっきりしない状態が続きました。

X＋2年6月からパロキセチンを追加処方してマプロチリンは漸減中止し，パロキセチン20 mg／日を主剤とした治療に切り替えられました。するとX＋2年9月頃には気分が改善して，不安感を自覚する時間が減少しました。パロキセチン40 mg／日に増量を試みると神経が高ぶった感じになり不快だと訴え，20 mg／日で維持されます。徐々に不安感の軽減とともに気にかかることが減り，確認行為の回数がさらに減少し始めました。とくにX＋3年以降は強迫症状での生活障害はまったくなく，自制内に落ち着いています。

X＋15年現在まで，意欲低下と抑うつ気分を主症状とした抑うつ症状は出現しておらず，抑うつ症状が出現しなければ病的な不安や心配は出現しません。結果として強迫症状の悪化も認められません。抑うつ症状の再発防止のため，パロキセチンを用いた維持治療として10 mg／日で継続しています。

V 症例の考察

1．行動分析に関する考察

類似の症例を2つ紹介いたしました。症例AもBもおそらく「うつ病」と「強迫性障害」が併存していると見なす症例でしょう。一般的には特定の不安のもとで，衝動性を伴いつつ反復する行為を強迫症状と呼んでいます。認知行動療法ではもう少し詳しく，強迫症状とされる行動がどのような刺激－反応の連鎖から成り立っているのかを把握します。患者がどう思いどう考えてどう振る舞っており，その結果どの行動を我々が「強迫症状」と呼んでいるのか理解するのです。

症例AやBで強迫行為だと同定されたのは，検印書類や水道を閉めたかどうかなどの確認行為です。強迫観念は「仕事上間違いがないか」「水が漏れるのではないか」という合理的な心配から，「自分の責任にされるのではないか」という病的不安を伴う強迫観念に至ります。これが曝露反応妨害法によく反応する一般的な強迫症状であれば，「自分の責任にされるのではないか」という強迫観念は先行刺激に曝露された時に生じて，その時に不安が高まり，確認行為により一時的にですが強力に不安が軽減しているはずです。確認行為をやめようとするとまた不安が高まり，確認行為をくり返すほどに不安が高まるので悪循環が生じます。確認行為は頻回となり，先行刺激に対する過敏さが増悪します。強迫観念を生じさせる先行刺激を回避するようになり，さらに先行刺激に過敏となります。

ところが本2症例では，病的不安と「自分の責任にされるのではないか」という強迫観念とも見なされる心配は，先行刺激への曝露がなくとも絶えず存在しています。確認行為はもともと不安の軽減手段として，健康な時には日常的な対処として機能していました（図4，図7）。病的不安が持続するようになると，確認行為をしても不安がほとんど軽減しなくなります。そのため確認行為をくり返すようになり，やがて確認行為を必要とする場面を早々に回避してしまいます。確認行為の反復は，強迫行為としての一時的な不安軽減により学習され悪循環に陥ったのではなく，不安が一向に軽減しないから生じているのです（図5，図8）。患者にその時どう感じてどう考えどう振る舞ったのかを訊いていくと，このような行動分析となるのです。これでは曝露反応妨害法による治療効果が期待できそうにありません。

同じように「強迫症状」だと呼んでしまう行動も，患者の体験として行動分析してみればまったく異なる刺激-反応の連鎖を示します。行動分析が異なれば治療手段は違ってきます。本2症例ともに病的不安はうつ病の症状として出現増悪しており，その病的不安が強迫観念に伴う不安も増悪維持させるので確認行為が強迫的となります。抑うつ症状を改善させて病的不安を軽減させなければなりません。そのためには有効な薬物治療を用いてうつ病の治療を進め，抑うつ症状が生じにくい環境調整が必要だと考えられます。

ここで少し興味深い知見が得られました。とくに症例Aで認められたように，

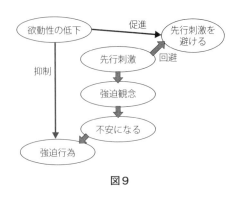

図9

強迫行為により病的不安をどうにか軽減させようと抗うのではなく、早々に「押印しない」と回避による対処が始まっている点です。強迫行為というのはかなりエネルギーを必要とする対処行動です。抑うつ状態が先行していれば意欲・欲動の低下もきたしていると想像できます。強迫行為に打ち込むエネルギーは枯渇気味であり、回避による対処を選びがちになるでしょう（図9）。すでに古典的知見として、「うつという欲動の低下状態では、強迫的懸念が強迫行為によって対処されるよりは、不安の対象が回避される方向、すなわち恐怖症に近い病像になることが多い」と表現されており、いつの時代でも繊細な臨床観察が存在したことに感嘆します。強迫症状が先行して強迫行為により疲弊していくと、次第に回避による対処が増える症例も、いつまでもエネルギーが枯渇せずひたすら強迫行為をくり返す症例も目にします。前者は強迫症状により抑うつ状態に陥っており、後者はそうでないのかもしれません。言語的に意欲の低下や抑うつ気分を表出しなくても、回避が目立つかどうかで患者が抑うつ状態にあるかどうかを見分けられそうです。

　本症例たちのような場合でも、曝露反応妨害法を用いた学習の考え方は必要です。症例Aのように不安を感じる場面を回避させたまま、確認行為を納得するまで許しておくのは危険だと考えます。抑うつ症状が改善してくれば強迫行為をおこなうエネルギーも回復します。薬物治療によりある程度下がった不安を、強迫行為により一時的にさらに強く下げることが可能になるのです。すると不安が介在した強迫症状としてあらためて悪循環が生じて、うつ病が改善しても強迫性障害自体は増悪してくる恐れがあります。つまり不安が軽減するまで強迫行為を許しておくと、抑うつ状態の回復がそのまま二次的な強迫症状の増悪を招きます。ですからハイラキーを組み押印を意図的にさせて押印後の確認を1回だけと決めた、曝露反応妨害法のようなやり方を指示しているのです。

2. 薬物療法に関する考察

薬物治療の選択と効果についても述べておこうと思います。治療経過からは症例Aではイミプラミンが，症例Bではパロキセチンが有効でした。一般的に強迫性障害の治療だとフルボキサミンを中心としたSSRIの有効性が確立しています。しかし本症例のように抑うつ症状から強迫症状が増悪していると行動分析された場合には，必ずしもそれらSSRIが有効だと言い切れません。強迫症状を認めたとしてもSSRIにこだわらず，抑うつ症状を軽減できる薬物治療を優先すべきです。症例Aのように抑うつエピソードの治療歴がある場合には，過去に有効であった薬物治療を選択することが

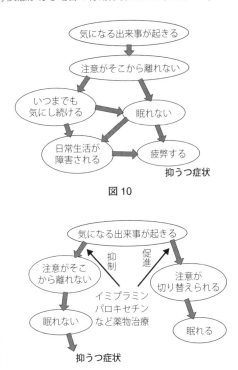

図10

図11

最も確実です。症例Bでは，マプロチリンである程度抑うつ症状は改善しても効果が不十分で，パロキセチンに切り替えて改善しました。長期経過でも病前レベルまで抑うつ症状が改善していなければ薬物治療を見直すべきで，抑うつ症状の持続は二次的な強迫症状の増悪や生活障害を招く恐れがあります。

ちなみにこの2症例ともに共通する性格傾向として，落ち着きがなく注意の切り替えが悪いという特徴を認めます。幼少時期からの適応障害は同定できませんでしたからADHD（注意欠陥多動性障害）という評価は過剰診断でしょうが，通底する印象を受けます。とくにストレス状況下で，ネガティブな感情を伴う思考行動から注意がそらせない傾向が強まります（図10）。ここにイミプラミンやパロキセチンの薬物治療が加わると，注意の切り替えを改善させるようでした（図11）。つまり図のように刺激 – 反応の流れを変えることで，薬物治療は抑うつ状態の再発を防止しているようなのです。過去にTCA（三環

系抗うつ薬）がADHDの治療薬として用いられた経験からも，興味深い行動分析の結果だと思います。行動分析に共通のパターンを見出すことで，さまざまな疾患をリンクさせて疾患相互の共通性や薬物治療の可能性に気づけるかもしれません。

VI　強迫症状群と抑うつ症状群の行動分析

　認知行動療法では併存疾患がいくつあるかではなく，臨床で認められる精神症状や問題を相互にどう行動分析できるかが重要です。しかし最初から細かく行動分析するのは複雑すぎますから，まずは「うつ病」と「強迫性障害」どちらの症状群が先行しているか調べて，疾患群相互の行動分析を考えるやり方があります。抑うつ症状と対比して強迫症状が一次性か二次性かという観点が一般に指摘されますが，それと同じことです。精神症状を抑うつ症状群と強迫症状群に分類してみれば，症状群相互の刺激−反応の相関は3種類に分けられます（図12）。そこから治療のすすめ方を考えられます。

　例えば強迫症状群が先行刺激となり抑うつ症状群が生じている場合（図12①）なら，強迫症状のために疲弊し生活が障害され抑うつ状態に陥っています。この場合に抑うつ症状だけを治療しても，強迫症状による疲弊や生活障害が改善されなければ同じことです。強迫症状に対する治療が必須です。抑うつ症状のために強迫症状の治療に耐えられなければ，まず薬物治療や環境調整によって充分に休養をとらせ，抑うつ症状をある程度軽減させてから強迫症状の治療に導入する段階が必要になります。

　強迫症状群と抑うつ症状群に目立った刺激−反応の相関を認めず，それぞれが独立して出現したり増悪したりする場合もまれにあります（図12③）。報告例のほとんどは反復性うつ病や躁うつ病といった，長期にわたる連続性反復性の感情障害に強迫性障害が併発している症例です。この場合はどちらの治療を優先するかではなく，抑うつ症状と強迫症状それぞれを治療すればよいので，治療しやすい，できそうなところから治療介入すると考えます。例えば抑うつ症状の軽減や増悪予防のために治療して感情障害の方を安定させておき，その上で強迫症状を治療することが多いようです。治療介入をおこなう時に，抑う

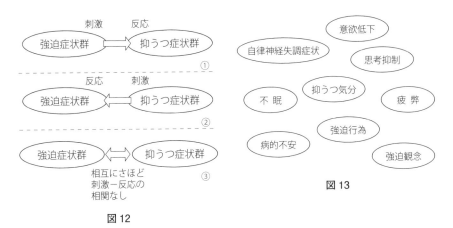

図12

図13

つ症状を治療しているのか強迫症状を治療しているのか，治療ターゲットを明確にしておくことが必要です。

抑うつ症状が先行刺激となり強迫症状が後続している場合（図12②）が，今回の呈示症例でした。さまざまな報告例からも，病前にまったく強迫傾向や確認などの行動を示さない症例に，抑うつ症状出現後はじめて強迫症状が出現したという場合は少ないようです。病前から不安時の対処として，確認なり洗浄などの強迫行為に準じた行動を示しており，抑うつ症状出現後に強迫症状としての問題が生じた症例がほとんどです。今回報告した2症例ともにまさしくそのパターンでした。

このように抑うつ症状群と強迫症状群にまとめて相互の行動分析を考えるのは，第1章，第2章でお示しした「マクロの行動分析」の立場です。もちろんもっと細かく「ミクロの行動分析」に近い行動分析も必要です。「うつ病」や「強迫性障害」としてまとめる以前の症状や問題を行動分析することで，詳しい治療介入は考えられるのです。例えば図13のようにさまざまな症状や問題群を認めたとします。そこで患者に体験としての症状や問題を訊いていき，行動分析した結果が図14のようになったとします。この場合は不眠の改善を中心とした治療介入を考え，思考抑制や病的不安の軽減をはかり，強迫観念や強迫行為の減少に至る方向に治療方針が定まります。自律神経失調症状を和らげながら不眠を改善させる薬物治療は，なにが適当かと考えるかもしれません。これがもしも図15のような行動分析になったとします。この場合は疲弊状態を改

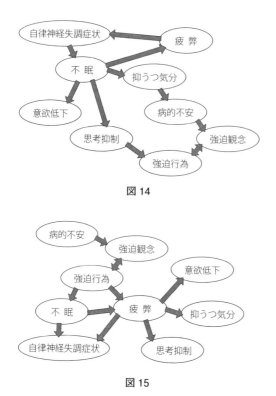

図 14

図 15

善させることを中心に，病的不安から強迫行為に至る強迫症状を軽減させて，睡眠が少しでも取れるように治療の方向性を考えます。強迫行為に取られる時間や労力はどうすれば軽減するのかと考え，病的不安を軽減する薬物治療や曝露反応妨害法による強迫症状の軽減を試みるかもしれません。図 14 はうつ病が先行した強迫性障害かもしれませんし，図 15 は強迫性障害が先行したうつ病かもしれません。たとえそう診断できなくても，行動分析から薬物治療や治療技法の適応を考えることができています。導き出された治療介入を試し，できるだけ具体的な指標で治療目標の達成を評価します。評価した結果からさらに行動分析や治療手段の見直しがなされていけば，それはもう認知行動療法です。「うつ病」や「強迫性障害」といった診断がなくても，行動分析さえしっかりしておけば認知行動療法による治療は可能です。

　入手可能な情報の不足などで精神疾患として診断が確定できぬまま，治療介入しなければいけない場面も多いと思います。そのような時，認知行動療法であれば手探りながらも確実に治療が進められます。行動分析というものの見方や技術が手助けしてくれると思うのです。次の章では，そのように診断ができないまま認知行動療法で長期経過を支えた症例を紹介してみます。

第10章　診断がつきにくい患者を行動分析で支える

I　行動分析の材料

　精神症状やさまざまな問題を刺激−反応の連鎖で把握しようにも，情報が不足していて適切な把握ができない場合があります。そもそも精神科臨床では，充分な情報が得られない方が多いのです。患者自身が状況認知や陳述を適切にできないとか，患者以外からの客観的な情報が不足していることがあまりにも多いからです。患者が困っていて苦しんでいるのはわかりますが，それがどのような問題によるものか，どのような精神症状が生じているのか，さっぱりわからない状況です。苦し紛れに治療者が空想して埋めるしかなくなりますが，本当はどのような治療が有効なのかわかりません。なんとかしてあげたいと強引に薬物治療を試みても，副作用かもしれない問題が事態をさらに複雑にして手がつけられなくなってしまいます。そのような症例はたくさん見てきましたし，これからも見ていくでしょう。現状では，精神科診断に頼るだけの治療方針ではいささか心もとないのです。とくに第7章の症例のような，特定の精神疾患概念を満たしにくい症例では治療が迷走する印象です。

　認知行動療法というのはとりあえずやってみればよいのですから気楽です。精神科診断が「誤診しては大変だ」という感覚にあるのとは異なります。その時点で把握できている情報から行動分析を試みて，ひとまず治療対象と目標を定め，選択した治療介入の結果はなるべく具体的に評価して，行動分析から治療手段まで見直します。後からさまざまな情報が加われば行動分析も治療目標も書き換えられます。行動分析とは所詮仮説なのですから，それで一向にかまいません。わかった分だけきちんと行動分析して，その時把握できている範

囲内で治療結果を明確にしながら，次がわかれば行動分析を修正して同じ手順をくり返すだけです。このくり返しが，変な無力感やペシミズムに治療者が陥るのを防ぎ，精神科臨床を支えてくれます。認知行動療法は治療者を助けてくれると思います。もちろん患者にとっても，第3章で述べたように，本当の意味での支持的な役割を果たしてくれる治療法だと思います。

本章では約7年にわたる治療経過を紹介します。行動分析を用いてその都度明らかになった問題を把握して，少しずつ具体的に治療を進めた認知行動療法での経過です。

II 症例呈示

1．行動分析が始まるまで

【症例】当科治療開始時34歳女性，無職。
【治療開始までの経過】
X−4年8月（30歳），検診にて1回だけ当科受診しています。その時の評価では「虐待生育背景を持つ抑うつ状態」として「要医療」とされました。生活保護受給開始となりましたが，外出困難のためなかなか精神科受療は開始しませんでした。

X−2年頃から症状が増悪し，さらに外出困難となったためケースワーカーが介入して自宅に近いA精神病院を受診しました。しかし受診は途切れがちで，生活支援のために訪問看護を導入しましたが対人緊張で逆に不調となり，通院自体も4〜5回で中断してしまいました。

X年12月に自ら当科受診されました。患者曰く「いちど受診したことのある病院であれば受診できるかも」と必死の思いで来院したそうです。
【主訴】「人と会うのがいや」「家からあまり出れない」「変だから」
【生活歴・現病歴】
同胞2人の第2子次女として出生。
実母には育てられず，祖母のもとや施設を転々として生育されました。
小学4年生の時に姉妹で再婚した実母のもとに引き取られたのですが，父親違いの妹もそこにはいました。患者が小学6年生の時に，事情は不明ですがそ

の妹が養女に出されて，長女は義父のせいで家を出て行きました。家庭環境はとても複雑であったようです。

　中学1年生から非行に走りシンナー乱用などありますが，覚醒剤使用歴はこれまでありません。中学卒業後は母親と一緒にいたくない一心で上京しましたが，16歳頃には「シンナーでボロボロ」になり地元に帰らざるを得なくなりました。帰郷してからは，実家に戻らずどうにか生活していたそうです。

　20歳すぎて結婚し夫の実家に同居しますが，そこでは姑の当たりがきつく緊張した生活を強いられたようです。24歳で長女を出産します。出産後過緊張状態が続き「ドアの呼び鈴が怖くなる」などの症状が出現したそうです。姑に子どもを触れさせたくないという思いが強く，詳細は語らないある契機で長女を連れてF市に出てきました。夫とは別居が続くうちに離婚となったようです。

　27歳頃，子どもが3歳になるあたりから子育てに問題が生じ，甘えてくる子どもにひどく当たり始めました。仕事はしたいのですが面接に出かけるのもおっくうで働けない状態が続きます。

　30歳頃に子どもが小学校進学して少し楽になりましたが，患者の子どもへの仕打ちが母親に似ていると指摘されて愕然としてしまい，子どもは可愛いのに子育てに意欲がわかない自分が歯がゆいとイライラし始めました。仕事に関してもどうすればよいのかわからず，困り果てて生活保護を申請して検診となります。

　X－4年8月に当科を検診受診していますが，1回目の受診予定に来られずに2回目でなんとか受診できた次第でした。生活保護受給となりほぼ自宅内に引きこもった生活が続き，X－2年頃よりさらに状態が悪化しています。

　X年12月に治療目的で当科受診です。

【初診時現症】

　一語一語を確かめるように途切れがちに話します。帽子を目深にかぶったまま，面接終了まで一貫してアイコンタクトが得られません。初めは混乱しがちだった話の内容や思考も，面接が進んでくると，とても落ち着いたものとなりました。同時に，困っている内容や訴えも現実的であることが理解できます。奇妙な思考はありませんし，思路のまとまりも良好です。ただし緊張状態によ

り思路は乱されがちになります。学歴は中卒でしたが，あまり知的な理解や疎通性が悪いという印象は持ちませんでした。

2．最初の行動分析

　生活歴や病歴の聴取を含めて，患者以外にはまったく情報源がありません。患者は面接場面で，目を見せることすらできず帽子をかぶったままです。一生懸命に困っている体験を訴えますが，感極まり途切れがちになる話し振りで，体験内容を詳しく聴取できたとは言えません。病歴における出来事も，意図してか無意識なのか具体性に欠けるエピソードが目立ちます。同居している娘さんはまだ小学生であり，受診同伴は難しそうでした。

　さまざまに捉えることのできる精神症状や問題が見出せます。そもそも発病時点をいつだと考えるのかが問題です。元来の生育背景も悪く，10代から社会適応が良好であったとは考えにくいからです。患者にとってどの体験のどの部分が病的だから治療したいのか，治療の対象を絞り込まないといけません。第3章における体験の訊き方や行動分析のすすめ方を思い出してください。

　患者はこの2年ほどで増悪してきた症状を，とくに問題だと感じていました。それはどういう問題かと問うていくと，外出できないことが中心でした。対人場面で過剰に緊張してしまい，外出したくても普通にできないことです。一人では外出できないので幼い子どもを同伴して，人の少ない夜中に買い物をしなければいけません。ただし人と接触しない自宅内での家事は普通にできています。洗濯物はベランダに干しますが，人目を避けて夜に干していました。一人で外出できる時もあるのですが，その理由は不詳です。「あ，今日出れるかも」と感じると近所のスーパーまでは出かけられるそうです。それでもレジ前に行くと緊張が激しくなり，そのまま帰ってしまうのがほとんどです。初診時来院中のバスでも耐えきれず途中で降車して何度も乗り直し，ようやくたどり着いたそうです。そこまでして受診していることからは，自分の状態を改善させたい強いモチベーションが感じられます。

　また日によって変動が激しいのですが，イライラしてしまうという問題も大きいようでした。患者もどのような場面でイライラするのか，具体的には述べられません。対人場面で病的緊張の結果イライラするだけではなさそうです。

イライラした時には暴力的になり，子どもに手が出そうになります。子どもへの暴力は抑えることができていますが，代わりに物当たりして対処します。

以上のように，患者が困っている問題は大きく二通りで，把握できた情報から行動分析を試みます。

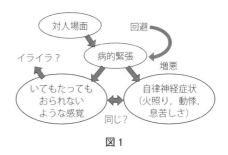

図1

1）対人場面の病的緊張の行動分析

対人場面（とくに知人の方がひどい）において病的緊張が生じ，火照り，動悸，息苦しさなどの自律神経系の反応と，いても立ってもいられないような感覚が出現します。そこに被害関係念慮や妄想的な意味づけはほとんどありません。とにかく対人場面で落ち着かなくなり苦痛なので，引きこもり回避した生活が持続しています。患者もなるべく引きこもらずに生活したいと望んでいました。この問題は図1のように行動分析できます。社交不安障害（SAD）で認められる行動分析のパターンに似ています。病的緊張に伴う意味づけは乏しく，例えば対人場面で「バカにされるのではないか」などの心配は口にしませんでした。場面回避によりさらに悪循環が生じて，自律神経症状や不安感が増悪しています。しかし，必ずしも同じ先行刺激場面で同程度の病的緊張が生じていません。なぜか回避が弱まり外出できる時もあります。病的緊張が場面刺激に対する刺激-反応だけで生じないことを意味します。なぜなのか患者に訊いても不明で，さらなる行動分析が必要でした。場面回避が弱まり外出できても，そこで対人場面に曝露されれば強い病的緊張は生じます。対人場面への曝露が病的緊張の先行刺激となるのは明白です。対人場面に少しずつ曝露させて，病的緊張が生じにくくなる学習は期待できるかもしれません。曝露法を中心とした治療介入で，自律神経症状としての動悸や息苦しさが軽減するか試せそうです。治療効果は，通院時のバス乗車時間が徐々に伸びるなどを指標に評価できます。

今回受診できた労をねぎらい，今後の治療継続へのモチベーションを維持するには，早めに治療効果の発現が必要だと考えました。わざわざ苦手な対人場

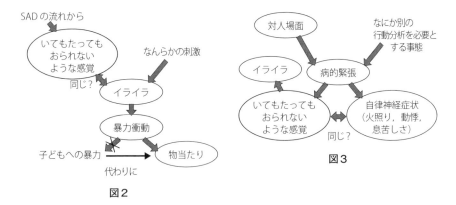

図2

図3

面を克服しながら来院するだけの意味を持たせないといけません。過去の通院中断の例からも，なるべく早くしなければいけません。学習による効果発現だと時間がかかるので，まずは薬物治療で病的緊張を軽減させようと考えました。

2）「イライラ」の行動分析

そしてもうひとつ暴力衝動を伴う「イライラ」という問題があります。この体験では刺激−反応の流れがまだまだよく掴めません（図2）。病的緊張から生じた「いてもたってもおられないような感覚」が「イライラ」に近い印象です。しかし「イライラ」は対人場面がなくとも生じており，誰とも会わず引きこもっていても「イライラ」で苦しみます。対人場面で生じる病的緊張と「イライラ」は似ていても別の体験なのか，「イライラ」は病的緊張と同じ体験で，かつ対人場面がなくても出現するかのどちらかです。もしも後者なら，病的緊張が対人場面刺激への反応だけで生じない可能性と合致します。病的緊張に，対人場面刺激に対する反応だけではなく，別の行動分析を必要とする事態が関与している可能性です（図3）。するとSADの文脈に沿った行動分析とは異なる行動分析が考えられ，治療方針も曝露法中心ではなくなるかもしれません。

過去にも出産後に「ドアの呼び鈴が怖くなる」などと病的緊張らしき体験を認めます。この時には対人場面などの誘発刺激が明確ではありませんが，姑に対する感情などから緊張の高い環境が背景にあります。もしかすると周産期精神障害のように，ホルモン変動から病的緊張が生じた可能性もあります。病的緊張や「イライラ」は，周期性感情障害のように自律的に出現するのかもしれ

ません。しかし現症としての病的緊張や「イライラ」は月経周期との相関はなく，他にもなんら周期性を認めませんでした。やはり病的緊張はなんらかの刺激に対する反応として生じるようですが，それがどのような刺激－反応なのかこの時点ではよくわからないという結論です。

3．行動分析しきれてない問題を行動観察する
【治療経過：X年12月～X＋1年3月】

　以前内服して効果が認められたとのことで，パロキセチンを用いて病的緊張の軽減を試みました。同時にまだ行動分析による把握ができていませんが「イライラ」という気分変動に対して，広く情動安定化作用を期待してバルプロ酸を追加しました。パロキセチン20 mg，バルプロ酸400 mg／日にて投薬開始です。治療効果の指標として，来院時にバスで途中下車する回数と，日常の対人場面における動悸や息苦しさの程度を用います。

　パロキセチンではあまり病的緊張の軽減作用が認められず，来院時にはバスを降りて何十分も歩いて来るありさまでした。早めに薬物治療を変更することにしてパロキセチン20 mg→フルボキサミン50 mgへとSSRIを切り替えました。

　それまで自宅内でも多少は緊張感を感じて動悸がしていましたが，フルボキサミンを用いてから軽減します。不安緊張感に対する治療効果がフルボキサミンで現れ始めたようでした。バスに乗るなど実際に対人場面があるとまだ病的緊張が強く現れるので，フルボキサミンを漸増して150 mg／日まで用いてみました。するとバスに乗って途中下車せずに病院まで来られるようになりました。フルボキサミンの充分量投薬により，対人場面で誘発される病的緊張が軽減できたようです。

　面接場面での馴れも生じて，会話内容や発語量は少しずつ増えました。それに従い病歴や精神症状に関する情報は増えていきます。例えば対人場面での病的な緊張は24～25歳の妊娠中から出現し，その後は軽快せずこれまで持続しているなどです。馴れが生じたと言っても帽子は目深にかぶり，アイコンタクトはまったく得られないままでした。

　予約日に来院できず2日遅れて受診することがありました。対人場面での病

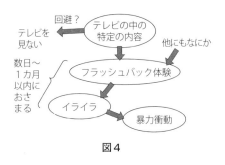
図4

的緊張ではなく「イライラ」がひどくて来院困難であったそうです。「イライラ」の出現状況についても陳述が増えました。面接場面に慣れただけではなく，行動分析されたことで自分の状態を患者なりに観察しながら生活したためです。患者によれば「イライラ」は対人場面とは関係なく増悪する時があり，持続期間は1日〜1週間ほどで，1カ月以上続くことはないそうです。「イライラ」の契機はある時もない時もあり，まだ契機を具体的に言語化できません。この「イライラ」が出現するようになったのは娘が3歳の頃，患者27歳の頃からでした。

「イライラ」に関する詳しい自己モニタリングをお願いした結果，契機としてテレビを見ていて出現することが多く，テレビの内容が関連すると判明しました。その具体的な内容には触れられませんでしたが，フラッシュバックのような思考体験が想起された後に「イライラ」が出現していそうです。

人の少ない雨の日に一人でスーパーに買い物に出てみるなど，病的緊張が軽減したことで患者なりに行動範囲を拡大しようと努力を始めます。外出の途中に，突然自宅の鍵や火の始末が心配になり買い物を放棄して帰るエピソードを認めました。確認行為をくり返すわけではありませんが，強迫性障害における強迫観念に似た不安体験のされかたです。病的不安緊張が高まると強迫観念様の心配が急に出現するのは，29歳の頃からでした。

4．行動分析の修正

対人場面での病的緊張が出産前後24歳頃から出現して，27歳頃から「イライラ」の体験が加わる病歴です。多少わかり得た情報から「イライラ」に関して行動分析すると図4のようになりました。いわゆる心的外傷後ストレス障害（PTSD）と呼ばれる病態では，外傷体験を想起させる刺激からフラッシュバック体験が誘発され，自尊感情を損ない焦燥感の強い抑うつ状態を呈するとか，被害的思考が優勢となり攻撃的になるなどの病像を認めます。フラッシュバックの先行刺激を「リマインダー」とも呼称します。私は臨床経験からPTSD

で中心になる行動分析を図5のように考えています。本症例における「イライラ」という状態を中心とした行動分析（図4）は，このPTSDでの行動分析に類似しているのです。

PTSDの治療方針としては，リマインダーである先行刺激を統制して不安緊張状態を落ち着かせてから，激しいフラッシュバックを起こさせない程度に少しず

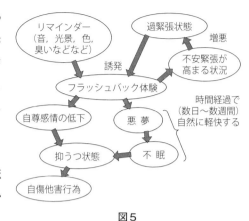

図5

つリマインダーへの曝露をおこないます。自身の病態についての心理教育も効果的です。図5のような行動分析を個々の症例に合わせておこない，患者を圧倒する対処不可能な体験ではなく，コントロール可能な体験だと実感させていくのです。とくにリマインダーを特定し分別する過程が治療的に作用します。このあたりは第3章で挙げた認知行動療法の有効性も参照下さい。

これまで得られた行動分析と組み合わせれば，患者の病態把握が進展してきました。図2の右上にある「なんらかの刺激」という部分にそのまま図4の行動分析が当てはまりそうです（図6）。図3の行動分析で不明であった右上の「なにか別の行動分析を必要とする事態の存在」という部分に，そのまま図5の行動分析がはまり込む可能性も出てきます。図4から推測されるように「イライラ」がPTSDの症状であるのなら，図5にあるPTSDの過緊張状態と呼ばれる症状が病的緊張の正体かもしれません。

図5にあるPTSDの行動分析を参照すると，まだ患者が陳述しない症状の存在が推測できます。例えば患者が「イライラ」した状態では悪夢を伴う不眠が出現していないか，抑うつ状態を一時的に呈していないのか，テレビの内容以外にも先行刺激は特定できるのではないかなど，患者への質問が浮かびます。それらを確認すれば，患者の体験がPTSDの行動分析に当てはまるかどうか，より明確にできます。

病的に不安緊張が高まった状態では強迫観念様の心配（鍵や火の始末）が出

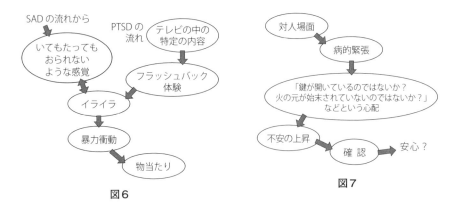

図6　　　　　　　　　　　　図7

現して，確認などの強迫行為をともないました。病的な不安緊張に伴い強迫性障害のような行動分析を認めます（図7）。強迫観念が生じるレベルの不安緊張ならば，強迫性障害に準じた SSRI の投薬量を用いないと効果不充分かもしれないと考えました。

5．行動分析を通じた行動観察
【治療経過：X＋1年4月〜X＋2年4月】

　フルボキサミンを一般的に社交不安性障害で用いられる投薬量から強迫性障害で用いられる量まで漸増して 250 mg／日まで試しました。対人場面での病的緊張軽減もですが，強迫観念様の心配が急に出現するという体験の軽減が目標です。強迫症状として増悪させないように，確認行為を我慢する反応妨害の指示も加えておきました。その結果，治療効果は認められ強迫観念が浮かばなくなりました。

　「イライラ」の出現に関してリマインダーを避けるため，意識的にテレビをつけないようにした結果，あまり「イライラ」が出現しなくなりました。リマインダーとして作用する日常の刺激に注意すると，いろいろな音や声が刺激となり「イライラ」が誘発されやすいとわかり始めます。例として患者が苦心して挙げたのは「階段上ってくる音」「走る足音」「子どもの……（涙ぐみ言いよどむ）」などでした。子どもが春休み中でテレビを観ていると「イライラ」が出現しやすかったと報告しており，テレビの内容にリマインダーが含まれや

すいのは明らかです。徐々にですが詳しく刺激が弁別され，「イライラ」の契機として「チャイムの音」「子どものギャーという泣き声」などが加わります。これらのリマインダーを整理していくうちに，以前よりも「イライラ」が軽減し長くは続かなくなる治療的変化を自覚しました。

SADに準じた治療については，マンションのロビーまで一人で降りてみる課題から，徐々に避けている外出や対人場面に曝露していきました。夜であれば近所のスーパーまで一人で買い物に出かけ，買い物メモのすべてを購入できるなど，生活の中での達成感を感じ始めます。通院の時にもバスから途中下車せず平気で乗れるようになりました。洗濯物を明るい昼間に干せるようになったので嬉しいと報告します。対人場面で自律神経症状が出現しても以前より程度が軽減しており，我慢できる範囲内にとどまるようになりました。

X＋1年5月頃には，昼間でも娘が同伴すればどうにか外出できるようになります。生活の改善感が得られて面接中にも笑顔が出ますが，まだ帽子はそのまま目深でアイコンタクトは得られないままです。

治療開始した頃には，どの状況でフラッシュバックが起きるのか理解できず混乱していましたが，リマインダーがなければフラッシュバックは起きないと理解できて落ち着いてきました。フラッシュバックとともに「イライラ」はほぼ毎日出現しますが，自分で抑えることができる程度に軽減しています。

X＋1年6月頃には，昼間に一人で買い物に外出することも時々できるようになりました。

X＋1年7月からは，これまで院内処方であった投薬を曝露治療の一環として院外処方に変更しました。その後少しずつ慣れて，院外処方でも問題なくなります。

X＋1年9月頃からは毎日時間を決めて一人で外出する練習を始めましたが，まだ歩いて5分10分のスーパーや書店にどうにか行ける程度です。

X＋1年11月に通院が10日ほど途切れました。服薬中断したので病的緊張が高まりましたが，すぐに再開して状態は改善しました。あとから訊くと，フラッシュバックが生じ，引きこもり状態で来院できなかったそうです。

子どもが同伴すれば比較的長時間の外出ができますが，行動範囲に関しては一進一退です。激しいフラッシュバックが生じない程度には「イライラ」の状

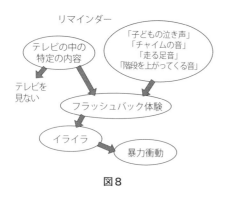

図8

態は落ち着いていました。雨の日であれば一人でも外出できて、近所のスーパーで買い物できるなど、確実に外出場面に対する馴れは生じています。

子どもの卒業式などの学校行事に参加したいと、患者から提案がありました。以前であればとうてい不可能だと諦めていましたが、できることが増え希望が出てきたようです。対策に抗不安薬ブロマゼパム5 mgを外出前に内服させて、どうにか娘の卒業式に間に合い、10分だけでしたが出席できました。大きな達成感を感じましたが、残念ながら次の入学式には風邪を引き行けませんでした。それでも入学手続きなどには外出できて自信がついてきます。

しかしこのあと3カ月ほど通院が途切れてしまうのです。

6. さらなる行動分析の修正と考察

SADに準じた行動分析と曝露法を中心の治療は有効でした（図1）。単身での外出範囲が拡大し、対人場面での自律神経反応が軽減しているので明らかです。以前なら不可能な子どもの学校行事に参加して、単身で日中買い物に出かけられるなど、生活障害の改善も認めます。

PTSDに準じた行動分析から、リマインダーを意識弁別してそれらを回避させる治療も有効でした（図8）。日常生活の中で「イライラ」の状態が生じにくくなりました。リマインダーの存在を意識する心理教育の効果で、それまでの絶えず怯えた状態が和らいだ結果でもあります。それでも不意にフラッシュバックが生じ外出ができなく通院が途切れるなど、生活障害の増悪は出現します。一時的に引きこもり寝て食べてゴロゴロするだけの生活に陥る時期や外出困難の時期は、このフラッシュバックに関連するであろうと推測できました。

患者自身の行動観察だと、外出して何ともない日とそうではない日があります。その違いはフラッシュバックによる「イライラ」や緊張状態の出現ではありません。少なくともフラッシュバック体験は、自覚するリマインダーを回避

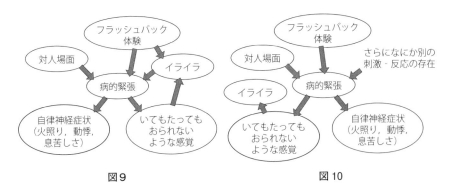

図9　　　　　　　　　図10

すれば軽減できています。患者を信じれば，フラッシュバック体験の増悪ではないのに，病的緊張が高まる時があるということです。もともとのSAD類似の行動分析である図3の右上に，フラッシュバック体験が作用していると考えられました（図9）。しかしフラッシュバック体験以外にも，なにかが病的緊張を高めるのかもしれません（図10）。病的緊張に相関する別の行動分析を要するような事態が存在するかもしれないのです。つまり図10の右上に当たる部分が行動分析できなければ，問題は充分に解決できません。

7．観察できた行動の増加
【治療経過：X＋2年7月～X＋3年4月】

　服薬が3カ月途切れたので病的緊張も高まりやすくフラッシュバックも起きやすい，とにかく不調な状態でした。内服薬を再開しましたが，この機会にフルボキサミンは充分な効果が維持できた150 mg／日にとどめました。投薬内容はフルボキサミン150 mgにバルプロ酸400 mgにて維持とします。

　X＋2年8月には再び途中下車せずにバスに乗れるまで回復し，フラッシュバックとしての「イライラ」も落ち着いてきました。そこでようやく今回の通院中断の経過が訊けました。テレビの特定内容に反応して立てないほどに動揺しフラッシュバックを起こし，外出できない状態が続いていたのです。具体的なテレビの内容に関して推測はできましたが，患者からは言語化できませんでした。

　今後また通院困難から内服治療が途切れ，さらなる病態悪化を招かぬよう内

服薬を余分に持たせました。内服を再開してから確実にフラッシュバックは軽減しており，極力テレビを観ないように注意もしていました。少しずつ以前のように外出ができるまで回復します。

X＋2年9月頃からはとくに誘因は特定できないのですが，過眠状態で毎日10時間以上睡眠をとり過食気味の状態が目立ちました。過量内服はありませんでしたし，フラッシュバックの出現も特定できませんでした。その頃の面接で，姉に関する夢の話から過去の外傷体験について「病院に来る前に話そう話そうと思っていたのだが」と帽子から半分目をのぞかせて語り始めましたが，具体的な内容には言及できぬまま終わりました。

そのあと10月に入っても終日眠く気がつくと寝ている状態で，寝てばかりいるせいなのかフラッシュバック体験も起きないようでした。気づいてみれば1～2カ月の期間で過眠過食となる状態はかなり昔から認めたと話します。過眠から目覚めるとひどくイライラするそうですが，それがフラッシュバック時の「イライラ」と同質なのかは判別できません。フラッシュバックを起こしうる刺激を回避するための過眠のような，自己防衛の時期なのかもしれないと想像するにとどめました。

その後はまた少しずつ外出の練習を重ねて，一人で日中に買い物に出かけるまで回復した状態が維持されます。娘の誕生日にケーキを買いに外出できたと，嬉しそうに報告してくれました。

X＋3年3月にまたテレビの内容に反応してフラッシュバックを起こしますが，「ひどいフラッシュバックの状態は1週間以内で落ち着いてくる」と自己観察できて冷静に対処することが増してきました。

フラッシュバックを起こしているわけでもないのに，あまり外出できなくなり緊張状態の続く時期がやはり行動観察されます。子どもとの会話内容からフラッシュバックらしき「イライラ」を呈するなど，日常生活の中でこまごまと動揺も認めます。

患者によれば想起する内容は現在と異なりますが，フラッシュバックのような体験は小学校高学年頃から出現していたそうです。それが中学卒業後から，フラッシュバック後に過呼吸を伴うまで増悪したという病歴を話しました。

8. 仮説としての行動分析

こうしたことから患者が意識して弁別できている対象以外でも、ささいな刺激がリマインダーとなりフラッシュバックを引き起こし、不安定になるのではと疑いました（図11）。病的緊張を引き起こす他の行動分析（図

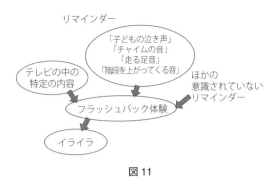

図11

10）の正体が、患者に意識されていないリマインダーではないかと考えたのです。追加病歴から外傷体験が子どもの頃にまで遡る可能性があり、生育歴からも否定できません。もしも幼少時期に外傷体験を抱えながら成人して、さらに外傷体験が加わったならば、複合的なPTSDの病像を呈しているかもしれません。患者自身が忘れて無意識化している刺激に反応して、フラッシュバックを起こすという可能性です。それだと刺激を弁別して回避するのは困難で、リマインダーに対する過敏性そのものをどうにか軽減させるしかありません。

9. 仮説を検証するための行動分析
【治療経過：X＋3年5月～X＋4年4月】

フラッシュバック出現の軽減目的に薬物治療を試みます。アリピプラゾールを少量3mgで追加しましたが、効果は不明瞭でした。「もしかするとフラッシュバックが軽減しているのかもしれない」という印象にとどまり、またしても1カ月以上の治療中断が挟まります。

今回もフラッシュバックによる外出困難からの中断でした。契機は娘の友達が悪さをして、その母親に叩かれる現場を目撃したことです。それから寝込んで動けず過眠過食の状態で、外出も来院もまったくできませんでした。今回は娘が心配して3週間ほど学校を休んだほどでした。通院服薬中断を防止する策として訪問看護を勧めましたが拒否が強く、これまで通り少し長めに服薬ストックを持たせる対処に留まりました。服薬再開すると落ち着き、フラッシュバックが意識されず経過し始めます。またもや少しずつ夜の外出から再開し、

一人で日中も外出ができるまで回復しました。

その後もフラッシュバックに関連した不調で，6日間動けなくて入浴もできないなど，良かったり悪かったりをくり返します。それでも調子の変動を患者自身が把握でき，フラッシュバック体験について客観的な視点を持てるようになれています。フラッシュバックが生じても「大丈夫なんだと思えるようになってきた」と話せます。

X＋4年1月にリマインダーについて患者から発見がありました。水槽の位置を半年前に動かしてからモーター音が響いて常に聞こえるようになり，それが刺激となりフラッシュバックが起きやすい，と気づいたそうです。そこで水槽を遠ざけたら，フラッシュバックの出現頻度が軽減し楽になりました。フラッシュバックが生じると夜間不眠となり，抑うつ状態に至ることも自覚できました。フラッシュバックで想起される記憶内容はこの数年間ずっと同じものですが，とうてい言葉にはできないと述べます。補足された患者の体験からPTSDの行動分析（図5）により近づき，やはり患者の「イライラ」はPTSDと捉えるのが適当だと考えられました。

生活保護ワーカーが突然訪問してドアを叩いたことに反応してフラッシュバックを起こしたりしますが，報告の仕方にユーモアと言うか余裕が感じられるようになります。水槽のある部屋に入らないようにしていると，水槽の音以外に掃除機の音も苦手だと気づいたそうです。どうやら鳴りっぱなしの機械音がリマインダーになるようでした。患者の気づきや洞察からは，フラッシュバックがどういうものか，体験を通じて客観的に対処できるようになった印象を受けます。

それでも急に外出できなくなるなど，状態の動揺は続きます。いつの間にか眠れなく過食となり2〜3日不調が続くエピソードも散見します。やはり意識されないリマインダーが存在すると考えざるを得ません。それともまだ行動分析できていない刺激−反応が関与しているのでしょうか。もしくはリマインダーを避けアリピプラゾールを用いた治療では効果不充分なのかもしれません。

そうこうしているうちに，また3カ月ほどの治療中断が挟まります。

10. 行動分析の修正でも把握しきれないもの

患者自らの「イライラ」に関する詳しい行動観察が可能になると，不眠や抑うつ状態が「イライラ」に関連して体験されており，それら相互の刺激−反応の連鎖も明らかになりました。「イライラ」を

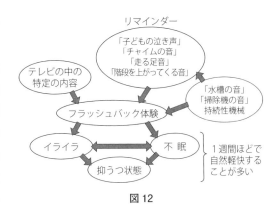

図12

中心とした患者の体験は図12のように行動分析され，PTSDに特徴的な行動分析（図5）に類似しています。患者に「意識されていないリマインダー」（図11）とは，水槽の音などの持続性機械音ではないか（図12）と考えました。他にもまだ意識されてないリマインダーがあるかもしれません。図10の右上，病的緊張に関わる未知の行動分析とは，無意識下のリマインダーなのではないか（図11）という仮説のもとに，図12の行動分析は存在します。

しかしここまで行動分析できていても，フラッシュバックの出現も病的緊張の出現もコントロールできません。それは治療手段として用いたアリピプラゾールが無効だという結論でしょうか。無意識下のリマインダーを仮定した行動分析や，リマインダーになりうる刺激への反応を減弱させる治療方針に，見直しの余地はないのでしょうか。もしかすると，まだなにか行動分析しきれていない体験が存在するかもしれません。

11. 転機となる行動観察の出現
【治療経過：X＋4年7月〜X＋4年12月】

今回の治療中断もフラッシュバックによる外出困難でした。その契機を尋ねたところ，患者から堰を切ったような告白が始まります。母親からの連絡で，刑務所にいる姉が来年出所してくることを知り，激しいフラッシュバックを起こした次第でした。姉はこれまで何度も覚醒剤関連の罪状で収監されており，今回は2年前から刑に服しています。患者も昨年初めて姉が刑務所にいることを知りました。姉が出所してくると知り，患者は激しく「逃げなければいけな

い」という焦りが生じて，わけがわからなくなったそうです。この流れで患者の病歴の重要な部分が追加されました。26歳頃患者が離婚してF市に出てきてから姉との関わりが再開したのですが，犯罪がらみで姉のとばっちりを受け，患者も拉致されて被害に遭ったそうです。患者のPTSD症状はそれ以降に激しくなり，生活が障害されていました。今後は身の安全を確保するために，姉が出所してくるまでに転居して関わりを完全に避けるつもりだと，絞り出すように報告しました。

内服処方は再開して少なくともSAD症状には効果があり，不動産屋に行けるなど外出はできるまでに回復しました。

X＋4年8月中には転居先が決まる早い動きで，電話番号もすべて替えてしまうようにしました。姉の件を治療者に話してから，フラッシュバックは少し軽減しているとのことです。

X＋4年9月には転居して電話番号も替え，外見も多少変えようと髪をバッサリと切りました。転居先からはその方が便利であるからと，バスを回避するのではなく，自転車で通院するようになります。以前よりも外出を安心してできるようになり「イライラ」の出現も減りました。フラッシュバックも軽減しているようです。明らかに転居してから外出しやすいという評価でした。これまでの学習や薬物治療の効果はあるのでしょうが，現実的な危険回避の効果は大きいと考えられました。

X＋4年末には新居で安全なのだという実感が強くなってきて，生活全般に安定感が増してきました。

12．ついにまとまった行動分析

初めて姉に関連した外傷体験が言語化され，現実問題として姉との接触があれば身の危険がまた生じうる状況だと判明しました。姉との接触という刺激はフラッシュバックを誘発する強い刺激となりますし，姉と接触する可能性すら病的緊張を高めていました（図13）。強い外傷体験を経たPTSDの場合，外傷体験を言語化するどころか意識を向けることですら強いリマインダーとして作用するため，意識的にも無意識的にも外傷体験の言語化を回避しがちになります。しかしPTSDの治療では外傷体験を対象化し外在化する方向が必要で，

言語化は避けられません。外傷体験を言語化させようという働きかけ自体がフラッシュバックを誘発し、ひどい場合はさらなる外傷体験を引き起こす危険すらあります。ここがPTSD治療の難しい部分だと考えます。

本症例でも外傷体験の言語化が避けられていたため、本当に恐れるリマインダーを特定できず、謎の行動分析の一部として残されました。図10の右上がまさしくその部分に当たります。

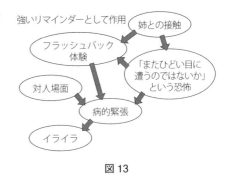

図13

図11右上の「ほかの意識されていないリマインダー」とは、この姉との接触に関連したものが大部分を占めていました。持続性の機械音などの刺激はごく一部にすぎません。例えば姉に似た姿の人を目撃したとか、非通知の電話がかかってきたなどの出来事が、姉との接触を招くのではという不安を惹起し強い緊張状態を生じさせ、フラッシュバックを誘発していました。現実に姉と会いトラブルに巻き込まれるのではないかという恐怖は対人場面恐怖も増悪します。姉との接触に関連した刺激で精神症状が動揺していたとすれば、行動分析はまとまります（図13）。

転居や電話番号の変更など、現実的対処として姉と接触する可能性を減らしたことがとても治療的に働きました。姉との接触につながる刺激を減弱させると、外出に関する曝露法での治療がさらに有効に働き始めます。不安状況に対する馴化がより明確かつ確実に生じるようになったのです。過剰すぎる不安緊張状態をある程度軽減してからでないと、曝露法のような学習手段は有効に働きません。このあたりは強迫性障害の治療で、いきなり強い不安対象に曝露反応妨害法を試みても治療効果は得られにくく、かえって不安が増強し回避が増悪しがちなのと似た印象を受けます。

13. 行動分析になじんだ行動観察
【治療経過：X＋5年1月〜X＋5年4月】

X＋5年1月にまた通院が途切れ、内服も2週間ほど中断しました。しかし

今回はフラッシュバックに関連した中断ではなく，身体疾患で熱発して来られないだけでした。内服の中断でも対人場面恐怖を含めて精神症状は割と安定しており，相談の上いったん薬物治療を中止とします。

X＋5年2月の来院時は帽子をかぶらず黒ぶちのメガネをかけた姿で，初めて患者と目が合い顔全体を見ることができました。治療開始して4年強を経て初めて患者の顔を見ましたが，拍子抜けするくらいにごく普通の女性でした。

SADの症状に関しては薬物治療を中断しても治療効果が継続しており，単独で外出する練習もできました。寝る前にフラッシュバックが出現して，泣いて眠れない状態が続いているのに，リマインダーに当たる先行刺激は同定できません。夜間不眠から体調不良にも傾きがちです。先行刺激に乏しい寝る前のフラッシュバックには薬物治療が必要だと考え，アリピプラゾール単剤3 mgのみを再開しました。すると今回はアリピプラゾールによる治療効果が明らかでした。寝る前のフラッシュバック出現が5割ほどに減り，結果として睡眠もとれるようになったのです。あらためてフラッシュバックの抑制にアリピプラゾールが有効だと判明した印象です。

娘の卒業式に参加できたり，以前よりも人前に出ることが平気になっています。用事があれば比較的普通に外出できるようになり，娘が同伴すれば繁華街にまで出かけられます。次第に一人でも問題なく外出するようになり，急に不調となり外出できないという変動も目立たなくなりました。

X＋5年4月に姉からの手紙が転送された時には，フラッシュバックを起こして2日くらい起き上がれませんでした。その時は娘に手紙を見せて捨ててもらいました。その機会に，姉との件を娘にも話すことができたそうです。それ以降さらに気分は楽になったようでした。

14．行動分析からさまざま考える

強いリマインダーとなる「姉との接触」という刺激を減弱させた状況であれば，アリピプラゾールのフラッシュバック軽減作用が認められました。これは強すぎる不安緊張状態を減弱してからでなければ，曝露法がそこまで有効でなかったのと類似します。フラッシュバック出現に対するアリピプラゾールの防止効果は，そこまで強力ではないのでしょう（図14）。ある程度の条件が整わなければ治療

第 10 章　診断がつきにくい患者を行動分析で支える　209

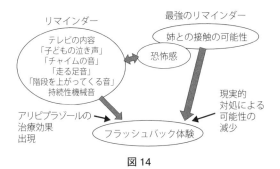

図 14

手段の有効性が判定できない場合もあるのです。病的不安緊張が強すぎては，どのような治療手段を講じても効果が見えにくいのではないでしょうか。

外傷体験が治療者に対してある程度言語化され，次に娘に対しても言語化されたことは治療的に作用しました。同じリマインダーに対して，フラッシュバックの強度や頻度が減弱しているからです。

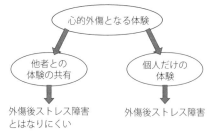

図 15

ここに外傷体験後の PTSD 発症に関する知識が援用できます。例えば震災後 PTSD の報告に興味深い内容を認めるのですが，心的外傷となる体験がたとえ生じても，その体験を他者と共有できている間は PTSD として問題が表面化しないそうです。時間経過で患者が取り残され孤立し，体験を共有できる仲間がいなくなり初めて PTSD に準じた病態が出現してきます（図 15）。なにがどう作用するのかメカニズムは不明ですが，集団で生活するのが本来である人間にそのような特性が備わっていて不思議はありません。それは同時に，外傷体験を共有すれば PTSD から患者を遠ざけられることを意味します。外傷体験を他者に話すことで共有するのは，病態を軽減する手段に使えます。本症例でも同様のメカニズムが治療的に作用したと考えられます。外傷体験に意識を向け言語化させる難しさは先述の通りですが，言語化しか体験を追って共有化する手段はまだありません。ここは第 2 章で述べた内容にも関係してくるお話しですが，体験を共有する手段の難しさがとくに PTSD の治療で実感され

ます。

　フラッシュバックにより病的緊張が誘発されにくくなると，対人場面緊張についてあまり動揺がなくなりました。それはSADとPTSD相互にまたがる行動分析（図13）から想像できる通りです。

15. 安定してきた治療経過
【治療経過：X＋5年5月～X＋6年4月】

　X＋5年5月から，自らコンビニのパートを始めました。パート現場で緊張から動悸がしてイライラしても，それはフラッシュバックでの病的緊張の高まりとは異質だと述べて，情動体験の弁別が上手くなった印象を受けます。徐々にパートの現場にも慣れて自信がつき嬉しそうで，一人で何の問題もなく外出できます。

　リマインダーとなる刺激音について，水槽などのモーター音は電話の音が重なって聞こえるので苦手だと説明しますが，以前のようには怖くなくなったそうです。以前であればフラッシュバックが出現したような刺激でも平気になってきています。

　X＋5年8月に姉が出所すると母親からの連絡を受けて，さすがに緊張が高まり夜間不眠がちとなりました。患者自ら「姉が出所するからだ」と理解できており，意外なほど覚悟を決めて動揺しませんでした。姉は出所後に別の県に居住しており，年内は仮出所だと情報が入ります。姉に関する情報が入るたびに少しずつ外出しづらくなり，自宅でもカーテンが開けられなくなりました。それでもパートに休まず通いますが，患者曰く「頭ではわかっている」けど買い物も困難になり，一定の音がだめでシャワーも浴びられなくなり，少し前に後戻りした印象でした。

　X＋5年10月に姉からの手紙が転送されてきて，さらに不眠と過眠過食を数日くり返す抑うつ状態が出現します。「自分の住所が姉に知られていないのはわかってはいるのだが不安でたまらない」と話し，パートにだけはどうにか出かける生活が続きます。

　X＋5年12月になりシャワーが浴びられるなどリマインダーに対する過敏性がようやく軽減してきました。フラッシュバックが起きるのは寝る前だけに

減り，徐々にその頻度も軽減していきます。

X＋6年1月には一人での外出も問題なくなり落ち着きました。姉からの年賀状が転送されてきたそうですが，娘が「捨てるよ」と言い捨ててくれたそうで，あまり動揺していませんでした。

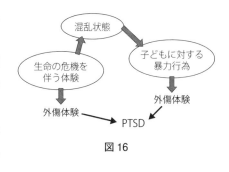

図16

3学期が始まってから欠かさず娘の弁当を作っており，生活全般が自然な充実したものになってきた印象です。パートも続いており，安全な生活が送れていると実感できています。寝る前のフラッシュバックもなくなり，熟眠感もまずまずで悪夢の自覚はありません。

乗り合わせた電車で赤ちゃんの泣き声が気になり電車を降りてしまい，その後もずっと苦しい感じが続くなど，フラッシュバックらしき体験が出現することはありました。それでも以前と比べれば動揺の程度は軽減しています。

X＋6年4月に仔猫を拾い育て始めました。仔猫の鳴き声を聞くと涙が出てくるそうですが，よく世話をして可愛がっています。仔猫の話からぽつぽつと病歴の追加となる話を始めました。娘がまだ小さい頃に「自分が叩いたり傷つけてしまうのではないかと頭に浮かんで苦しかった」という告白から，姉に巻き込まれてひどい目に遭っていた時期は娘が3〜4歳の頃で，混乱状態に陥りわけもわからず娘を殴ったりしたので，母親に1年程預かってもらったというつらい過去を語りました。その後は仔猫も順調に大きくなり，パートの回数を増やすなど健康な生活が拡大していきます。

16．付属して考えた行動分析

姉に巻き込まれた犯罪被害が第一の外傷体験だとすれば，やむを得ないことですが，当時の混乱状態で子どもに暴力を振るってしまったのが第二の外傷体験として患者を苦しめたようです（図16）。子どもの泣き声や仔猫の泣き声は，この体験を想起させてフラッシュバックに至らせる刺激なのでしょう。例えば戦時中の体験が語られ，自分の生死が脅かされたことよりも，追い詰められた

状況の中で我が子を見捨てるしかなかった体験が，数十年にわたりその人を苦しめることがあります。外傷体験が複雑になりやすいのは，単純に被害者として状況を体験しないからでしょう。患者もまるで失われた過去を取り戻すかのように，リマインダーとして作用するはずの泣き声に曝露されながら，自発的に仔猫を飼い始めたのは興味深いことです。徐々に猫が育ち大きくなるにつれ鳴き声も平気になり，それまで以上に普通の日常生活が戻り始めた印象でした。

17. 治療の終わりまで
【治療経過：X＋6年5月〜X＋7年3月】

　X＋6年9月には，テレビニュースに反応してフラッシュバックを起こし動けなくなったそうですが，「ああびっくりした」と意外なほどのんきな感想を口にしました。フラッシュバック体験自体に馴れてきて，冷静な対処がより増した印象です。フラッシュバックが「あ，来るな」と自分でもわかるそうで，以前より苦手な音声刺激に反応しなくなり，フラッシュバック体験の持続も軽くなりました。

　X＋7年1月にも姉からの年賀状が転送されてきましたが，ほとんど平気でした。自宅のカーテンも開けられるようになりました。フラッシュバックに左右されて緊張状態が変動しなくなり，安定して外出できるようです。

　X＋7年2月には，パートではなく仕事を探して生活保護から離れたいとケースワーカーに相談を始めました。

　X＋7年3月にコンビニのパートは辞め，ホームセンターで雇用され働き始めました。フラッシュバックは軽減したままで，もし出現しても対処できるという自信が増しています。「仕事など，やることがある方がむしろフラッシュバックを起こしにくくて，よいのかもしれない」と話していました。

　この時を最後に当科へは受診されていません。これまで通院が途切れても生活上の困難があれば必ず連絡があり受診していますから，病院を受診する必要がないのだと考えられます。数カ月後，患者が働いていると話したホームセンターを偶然に訪れると，ハキハキと元気そうに働く姿を目にすることができました。保護課にもその後の状況を確認しましたが，生活保護からは離れられたそうです。

Ⅲ　呈示した症例を通じて

　本症例は病院までの外出すら難しい状態で受診しており，生活障害も著明でした。しかも親族家族からは孤立して，同居家族はまだ幼い子どもが一人だけという状況です。患者以外からの情報は得られませんし，治療の手助けも期待できません。いつ通院が途切れてしまうのか心配しながら，患者と二人でどうにか治療を進めていくしかありませんでした。このような状況は精神科臨床に決して珍しくありません。緊張が強く会話も途切れがちでしたが，患者の思考障害は目立たず治療契約が成立したのが幸いでした。

　生育背景にも恵まれず，母親との関係にも葛藤を抱えているであろう人物で，自分の娘を育てる上でその葛藤が陰を落としていそうです。緊張が高まり言語化できませんが，話せない過去の体験もありそうです。複雑すぎる背景が患者に見え隠れします。母子間の葛藤を処理させるべきか，対人関係の問題を取り扱うべきか，どこからどう治療に取り組むべきか悩みます。

　認知行動療法では，なるべく具体的な治療対象と目標を絞り込んで治療をおこないます（図17）。なによりもまず本症例では，外来通院を継続させなければいけませんでした。外来通院の継続が治療目標以前の目標です。当たり前ですが受診しなければどのような治療もできないからです。訪問看護などのアウトリーチの活用も精神症状のために難しい症例でした。外来通院できるためには外出できなければいけませんし，バスに乗れなければいけませんし，病院の受付処理ができなければいけません。ここに，目標の行動を獲得するにはどのような行動群の学習が必要かと分析していく，課題分析という考え方が用いられます。これら外来通院に必要な行動群には，対人場面における病的緊張と回避が関係します。バスに乗るのも病院で受付をするのも，対人場面が必須だからです。対人場面での病的緊張の改善は，外来通院の継続も可能にするはずです。より優先する治療対象として，対人場面での病的緊張に関する問題を選択した理由です。

　生活の中で困っていることをなるべく具体的に取り上げて行動分析して，具体的な治療対象と目標を絞り込みます。患者の主訴は「人と会うのがいや」「家

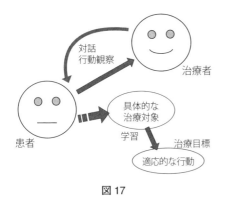

図17

からあまり出れない」「変だから」などで，普通に外出して買い物ができるようになりたいと望んでいます。どのような刺激−反応の連鎖が，外出できないという問題を構成しているのか，この時点で把握できる限りの情報から行動分析を試みます。結果は社会恐怖や社交不安障害で認められる行動分析に類似しており，曝露法を中心とした治療効果が期待できました。そこで薬物治療を不安緊張の軽減に援用しながら，曝露法による治療を試します。治療の結果を明確にするために具体的な指標も必要です。それがバスの途中下車回数であり，外出できる時間の長さであり，外出できた場面や範囲です。治療の結果を患者と共有しながら，今後の治療のすすめ方を考えていくためにこれらの指標が活用されます。

　同時に「イライラ」という体験にも患者は困っており，外出困難にも影響していました。この体験についても行動分析を試みますが，患者が語れる情報が少なく充分とは言えません。おおまかな行動分析しかできませんでしたが，心的外傷に関連した行動分析に類似点が見出せます。心的外傷後ストレス障害（PTSD）での行動分析に，患者の症状が当てはまるのか行動観察を続けます。次第に患者から聴取できる体験が増え，特定の刺激に反応して悪夢を伴う不眠や抑うつ状態といったエピソードがくり返し出現していると把握でき，PTSDに準じた行動分析が完成します。「リマインダー」として特定できる刺激が，病的緊張や「イライラ」と刺激−反応の連鎖をなしていることが明確になります。そこでPTSDでの治療手段を選択し，リマインダーの弁別や統制などを試みたのです。しかし治療効果は不充分であり，社交不安障害としての病像にも悪影響します。

　社交不安障害として捉えられる対人場面での緊張はある程度改善し，通院にはほぼ支障ない程度にコントロールできました。しかしPTSDと考えられた「イライラ」の出現に関してはコントロール困難で，時に通院の中断を招くほどに対人場面緊張をも増悪させます。症状が動揺する中で生活障害をひとつずつ取

り上げて対処を探るうちに，ようやく本当に恐れていた外傷体験が語られ始めます。この時点で治療開始してからすでに3年半以上が経過していました。外傷体験の内容とリマインダーが明確になり，PTSDとしての治療にようやく効果が現れ始めます。外傷体験を言語化した効果も大きかったと考えられます。外出困難を含めた生活障害はさらに改善していき，アルバイトを経て就労に至り生活保護を離れるなど，明らかな生活の変化として治療効果が認められます。約7年にわたる外来治療はこうして終わりとなりました。

　本症例では情報が不足している中でも，その都度明らかとなった体験を行動分析しながら治療をくり返しました。治療の対象と目標を絞り込み，類似した行動分析から援用できそうな治療手段を試します。治療介入の結果はなるべく客観的指標で明確にして，その結果から行動分析や治療手段を見直します。把握できる体験が広がれば，それにあわせて行動分析も見直されたり追加されたりをくり返し，治療手段も変更されていきます。地道なこのくり返しが認知行動療法であり，わかった部分だけわかったところから少しずつ治療していくのです。

Ⅳ　認知行動療法の役割

1．患者の体験，治療者の体験

　本症例での患者の体験としては以下のようなものでしょうか。

　もう何年もわけのわからない状態で，人に会うのがとても怖くて買い物に外出もできません。当然仕事もできず自己評価の低い絶望的な生活の中で，どうにかしようと必死の思いで病院を受診します。そこでどうすれば人と会う苦痛が軽減するのか薬物治療やトレーニングの仕方を聞き，実践してみます。少しずつ外出できるようになり通院はできるようになりました。なぜ対人場面緊張が激しくなったのか理解でき始めます。わけがわからずひどくイライラすることも，どんな時に出現してどうなるのか明らかになりはじめます。なるべくイライラせずに生活できるように工夫を始め，多少は効果があり生活しやすくなります。それでも突然激しくイライラして絶望的になる体験は続きますが，徐々に生活の中でできなかったことができ始めたのは救いです。やがてつらい過去

をはっきりと思い出し治療者や娘に姉との問題を話します。なにを自分が恐れていたのか明確になり，姉との接触を避けるために転居などの対策を立てました。次第に恐怖感は薄れイライラすることも減り平穏な生活が取り戻されていきます。どんな時にイライラするのか，それでどうなるのか，これまでの治療の積み重ねでわかったので上手くやり過ごせます。そのうち，さらにイライラすることを意識しないほどに改善し，仕事を始め平気で外出できるなど普通の生活が送れるようになりました。もうわけのわからない状態ではありません。困ることはなくなり病院に行く必要もなくなりました。

　一方で治療者としての体験は以下のようなものでした。

　なにがどう悪くてどの疾患と考えればいいのか，わけがわかりません。そもそも対人場面緊張で顔すら見せてくれない患者です。それでもどうにかして通院させて問題を改善しなければいけません。患者の語れた体験を行動分析すれば，部分的には社交不安障害と捉えられました。社交不安障害での治療手段を試すと，通院は可能になるなど治療効果は出現しました。対人場面恐怖にも影響するイライラするエピソードは，行動分析すればPTSDのような印象です。PTSDとして考えられる症状を意識して行動観察していきます。やがてPTSDとしての治療戦略の効果も認められ始めました。語られる体験が増え，行動分析はPTSDとしての形にまとまります。それでも症状がコントロールできず，生活障害は改善できません。なぜ悪くなるのかまだまだわけがわかりません。複雑化したPTSDなのか，精神科でできる治療には限界があるのかと絶望的な思いにも駆られます。やがて恐れていた外傷体験が言語化され，本当に恐れていたリマインダーが明確になりました。環境調整を進め現実的に不安緊張を軽減させ，PTSDとしての治療効果も明確になりました。行動分析が完成し，すべてが腑に落ちたような感じです。フラッシュバック体験に関するコントロール感が増し，PTSDとしての症状が軽快していきます。対人場面恐怖も軽快したまま動揺を示さなくなりました。患者自ら猫を飼うとか仕事を始めるなど自己治療ともとれる行動が多くなり，健康な生活が取り戻されてきた印象です。就職が決まり，生活保護からも離れることができました。病院に来ることはなくなりましたが，本当によかったと思えます。

2．患者も治療者も支える治療法

患者の体験としても治療者の体験としても，認知行動療法により，わけのわからない状態がわけのわかる対象へと徐々に変化しています。行動分析における刺激－反応の連鎖に沿った，介入可能な対象に変化したのです。それは行動分析に基づいた治療介入の結果が，少しずつでも具体化したからだと思います。ここで言う治療効果とは，「気持ち」や「考え方」など単なる思考行動の変化にとどまらない，目に見える生活上の変化です。日常生活上のわずかでも具体的な歩みが，どうにかなりそうだという希望をつないでくれるのです。症状や問題に圧倒されているのではない，自分自身の力でどうにかなるという実感を身につけさせるのです。

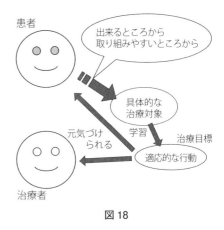

図18

患者にとって治療的なこの体験は第3章で詳しく述べたつもりですが，治療者にとっても同じではないでしょうか。わけがわからないなりに，ごくわずかずつでも行動分析を通じて対象を理解把握し，できるところから少しずつ治療介入を積み重ねていく過程が，治療者を支えてくれます。どんなささやかなことでも，治療介入の結果が生活上の変化として得られれば嬉しくなります。なにも大上段に構えた治療論や「根本的」な治療である必要はありません。治療者として関わり，患者がほんのわずかでも生活しやすく楽になってくれれば元気が出ます。本症例のように，治療初期には問題や症状の全体像が見えていなくても，その時々で丁寧に行動分析して治療介入をくり返せば，やがて治療はゴールを迎えます。日常生活上の困難に沿って，例えばどこのスーパーなら行けるとか，洗濯物はいつどこに干すのかとか，具体的な生活行動を取り上げて行動分析し治療対象とすることは，侵襲的ではなく治療的です。途中下車なく病院に来られたとか一人で買い物ができたとか，小さな治療効果の積み重ねが，治療者にとっても焦らずに根気強い治療を続けさせてくれたのです（図18）。いつ達成できるとも知れない「根本的」な治療を目指し「ガマン大会」のよう

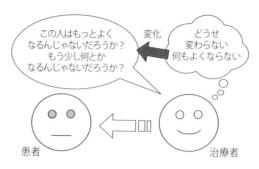

認知行動療法は，
治療者を助け，臨床を支えてくれるツール！

図 19

な面接になるのは感心しません。治療効果が実感できないまま2年3年と経てば，治療者も人間ですから苛立ち無力感に陥るはずです。

　行動分析して把握できたところだけ，できるところから具体的に治療を進めていく認知行動療法は，治療者に小さな治療効果を実感させてくれます。治療者にとっての小さな成功体験の積み重ねが，患者に対して「もう少しよくなるのではないか」「変わりうるのではないか」と信じ続ける力を与えてくれます（図19）。ここで治療者の感じる自己効力感は万能感のような性質ではなく，身の丈に合ったささやかなものです。認知行動療法は治療者にとっても優しい治療法だと私は考えています。

第11章　行動分析が持つ先見性と将来性

I　精神科診断が進む方向

　精神科診断と行動分析の違いを第2章でお話ししましたが，精神科診断にも新しい潮流が生じています。とくにそれを感じるのはDSM-5に採用が検討されたディメンショナルモデルによる診断分類という考え方です。精神疾患の中でもパーソナリティ障害や発達障害などでは，どこからが「疾患」だと明確に定義すべきか線引きが難しく，疾患特性とされる所見は健常者から病者まで連続しています。例えば注意欠陥多動性障害で著明な注意障害は，大なり小なり健常者と見なされる群にも共通特性を認めます。疾患特性があるかなしかに二分割できないという問題は，考えてみれば精神疾患全般にも言えることです。例えば統合失調症の症状とされる「妄想着想」は，「ひらめき」「天才的な思いつき」とどう違うのか，社会恐怖での「社交不安症状」は通常の緊張と比較してどのレベルから病気と見なすのか，答えに窮します。精神疾患を定義する精神症状や疾患特性は，健常者群にも存在する精神活動の一部が数量的に異なるだけであり，質的特異性は定義できないのではないかというのがディメンショナルモデルの立場です。従来の操作的診断基準のように，ある精神症状や疾患特性を認めれば精神疾患であるという立場から，ずいぶん先に進もうとしています。

　対して従来の立場をカテゴリーモデルによる診断分類と称します。カテゴリーモデルはディメンショナルモデルと比較して，例えば虹の連続した光学スペクトラムを七色に見るような把握の仕方だと言われます。自然現象としての虹の色彩は連続しているのに「青」「赤」など7色のカテゴリーに分断して対

象把握しているのです。不思議なもので，いったん「虹は7色」と認識されると連続した色の連なりではなく，7つの色にカテゴリー分けされて見えるようになります。複雑すぎる自然現象を，類似共通した特性でグルーピングしカテゴライズしていく方法は，人間にとってなじみ深いやり方です。弱点として，例えばいったん「青」という色のカテゴリーに入れてしまうと「青」のカテゴリーに含まれる微妙な光学スペクトルに気づけなくなります。半ば条件反射的にカテゴリー化以前の差異が知覚できなくなるのです。カテゴリーモデルによる診断では連続した自然現象を連続したままに対象把握していないので，カテゴリーの隙間がこぼれ落ちてしまいがちです。そのため，既存の精神疾患を構成する精神症状や特性を微妙に満たせない症例では，診断そのものが未確定となりがちです。これまでに呈示した症例（とくに第7章や第10章）で，このカテゴリーモデルによる治療方針の迷走に触れてみたつもりです。

対してディメンショナルモデルとは，複数の評価軸を用いて数量的に評価し，それらの重み配分によって診断分類していく方法です。精神疾患を自然現象の一部として，そのまま連続性を持つ対象として分類する試みです。複数の評価軸には一見その精神疾患と無関係に思えるような要素も含まれます。例えば強迫性障害における，若年時チックの有無などです。コンピューターを用いた膨大な情報解析が日常的になり，予後や治療反応性を共有する群を抽出するための評価軸でグルーピングした結果です。ディメンショナルモデルによる診断分類は薬物治療などへの治療反応性や予後予測とよく一致しますから，まさしく診断学に求められる臨床上の要請に応えてくれるのです。ただ診断手順が煩雑になるのが極めて大きな欠点です。膨大なチェック項目を構造化面接に近い形式で評価せねば診断にたどり着けません。忙しい日常臨床に馴染む診断ツールではありません。それでも統計学的な情報解析や遺伝・生物学的研究との情報交換がおこないやすくなるのは，ディメンショナルモデルの代え難い利点だと思います。

操作的診断が派生した伝統的精神科診断においては，カテゴリーモデルが持つ弱点を，「共感」を手段に精神症状や所見を質的に評価することでカバーしていたと思います。同じ精神症状でも，共感性が高ければ正常心理に近く，病的性質が弱いとされました。この「共感」のプロセスについては第2章で私見

を述べております。この「共感」による質の評価が，従来は精神疾患の予後や治療反応性の予測を助けてきました。精神疾患の質的な異なりは共感性で判別できるという立場です。より正常心理に近い精神疾患であれば薬物治療ではなく，対話を重視した心理的治療プロセスが望まれました。これまで長い間「反応性うつ病」という概念が重要視されたゆえんです。しかしDSM-5では死別反応が大うつ病性障害の除外規定から外されてしまいました。ずいぶん反撥を招いたようで，死別反応すらも精神科医療化する危険性が指摘され，製薬企業体の企みにまで言及する向きがありました。しかしこれは伝統的診断における「共感」という手段の絶対的優位性が脅かされているとも読み解けます。DSM-5の判断は，死別反応であっても重篤で大うつ病性障害の診断基準を満たす場合には，その予後や治療反応性からみて大うつ病性障害と区分する必要がないという立場です。残念ながら正常心理であっても，抗うつ薬を用いて大うつ病として治療した方が予後はよさそうなのです。共感性が高いかどうかで診断分類を分ける必要はなく，むしろディメンショナルな分類のように連続性を持つ中での重み配分で分類した方が実際的だという事実に直面しつつあります。長い間，了解可能性や共感性が重要な精神科の評価軸でしたが，これからはそうではないのかもしれません。

　ディメンショナルモデルによる診断分類は，繁雑すぎて日常臨床には馴染みません。しかし従来の操作的診断のように粗雑なカテゴリーモデルでの診断には限界があります。ならば伝統的診断分類に立ち返ればよろしいのかと言えば，すでに「共感」を主軸にした評価には統計学的評価との齟齬が生じています。単純な後戻りも危険だと思うのです。精神科診断分類の向かう方向としては，ディメンショナルモデルの考え方を志向しながら，日常臨床に馴染む対象把握や診断手段を模索していかなければならなくなるでしょう。

Ⅱ　精神症状はどのように把握されたか

　第2章のおさらいのような内容ですがおつきあいください。現在一般的かつ常識的に，どのように精神科診断がなされるのか見直してみます。先述のカテゴリーモデルに準じた診断分類になります。カテゴリーモデルを用いた診断分

類の材料は精神症状群です。例えば意欲低下や抑うつ気分などの複数の精神症状群がまとまることで，うつ病という症候群が診断分類されます。個々の精神症状は，主に患者の心的体験を治療者が訊き出す過程により把握されます。感情移入して了解可能かどうかという評価軸を中心に，「不安」であれば神経症性不安とか精神病性不安などとカテゴライズされていきます。幻覚なり不安なり強迫症状なりと，一度精神症状としてカテゴリー化してしまうとそれ以上の記述は困難になります。精神症状がいくつかまとまると症候群となり診断が成立しますが，集められた精神症状相互の関係や時系列はあまり問われません。例えばA，B，Cという精神症状がまとまることで症候群を形成すると，A，B，Cがすべて揃っているかどうかは問題になりますが，A→B→Cの順で生じたのか，C→B→Aの順なのかを記述分類するのは難しいのです。精神症状の関係や時系列を無視してきたわけではありません。伝統的には，病歴や生活歴を丁寧に聴取することで精神症状相互の時系列や関係を把握して，より精度の高い診断治療をおこないました。ただしこれは臨床家個人の経験則にとどまりがちで，記述表現する手段には欠けていた印象があります。

　精神症状の把握で共感性を重要視するのも善し悪しです。自然科学における対象観察を，これほど感情移入が左右するのは珍しいと思います。自然現象とは言え，精神症状は人間どうしが関わることで観察される現象だから無理はないという意見もわかります。そこで「共感」というプロセスで感情移入による了解可能性を評価して，了解可能性が低いほど正常心理から離れた体験であると質的に評価します。そのプロセスで「ああそうだ，わかるわかる」と一度共感してしまった患者の体験に対しては，「本当にそうか？」「これは自分の体験とは異質ではないか？」という疑問が差し挟みにくくなります。共感した対象を再評価の俎上に載せようとすれば，なんとなく「水臭い」「非人情だ」という感覚が生じてブレーキがかかります。これはカテゴリー化されるとそれ以前の差異が認識できない問題だけではありません。元来社会的な生き物である人間には，共同体の構成員同士が共感して一致団結する特性があります。いったん共感が生じると，その連結がたやすく解けてしまっては生存上不利であったに違いありません。ですから「共感」というツールには取り扱い注意な特性が含まれています。ひとつは共感への強い誘惑であり，もうひとつは成立した共

感が思考停止を促しがちだということです。

　カテゴリーモデルゆえの限界が精神症状の把握や記述には存在しており，いったんひとつの精神症状として記述されると，カテゴリー内での質的相違や，他の精神症状との連続性を問えず，気づきにくくなる特徴があります。共感性を重要視した症状評価には，対象との共感成立自体が目的化して思考停止する危険性があります。カテゴリー化しがちな対象把握にも，情動的共感への志向にも，ヒトという生物の限界が見え隠れしています。本能的なレベルでカテゴリーモデルを志向し共感を追い求めてしまうので，注意深いコントロールが望まれます。

Ⅲ　行動分析の自由さ

　認知行動療法においては対象を行動という単位で把握し，行動相互を刺激－反応の連鎖で結びつけることで理解します。ここでの「行動」とは，第1章で述べたように，身体行動に限らず，認知のような思考行動や気持ちや感情のような情動行動，体温の上昇とか疼痛という生体現象までも「行動」という単位で把握するための概念のことでした。これら行動相互に「原因と結果」のような一方的な支配関係は存在せず，すべての行動は等価で刺激－反応という連鎖で相互に結びつき，ひいては自然現象という巨大なモザイクを形成しています。

　私たちが信じたい既存のあらゆる価値観から自由に，行動という現象だけが連鎖する世界が行動分析だと述べました。認知行動療法に「こうならねばならぬ」という治療モデルは存在せず，必ず克服すべき「原因」などなく，つまりはどこから治療介入してもかまいません。治療に自由度と応用範囲の広さを約束してくれます。その代わり，認知行動療法により対象を把握し理解する作業では，常に立場を入れ替えながら思考し続けなければいけません。「こうしておくのが正解だ」「こうすれば安心だ」という思考停止を許してくれません。しかし人間は複雑な対象を複雑なままで認識するのは苦手で，少しでも早くカテゴリー化して安心しようとする傾向があります。そのため認知行動療法が世間に広まるには，「強迫性障害には行動療法（曝露反応妨害法）」「うつ病には認知行動療法（認知再構成法）」などのように，「これが正解ですよ」と誤解さ

せる1対1対応のカテゴリー化されたモデルを必要としました。残念なことにそれ以上の理解が進まず，特定の治療技法が認知行動療法だと誤解されがちなままです。かつては曝露反応妨害法が認知行動療法だと信じられていましたし，近年は認知再構成法からマインドフルネスに移行しつつあります。認知行動療法の本質にある，行動分析という思考法自体の受け入れがなかなか進みません。

もともと精神療法には宗教的な構造が見え隠れしていました。優れた始祖である精神療法家が技術体系を構築し弟子が発展流布させていく構造は，自然科学よりも宗教に類似しています。始祖の技術体系は解釈し直されることはあっても否定や相対化されることはありません。これは自然科学的でないからだめだとか，宗教的であるから危険だという話ではありません。自然科学とは別の技術体系がそこにあり，人間が生きていく上で役に立つのです。これまで人々が「精神療法」だと認識していた内容には，「人間かくあるべし」のような価値観や人生訓が含まれています。「精神療法」には「こう治療するのが正解なのだ」「こうなるべきなのだ」という拠り所を与える役割が期待されました。一方で認知行動療法（とくに行動療法という呼称が一般的であった時代）には，「精神療法」というイメージが持たれにくく，ツールのような扱いを受けてきました。精神療法としては珍しく実験心理という出自を持つ認知行動療法には，避けがたく自然科学的な視点が存在しています。行動分析という考え方はまさしくその視点の賜物だと実感できます。しかしそこに既存概念の「精神療法」と馴染まないものを感じ取り，認知行動療法を「精神療法」だとは受け入れがたく，1対1対応のカテゴリー化された治療技法としたかったのではと想像します。かつてなされた「人間モデルが存在しない」という批判は，そのような立場から生じるべくして生じた反撥だと思います。逆に認知行動療法には「人間モデルなど存在しない」からこそ，自然科学分野との情報や思考のやり取りがスムースにできるのではないでしょうか。

IV 行動分析の可能性

行動分析による対象把握では，精神症状と呼ばれる体験内容がどのような行動の刺激－反応が連鎖して構成維持されているのかを，個々の症例で明らかに

します。詳しくは第2章で例示してみせた通りです。これがディメンショナルモデルに通じる対象把握を可能にするかもしれません。これまでカテゴリーモデルにより特定の精神症状である「抑うつ気分」や「幻聴」などと把握された患者の体験や問題を，構成する行動相互の刺激－反応の連鎖として表現できるからです。虹の例えですと「青」といったん認識された色彩を，光学スペクトルの構成要素に再分割して対象認識し直せる可能性があるのです。

　さらに精神症状としてまとめられた行動相互の刺激－反応の相関が把握できます。これまで一般的な診断分類ですと診断を構成する症状群相互の時系列は明らかにできない，というよりも記述が難しかったように思います。先述の例えですとA，B，Cという精神症状がまとまり症候群を形成すると，それら症状がA→B→Cの順で生じたのか，C→B→Aの順なのかを記述することや分類することが難しいという意味です。刺激－反応の連鎖というのは体験としての時系列であり，刺激は必ず反応に先行しています。原因と結果ではありませんが，刺激と反応は刺激統制下という関係で強く結びついています。刺激－反応の連鎖で把握するということは，時間的な推移という軸を含めた記述になるのです。ここには明らかに臨床上大きな意味があります。第9章で，抑うつ症状群と強迫症状群相互の刺激－反応の連鎖を明らかにすることで，治療介入手段や予後を含めた判断が可能という例を挙げました。これは，A，B，Cという同じ症状群から構成される診断でも，症状相互の時系列を明らかにすることで，治療手段の選択や予後が異なることを意味します。精神科診断というのが治療選択や予後の異なりを意味する分類であるならば，行動分析により時系列を含めた対象把握をおこなえば，より鋭敏に診断としての役割が果たせるかもしれません。

　行動分析のパターンがそのまま精神科診断のような役割も果たせます。例えば第10章の症例だと聴取できる情報に限界もありましたが，抑うつ的で自閉した生活状況で対人緊張が強く症状に変動を示すのですから，反復性うつ病性障害と呼べなくもありません。しかしまずは対人場面緊張に関連した行動分析がSAD（社交不安障害）の行動分析に類似して，曝露療法の有効性が期待できました。次々に得られた情報からPTSDに類似した行動分析が得られ，PTSDに準じた治療戦略が奏功していきます。どの疾患や精神症状で認められ

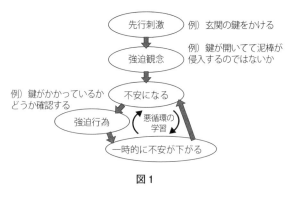

図1

る行動分析のパターンに類似しているかで，ある程度の治療介入の選択や治療反応性の予測ができています。さらに治療介入の結果を具体的な指標で評価すれば，行動分析の類似性から選ばれた治療介入（治療技法や薬物治療の選択）が本当に適切であったかどうか判断できるのです。

　個人的な見解では，行動分析の類似性はある程度共通した治療反応を示します。既存の診断分類が困難でも，行動分析さえきちんとしていれば治療の方向性や治療法の選択が決められそうなのです。例えば同じ「うつ病」にグルーピングされていても，行動分析が異なれば治療も予後も異なるという意味です。「うつ病」を構成する症状群の時系列や異種性が行動分析により明瞭となるからです。行動分析さえしっかりしていれば，既存の精神疾患概念など曖昧でもかまわないのではないかと夢想してしまうほどです。

V　行動分析のこれから

　自分も所属している九州大学医学部行動療法研究室では，定期的に行動療法カンファレンスが執り行われます。カンファレンスには基本患者自身が参加して，参加者からの質問で行動分析による評価が見直されます。例えば同じ強迫性障害の患者でも，行動分析の結果により治療方針はまちまちです。

　一般的にカテゴリー化された「強迫症状」という精神症状を取り上げてみます。「強迫症状」とされた症状のうち，曝露反応妨害法によく反応する代表的な行動分析はこのようになります（図1）。「不安」という情動行動が，増悪や軽減するために，学習がなされているのがポイントです。強迫行為により一時的ですが強力に不安が軽減するために，強迫行為が学習されて悪循環するのです。しかし症例によっては先行刺激がまったく特定できず，突然に強迫観念や

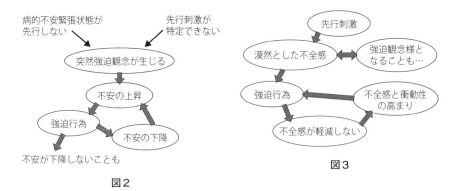

図2

図3

不安が出現する場合があります（図2）。病的な不安緊張が常に先行していれば先行刺激が特定されにくい可能性はありますが、それすら曖昧で、ふとした日常生活で強迫観念が出現しているのです。この行動分析での強迫観念は「自生思考」や「妄想着想」に近い刺激−反応の連鎖です。すると統合失調症の幻覚妄想症状に対する治療手段や介入が有効なことが多いのです。抗精神病薬の投与や環境調整による刺激統制が選択されます。また強迫観念がどう訊いてみても明確にならず、不全感のような漠然とした感覚にとどまる（"just right feeling"と呼ばれたりします）場合があります。強迫観念から恐れている状況（例えば図1のように、泥棒に入られて自分の財産がなくなってしまうことを恐れるなど）も曖昧です。そういう症例で強迫行為により不安が軽減しておらず、むしろ強迫行為への衝動が高まり強迫行為が反復している症例ですと、発達障害圏の問題が先行する可能性が高くなります（図3）。曝露反応妨害法よりもハビットリバーサルのような治療技法が適応となる場合が多く、治療困難な症例が多いように思います。カテゴリーモデルでは「強迫症状」としか表現しようのない精神症状でも、行動分析により治療選択や予後の分類が可能だという実例です。もちろんこういった分類は、まだコントロールされた研究による文献上有意な内容ではありません。自分たちのカンファレンス内での結論にすぎませんが、治療経過からはかなり適切な評価だと思います。

　ディメンショナルモデルによる診断には煩雑な過程が必要なので、日常臨床には馴染まないと述べました。診断のために、膨大な質問要項を幼少時期に遡り構造化面接に準じて聴取すればそうなるでしょう。しかし患者の症状が特定の行

動分析パターンを示す場合にのみ，ディメンショナルモデルとしての情報聴取を部分的に加えるのなら，できそうです。近年の脳画像研究からは，強迫性障害が"cognitive type"と"motoric type"とに分類でき，それぞれ機能障害を示す脳部位が異なるという結果が得られています。"motoric type"に分類される強迫性障害は発達障害との親和性がありそうだと考えられ，幼少時期にチックの既往が高率に認められます。例えば上記の図3のような行動分析が認められる症例にのみ，詳細な発達歴聴取やチックの既往を調べていけばどうでしょう。行動分析が，ディメンショナルモデルでの詳細な評価へのスクリーニングとして機能するのです。日常臨床と，ディメンショナルモデルや脳画像所見など最先端の生物学的知見との橋渡しを，行動分析がしてくれるかもしれません。

近年の脳画像研究ではどの脳部位の活動が先行しているのか調べ，疾患を分類しようと試みているグループもあるようです。脳活動として捉えた体験の因果関係を特定することで疾患の異種性を調べようとしています。もしも視覚化された脳画像所見として，不安が介在して強迫行為が連鎖する症例と強迫行為がただ反復する症例との異種性が明確になるならば，興味深い研究です。行動分析というのは，患者の主観的体験としての因果関係（正確には刺激－反応という刺激統制下にある関連性）を同定する手段だと言えます。脳画像研究には，その脳部位の活動が本当に特定の精神症状と同一であるのか，という疑問が常につきまといます。例えばA，Bという二つの行動から成り立つ精神症状があるとして，A→Bと行動分析された症例で，Aを生じさせる脳部位の活動にBの脳活動が後続しているかどうか調べれば，臨床症状と脳部位の活動との同一性がより絞り込めます。行動分析と脳画像研究の最先端とをリンクさせた臨床の可能性が広がります。

人間の精神活動を把握する手段として，自然科学である画像研究や認知神経科学などと最も相性がよいのが認知行動療法だと思います。これからより発展するであろう生物学的研究というアプローチと，日常臨床という人間の精神活動を取り扱うフィールドを結びつける役割を認知行動療法に期待します。このような可能性はすべて行動分析という考え方の特性に依る面が大きいと思います。精神現象を他の自然現象と区別することなく等しく「行動」という概念で捉え，自然現象の連なりとして捉え直す視点が行動分析にあるからです。人間

理解に持ち込まれた自然科学的な視点ですが，これまで紹介した症例でおわかりいただけたと思うように，決して冷たい非人間的な視点ではありません。行動分析という枠組みは，少なくとも私にとっては自由さと可能性を与え続けてくれます。

あとがき

ここまでお読みいただき，ありがとうございました。

そして誰よりも，冨永邦男先生に本書を読んで欲しかったです。おそらく冨永先生からは「あんた，当たり前のことばかり書いとるねぇ」と言われてしまいそうですが……。

さて，本書では「認知行動療法」という表記に統一しました。実際に自分が学んだ技術体系は「行動療法」であり「認知行動療法」という呼び方には馴染みません。本文を読まれた方には同意いただけると思いますが「馬から落ちて落馬した」みたいな座りの悪さを感じるからです。しかし「行動療法」という表記にこだわり人目に触れる機会が減るのは，本書が目指すところではありませんでした。そのため今回は慎んで「認知行動療法」という通称を採用した次第です。

行動療法を学べてよかったと，日々の精神科臨床で痛感します。その学び初めから，行動療法は非侵襲的でとても優しい精神療法だと感じられたので，世間の行動療法に対するイメージとの乖離に戸惑ってもきました。自分が体験した行動療法の姿を，どうにかして言葉にできないかと悩み続けた結果，ようやく多少なり形にできたのかもしれません。

そのように素敵な行動療法をまさしく体現してきた，山上敏子先生には感謝してもしきれません。「山上先生，どうかこれからも長生きしてください」と書くようにご本人から命じられましたので，ここに間違いなく記しておきました。いや冗談抜きでほんとに長生きしてください，山上先生，お願いします。先生がいなければ，自分の臨床は今よりもはるかに味気ない代物であったと断言できます。

作文と論文の区別もつかない輩に，あきれずに論文執筆の機会を与え続けてくれた中川彰子先生，行動療法を学ぶ先輩としてお世話になり続けの飯倉康郎先生，いつもありがとうございます。

本書作成の過程で，編集者の小寺美都子さんにアドバイスと勇気をもらい続

けました。小寺さんと一緒にお仕事ができたなんてまだ信じられませんが，本当にありがとうございました。

　そして日々の臨床でさまざまに気づき学ばせてくれる患者さんたちに，この場を借りて，ありがとうと言わせてください。ご縁があった患者さんたち，これからご縁のある患者さんたち，どうかよろしくお願いします。

　平成29年7月吉日　25年目の研修医として

芝田寿美男

【参考文献】

Alberto PA, Troutman AC（1986）Applied Behavior Analysis for Teachers: Second Edition, Prentice Hall.（佐久間徹，谷晋三監訳：はじめての応用行動分析．二瓶社，1992.）

青木省三，中川彰子責任編集（2009）専門医のための精神科臨床リュミエール 11 精神療法の実際．中山書店．

Bellack AS, Herson M（1985）Dictionary of Behavior Therapy Techniques, Pergamon Press.（山上敏子監訳：行動療法辞典．岩崎学術出版社，1987.）

Damasio AR（1994）Descartes' Error: Emotion, Reason, and the Human Brain. Avon Books.（田中三彦訳：生存する脳―心と脳と身体の神秘．講談社，2000.）

Damasio AR（1999）The Feeling of What Happens: Body and Emotion in the Making of Consciousness. Mariner Books.（田中三彦訳：無意識の脳　自己意識の脳―身体と情動と感情の神秘．講談社，2003.）

Damasio AR（2003）Looking for Spinoza-Joy, Sorrow, and the Feeling Brain. Harvest.（田中三彦訳：感じる脳　情動と感情の脳科学　よみがえるスピノザ．ダイアモンド社，2005.）

Frances A（2013）Saving Normal: An Insider's Revolt against Out-of-Control Psychiatric Diagnosis, DSM-5, Big Pharma, and the Medicalization of Ordinary Life, Harper Collins Publishers.（大野裕監修：〈正常〉を救え．講談社，2013.）

原田憲一（2008）精神症状の把握と理解．中山書店．

Healy D（2003）Let Them Eat Prozac The Unhealthy Relationship between the Pharmaceutical Industry and Depression. James Lorimer & Company Ltd.（田島治監修，谷垣暁美訳：抗うつ薬の功罪―SSRI 論争と訴訟．みすず書房，2005.）

飯倉康郎（1999）強迫性障害の治療ガイド．二瓶社．

飯倉康郎（2010）精神科臨床における行動療法．岩崎学術出版社．

飯倉康郎，芝田寿美男，中尾智博，中川彰子（2012）強迫性障害治療のための身につける行動療法．岩崎学術出版社．

飯倉康郎編著（2005）強迫性障害の行動療法．金剛出版．

石坂好樹（1992）児童・青年期のうつ病性強迫症．児童青年精神医学とその近接領域，33(3); 193-204.

神田橋條治（1984）精神科診断面接のコツ．岩崎学術出版社．

笠原　嘉（2007）精神科における予診・初診・初期治療．星和書店．

河合俊雄，中沢新一，広井良典，下條信輔，山極寿一（2016）〈こころ〉はどこから来て，どこへ行くのか．岩波書店．

北澤康之，他（2005）内因性精神病に伴う強迫性障害に対する fluvoxamine 長期高用量投与について．精神科，7(4); 390-398.

小林聡幸（2007）うつ病の強迫症状．精神科治療学，22(5); 531-537.
Kupfer DJ, First MB, Regier DA (2002) A Research Agenda For DSM-V.（黒木俊秀，松尾信一郎，中井久夫訳：DSM-V 研究行動計画．みすず書房，2008.）
松井徳造，他（2001）強迫性障害患者における大うつ病の comorbidity と治療反応性への影響．精神医学，43(9); 957-962.
Mithen S (2005) The Singing Neanderthals: The Origin of Music, Language, Mind and Body. Harvard University Press.（熊谷淳子訳：歌うネアンデルタール―音楽と言語から見るヒトの進化．早川書房，2006.）
信原幸弘（2000）考える脳・考えない脳―心と知識の哲学．講談社現代新書．
岡崎公彦（2002）老年期に発症した強迫性障害の一例．分子精神医学，2(4); 90-91.
Ramnero J, Torneke N (2008) The ABCs of Human Behavior: Behavioral Principles for the Practicing Clinician.（松見淳子監修：臨床行動分析の ABC．日本評論社，2009.）
仙波純一（1997）うつ病からみた強迫性障害との comorbidity．精神科治療学，12(8); 913-919.
芝田寿美男（2002）自傷行為と被害妄想を呈した強迫性障害の1治療例．（OCD 研究会編）強迫性障害の研究（3）．星和書店，pp.81-86.
芝田寿美男（2008）行動療法から学んだこと．福岡行動医学雑誌，15(1); 108-120.
芝田寿美男（2009）強迫性障害の治療における工夫．精神療法，35(5); 599-607.
下條信輔（1996）サブリミナル・マインド―潜在的人間観のゆくえ．中公新書．
下條信輔（1999）〈意識〉とは何だろうか―脳の来歴，知覚の錯誤．講談社現代新書．
下條信輔（2008）サブリミナル・インパクト―情動と潜在認知の現代．ちくま新書．
多賀千明（2002）うつ病と強迫性障害の comorbidity．ストレスと臨床，12; 19-23.
樽味 伸（2006）臨床の記述と『義』．星和書店．
戸田裕之，他（2006）双極 II 型障害と強迫性障害が併発した1症例．精神医学，48(9); 1005-1007.
Valenstein ES (1998) Blaming the Brain: The Truth About Drugs and Mental Health. Free Press.（功刀浩監訳，中塚公子訳：精神疾患は脳の病気か？ 向精神薬の科学と虚構．みすず書房，2008.）
山上敏子（1997）行動療法2．岩崎学術出版社．
山上敏子（2003）行動療法3．岩崎学術出版社．
山上敏子（2007）方法としての行動療法．金剛出版．
山上敏子，下山晴彦(2010)山上敏子の行動療法講義 with 東大・下山研究室．金剛出版．
特集1 故・冨永邦男先生追悼文集―冨永先生を偲んで．福岡行動医学雑誌，12(1); 21-47, 2005.
特集 山上敏子氏：行動療法のすべて―日本におけるパイオニアの現在までの軌跡．心の臨床アラカルト，22(2); 128-194, 2003.

索　引

あ行

悪循環サイクル　25
アサーショントレーニング　101, 102
アドヒアランス　124
アミトリプチリン　145-150, 175
アモキサピン　143, 145-147, 149
アリピプラゾール　114, 117-120, 203-205, 208
イミプラミン　63, 132, 175, 178, 179, 185
イメージエクスポージャー　93
イメージ強迫　36
意欲自発性の低下　42, 44, 149, 173
意欲・欲動の低下　184
うつ病　9, 40-44, 49, 52, 62, 63, 68, 117, 119, 122, 123, 129, 135, 152, 157, 175, 178, 183, 184, 186-188, 222, 223, 226
難治性うつ病　117, 121
運動行動　22
エチゾラム　108
嘔吐恐怖　125, 126, 129, 132, 135, 137
応用行動分析　20
オペラント技法　34, 57, 87

か行

心的外傷後ストレス障害→PTSD
外傷体験　196, 203, 206, 207, 209, 215
　─の言語化　207
回避による対処　184
化学的物理的な治療介入　105
隔離抑制　105
家族援助　89
家族会　90
家族療法　87, 99
課題分析　75, 213
カテゴリーモデル　219-221, 223, 225, 227
仮決めの基準点　29
カルバマゼピン　132, 141-144, 148, 149
馴　化 (habituation)　77, 108, 117, 118, 162, 168, 178, 207
患者グループ　90
感情（気分）障害　62, 128-130, 141, 186, 194
感情調整薬　107, 141
儀式化　33
希死念慮　46, 125, 127, 128, 144, 180
技術としての対話能力　12
機能分析　20
気分障害　129
気分変調症　129, 130
境界域知能　11
強化療法　73
共感（性）　45, 46, 48-50, 53, 220-223
共感能力　46-48, 54, 55
教示　23, 33, 88, 162, 167
強度　26-29, 34, 39, 53, 56, 65, 83, 88, 91, 103, 110, 113, 119, 121, 124, 140, 141, 144, 148, 170, 209
強迫観念　26-28, 32, 33, 37-39, 50, 51, 58, 74, 81, 91, 93, 94, 98, 100-118, 120
強迫性障害　19, 25, 26, 28-32, 37, 57, 72, 80, 81, 83, 89, 91, 93, 98-100, 102-104, 108, 116, 118-120, 166, 167, 184-188, 196, 198, 207, 220, 223, 226, 228
　─とうつ病のComorbidity　171, 173, 174, 181, 182
　難治性の─　118
クロナゼパム　142, 143
系統的脱感作法　28, 141
原因－結果　24
幻聴　42, 225
抗うつ薬　40, 41, 52, 63, 64, 107, 122, 123, 141, 145, 146, 149, 178, 186, 221
抗精神病薬　33, 63, 73, 107, 227
向精神薬　105-109, 120-123
構造化面接　220, 227
後続刺激状況　26-29, 39, 66, 71
抗てんかん薬　141, 149

索　引　235

行動　19, 20
行動分析　20
　　―の訊き方　48-51
　　―のための対話　78
　　マクロの―　23
　　ミクロの―　23
行動療法カンファレンス　12, 226
抗不安薬　107-109, 154, 155, 160, 163, 200
　　ベンゾジアゼピン系の―　108
心の問題　21
子どものうつ病　63, 68
コンサルテーション・リエゾン　4

さ行

三環系抗うつ薬→TCA
視覚イメージ　36, 38
自覚的不安尺度→SUD
刺激統制下　20
刺激統制法　141
刺激−反応　24
　　―の人間が呈するバリエーション　82
　　―の連鎖　19
　　正常心理としての―　82
　　精神疾患における―　81
思考行動　22
思考体験　36, 38, 70, 72, 78-81, 83-85, 131, 196
　　―としての不合理感　83
　　―をうながしにくい質問　78
思考抑制　42, 44, 176, 187
自己モニタリング（セルフモニタリング）143, 156, 196
支持的精神療法　56, 87, 90, 91, 102, 103
自傷行為　60-65
自生思考　33, 227
自閉症スペクトラム障害　48
死別反応　221
社会恐怖　214, 219
若年時チック　220
社交不安障害→SAD
社交不安症状　219
周期性感情障害　194
宗教的な構造　224
周産期精神障害　194

主訴を丁寧に訊く　84
出現頻度　26-29, 34, 39, 53, 56, 71, 91, 100, 102-104, 110, 113, 119, 120, 140, 141, 144, 148, 150, 165, 166, 168, 170, 178, 204
受容・共感・支持　58, 59, 66, 68, 85, 89
障害年金　126
小カンファレンス　12
症状精神病　43
情動行動　22
情動体験　67, 68, 85, 210
食思低下　44, 156
自律訓練法　126, 132, 136
思路の障害　33
新規抗精神病薬　73
神経症性不安　222
進行麻痺　42
心的外傷後ストレス障害→PTSD
心理教育　49, 53, 65, 89, 100, 112, 123-125, 197, 200
心理的援助　89, 90, 91, 102, 103
診療情報　8, 128, 130
心療内科　125, 126, 128, 132, 137, 142
睡眠導入剤　107
数値化した指標　59
スキーマの修正　152
スルピリド　181
精神科診断　40-42, 44, 47, 52-55, 129, 130, 171-174, 219-221, 225
　　―をおこなう過程　42
精神科治療技法　87
精神作用物質　107, 109
精神症状の同定　44
精神遅滞　9, 11, 117
精神病性不安　222
精神病理学　45
精神分析療法　56
精神療法の基本　58
精神療法文化の名残　122
精神療法とは　56
セロトニン仮説　124
先行刺激状況　26-29, 32, 39, 66, 71, 116, 134, 157
洗浄強迫　19, 25, 35
躁うつ病　43, 129, 135, 141, 186

操作的診断　54, 55, 130, 171, 172, 219-221
操作的診断の主目的　54
喪失体験　122
想像力　45-48, 54, 55, 78, 80

た行

ターゲット行動　26, 27
大うつ病　156, 157
大うつ病性障害　221
体験の訊き方　47, 48, 50, 51, 131, 192
験の訊かれ方　51
体験の仕方　46
体験をうながす訊き方　70
対象を認識把握する技術　19, 34, 39, 109, 110, 120
対象を変容する技術　34, 109, 110, 120
大量服薬　125
単一精神病仮説　171
炭酸リチウム　142
注意欠陥多動性障害→ADHD
注意障害　219
治療ガイド　112
治療課題　37, 38, 73-77, 80, 97, 98, 112-115, 156, 158
治療技法の習得　103
治療者行動　4, 58, 59, 87, 89-91
デイケア　90, 126
ディメンショナルモデル　219-221, 225, 227, 228
てんかん　42
電気けいれん療法　105
伝統的精神科診断　220
テンプレートの行動分析　38, 39
統合失調症　9, 33, 40, 42, 54, 117, 121, 171, 172, 219, 227

な行

二大精神病概念　171
日常用語　6, 21
認知　39
認知行動療法の技法　79, 86-88, 91
認知行動療法の特徴　56
認知行動療法の有効性　57
認知再構成法　87, 89, 109, 110, 152, 153, 223, 224
認知症　42
認知神経科学　228
脳画像研究　228
脳器質性精神障害　42

は行

パーソナリティ障害　171, 219
ハイラルキー（不安階層表）　35, 74, 93, 97, 98, 112, 113, 178, 179, 184
曝露反応妨害法　28, 30-34, 36-38, 72, 73, 77, 79, 87-89, 91, 94, 96-98, 100-105, 109, 110, 112-120, 149, 152, 153, 156, 166, 167, 169, 177, 178, 183, 184, 188, 223, 226, 227
曝露法　28, 108, 109, 141, 157, 158, 160-163, 168, 169, 193, 200, 207, 208, 214
パターン認識　42, 43, 85, 86
発達障害　43, 71, 172, 176, 219, 227, 228
抜毛癖　60, 61, 63, 64
パニック障害　40, 125, 126, 128-130, 132, 134, 136-140, 147, 154, 157
　広場恐怖症を伴う—　108, 128, 157
ハビットリバーサル　227
場面恐怖　157, 207, 208, 216
バルプロ酸　142, 144, 145, 147-149, 195, 201
パロキセチン　132, 141-150, 155, 163, 182, 185, 195
汎神経症　54
反応性うつ病　221
反応妨害法　28, 35, 64, 99, 168, 169
反復性うつ病　129, 135, 186, 225
反復性うつ病性障害　225
被害関係念慮　193
表出　42, 45-47, 57, 184
病的不安　26, 28, 33, 37-39, 116, 167, 169, 176, 178, 179, 181, 183, 184, 187, 188
広場恐怖症　108, 109, 128-130, 132, 156, 157
　パニック発作をともなう—　155
不安階層表→ハイラルキー
不安障害　108, 125, 156, 171, 193, 214, 216, 225
不安焦燥感　42, 44, 47, 49, 62, 84, 128, 144-147, 149
服薬コンプライアンス　124

不潔恐怖　19, 22, 30, 35, 37, 89, 94, 98, 152
不合理感　32, 83, 93, 165, 166, 177
不眠　22, 42, 44, 60, 63, 65, 123, 126, 145, 180, 187, 197, 204, 205, 208, 210, 214
プラシーボ効果　150
フラッシュバック（体験）　118, 172, 196-212, 216
フルボキサミン　30, 113-120, 142, 143, 163, 164, 166-168, 170, 182, 185, 195, 198, 201
プレコックス感　42, 54
ブロマゼパム　108, 200
訪問看護　90, 190, 203, 213
ホームワーク　93, 97, 101

ま〜わ行

マインドフルネス　224
マプロチリン　182, 185
妄想　42, 92, 121, 193, 219, 227
妄想着想　219, 227
妄想的な意味づけ　193
モデリング　33, 34, 72, 88, 109
モニタリング　9, 37, 53, 62, 63, 91, 97, 143-146, 156, 178, 196
森田療法　35, 56
薬剤関連性精神障害　43
薬物治療　28, 31, 33, 35, 40, 73, 89, 103, 105-151-153, 155, 158, 162, 163, 168-170, 175, 181, 183, 185-188, 194, 195, 203, 208, 214, 215, 220
　　　　　—の意味や役割　106
抑うつ気分　42, 44, 62, 122, 123, 173, 176, 180-182, 184, 222, 225
抑うつ状態　52, 63, 122, 126, 127, 129, 133, 135-137, 139, 140, 143-145, 147-149, 155, 157, 162, 169, 176, 177, 181, 184-186, 190, 196, 197, 204, 205, 210, 214

抑うつ神経症　129
ライフイベント　43
リマインダー　196-200, 203-210, 212, 214-216
了解可能性　221, 222
良好な治療関係　8
リラクゼーション　93
臨床行動分析　20
連合弛緩　42
ロラゼパム　142, 143, 147, 155, 163

A〜Z

ADHD（注意欠陥多動性障害）　185, 186, 219
cognitive type　228
DSM　54, 171
DSM-5　55, 83, 219, 221
habituation →馴化
ICD　54, 171
just right feeling　227
motoric type　228
PTSD（心的外傷後ストレス障害）　172, 196, 197, 200, 203, 204, 205, 206, 207, 209, 211, 214, 215, 216, 225
　　　—で中心になる行動分析　196
　　　—の治療方針　197
　　　複合的な—　203
　　　震災後—　209
SAD（社交不安障害）　193, 194, 199, 200, 201, 206, 208, 209, 214, 216, 225
SSRI　28, 31-33, 73, 116, 118, 141, 155, 185, 195, 198
SUD（自覚的不安尺度）　36, 37, 39, 59, 74, 112, 113, 178, 179
TCA（三環系抗うつ薬）　185

【著者紹介】

芝田寿美男（しばた　すみお）
1993年長崎大学医学部卒業。大分県立病院精神科，九州大学医学部附属病院精神科神経科，肥前精神医療センターなどでの勤務を経て，
2003年5月より，福岡赤十字病院精神科副部長。
2016年4月より，同科部長。
著書に，「強迫性障害治療のための身につける行動療法」（共編著，岩崎学術出版社）ほか。

臨床行動分析のすすめ方
——ふだんづかいの認知行動療法——

ISBN978-4-7533-1123-1

著　者
芝田寿美男

2017年9月1日　第1刷発行

印刷・製本　（株）太平印刷

発行所　（株）岩崎学術出版社　〒101-0052　東京都千代田区神田小川町2-6-12
発行者　杉田啓三
電話03（5577）6817　FAX 03（5577）6837
©2017　岩崎学術出版社
乱丁・落丁本はおとりかえいたします　検印省略

行動療法

山上敏子著

行動療法自体は方法に過ぎず，臨床に供して初めて治療法としての意味を持ち，治療法になっていく。著者の生き生きとした臨床が見えてくる。A5判240頁 本体4,000円

行動療法2

山上敏子著

苦痛が軽くなり，生活しやすくなるようにという臨床の目的に向けて，その臨床ごとに自在に形を変え役立てていく行動療法の実際。A5判192頁 本体3,200円

精神科臨床における行動療法
強迫性障害とその関連領域

飯倉康郎著

精神科臨床のいたるところで応用できる行動療法の実用性と柔軟性を，実際のケースと豊富な図表で鮮やかに示す。A5判232頁 本体3,400円

強迫性障害治療のための
身につける行動療法

飯倉康郎・芝田寿美男
中尾智博・中川彰

「極端なことを強引にさせる，心を扱わない表層的な治療」等の行動療法をめぐる誤解を払拭し，その実用性と奥深さを強迫の臨床を通して伝える。A5判並製344頁 本体2,800円

改訂第2版 パーソナリティ障害の認知療法
全訳版

A・T・ベック，A・フリーマン他著
井上和臣・友竹正人監訳

治療が困難だとされるパーソナリティ障害患者を，効果的に治療するための認知療法の最新の治療技術を解説した待望の改訂版。A5判並製504頁 本体5,200円

治療者と家族のための
境界性パーソナリティ障害治療ガイド

黒田章史著

BPD治療の基本は患者の心理社会的機能を高める反復トレーニングを，家族とともに行うことである。「治す」ための知識と技術を纏め上げた1冊。A5判並製232頁 本体2,300円

セクシュアル・マイノリティ
への心理的支援
同性愛，性同一性障害を理解する

針間克己・平田俊明編著

同性愛，両性愛，性同一性障害など，偏見に晒されやすいセクシュアル・マイノリティの人たちを理解し，受け止め，支えるための1冊。A5判並製248頁 本体2,700円

この本体価格に消費税が加算されます。定価は変わることがあります。